"A maneira mais fácil de enriquecer é receber uma herança. A segunda mais fácil é por meio de conhecimento e disciplina. Se você tiver coragem para fazer a coisa certa, Ramit vai lhe mostrar como. Altamente recomendado."

— **Seth Godin, autor de** *Isso é marketing*

"Fala diretamente à geração mais jovem, com sua linguagem simples e direta."

— *Business Insider*

"Uma voz única a tratar de dinheiro, sintonizada com sua geração."

— *San Francisco Chronicle*

"Repleto de informações valiosas para iniciantes sobre como gerenciar o próprio dinheiro."

— *The Economic Times*

RAMIT SETHI

COMO FICAR RICO

Sem culpa.
Sem desculpas.
Sem enrolação.
**Um programa
de 6 semanas
que funciona.**

SEXTANTE

Título original: *I Will Teach You To Be Rich*
Copyright © 2009, 2019 por Ramit Sethi
Copyright da tradução © 2024 por GMT Editores Ltda.
Copyright das ilustrações © por Nora Krug

Publicado mediante acordo com Workman Publishing Co., Inc.,
um selo da Hachette Book Group, Inc., Nova York.

Todos os direitos reservados. Nenhuma parte deste livro pode ser utilizada ou reproduzida sob quaisquer meios existentes sem autorização por escrito dos editores.

tradução: Nina Lua
preparo de originais: Sheila Louzada
revisão: Luis Américo Costa, Luíza Côrtes e Priscila Cerqueira
revisão técnica: Lucinda Pinto
projeto gráfico e diagramação: Natali Nabekura
capa: DuatDesign
impressão e acabamento: Bartira Gráfica

CIP-BRASIL. CATALOGAÇÃO NA PUBLICAÇÃO
SINDICATO NACIONAL DOS EDITORES DE LIVROS, RJ

S518c

Sethi, Ramit
 Como ficar rico / Ramit Sethi ; tradução Nina Lua. - 1. ed. - Rio de Janeiro : Sextante, 2024.
 368 p. ; 23 cm.

 Tradução de: I will teach you to be rich
 ISBN 978-65-5564-755-6

 1. Finanças pessoais. 2. Investimentos. 3. Riqueza. I. Lua, Nina. II. Título.

23-86257
CDD: 332.02401
CDU: 330.567.6

Meri Gleice Rodrigues de Souza - Bibliotecária - CRB-7/6439

Todos os direitos reservados, no Brasil, por
GMT Editores Ltda.
Rua Voluntários da Pátria, 45 – 14º andar – Botafogo
22270-000 – Rio de Janeiro – RJ
Tel.: (21) 2538-4100
E-mail: atendimento@sextante.com.br
www.sextante.com.br

Para minha esposa, Cassandra.
Você é a melhor parte de todos os dias.

SUMÁRIO

Carta aberta aos novos leitores **11**

INTRODUÇÃO
Você prefere parecer rico ou ser rico? **17**

Por que administrar o dinheiro é tão difícil? • Deixe as desculpas de lado • As mensagens centrais deste livro • Por que você quer ser rico? • O que você vai ganhar com este livro

CAPÍTULO 1
Otimize seus cartões de crédito **36**

Como ganhar das administradoras de cartão no jogo que elas próprias criaram

Os monstros mais comuns dos cartões de crédito • Meu ponto de vista • Jogando no ataque: use o crédito para acelerar sua Vida Rica • Como melhorar seu crédito com cartões • Contrate um novo cartão • Os seis mandamentos dos cartões de crédito • Não cometa estes erros • Dívidas, dívidas, dívidas • Livre-se das dívidas do cartão em cinco passos

CAPÍTULO 2
Derrote os bancos **89**

Abra contas com alta praticidade e poucas complicações e negocie as tarifas como um indiano

Os detalhes práticos • Otimizando suas contas bancárias

CAPÍTULO 3
Prepare-se para investir 112

Poupe para sua aposentadoria – mesmo que apenas 50 reais

Por que é provável que seus amigos ainda não tenham investido um único centavo • A Escada das Finanças Pessoais • Dominando sua 401(k) • Aniquile suas dívidas • A beleza das Roth IRAs • Fatores a considerar ao escolher uma corretora • E os robôs de investimento? • Alimente sua conta de investimentos • Para além da previdência complementar • Parabéns!

CAPÍTULO 4
Gastos conscientes 138

Como economizar muito e continuar comprando as coisas que você adora

A diferença entre ser pão-duro e gastar com consciência • Gaste com o que ama • Como meu amigo gasta 21 mil dólares por ano em eventos sociais – sem culpa • O Plano Consciente de Gastos • Otimizando seu Plano Consciente de Gastos • E se eu não ganhar o suficiente? • Mantendo seu plano de gastos • A beleza de um Plano Consciente de Gastos

CAPÍTULO 5
Economize dormindo 185

Faça suas contas trabalharem em conjunto – automaticamente

Como gastar apenas 90 minutos por mês administrando seu dinheiro • Crie o seu Fluxo Automático de Dinheiro • Agora seu dinheiro está automatizado

CAPÍTULO 6
O mito do especialista em finanças 208

Por que sommeliers e analistas financeiros não sabem de nada – e como superá-los

Os analistas não conseguem prever o mercado • Como os especialistas escondem o mau desempenho • Aposto que você não precisa de um consultor financeiro • Quando dois gestores de patrimônio tentaram me conquistar • Gestão ativa vs. passiva

CAPÍTULO 7
Investir não é só para ricos **235**

Passe a tarde selecionando uma carteira simples que fará você enriquecer

Um jeito melhor de investir: aplicações automáticas • A magia da independência financeira • Mais conveniência ou mais controle: você escolhe • Investir não é escolher ações • A pirâmide de investimentos • Alocação de ativos: onde a maioria dos investidores erra • A importância de diversificar • Fundos mútuos: razoáveis, convenientes, mas muitas vezes caros e instáveis • Fundos de índice: os primos bonitos de uma família feia • Fundos de data-alvo: o jeito fácil de investir • Escolhendo e de fato fazendo seus investimentos • Uma opção comum de investimento: a 401(k) • Investindo com sua Roth IRA • Então você quer fazer tudo por conta própria • E os outros tipos de investimento? • "E as criptomoedas?"

CAPÍTULO 8
Como acompanhar seu sistema e fazer seu patrimônio crescer **287**

O mais importante está feito. E agora? Veja como manter sua infraestrutura financeira (e fazê-la crescer) para conquistar sua Vida Rica

Seja sincero: por que você quer mais? • Como acumular mais e multiplicar seu dinheiro mais rápido: alimente o seu sistema • Rebalanceamento de carteira • Rebalanceando a carteira • Pare de reclamar de impostos • Como saber a hora de vender • Você está quase lá

CAPÍTULO 9
Uma Vida Rica **308**

Finanças e relacionamentos, casamentos, carros, casa própria e mais

Financiamento estudantil: pagar ou investir? • Amor e dinheiro • Ignore a enxurrada de conselhos financeiros • Como ajudar pais endividados • Você deveria contar a seus pais e amigos quanto dinheiro tem? • Falando de dinheiro com seu parceiro ou sua parceira • Quando uma pessoa ganha mais que a outra • O que fazer se seu parceiro ou sua parceira gasta de forma irresponsável • A questão de 40 mil: por que somos todos hipócritas em relação a festas de casamento (e como economizar para a sua) • Acordo pré-nupcial: fazer ou não? • Trabalho e dinheiro • Negociando o seu salário ao estilo *Como ficar rico* • Como economizar milhares de reais em itens caros • Um novo olhar sobre a compra de um carro • A maior compra de todas: um imóvel • Como lidar com futuras grandes compras • Como retribuir à sociedade: elevando suas metas para além do dia a dia • Uma Vida Rica para você – e para os outros

Agradecimentos **365**

CARTA ABERTA AOS NOVOS LEITORES

Se você fosse seguir tudo que os influenciadores dizem que as pessoas "precisam" fazer todas as manhãs, seu dia seria mais ou menos assim:

4h – acordar
4h01 – meditar
5h – beber 147 litros de água
5h33 – preencher seu diário de gratidão
10h45 – comer (seguindo uma dieta *low carb*)
11h – registrar cada centavo que gastou nos últimos 16 anos
11h01 – morrer

Sei não, gente. Prefiro conselhos que funcionam. E quando fui rever as orientações que dei na primeira edição deste livro, uma década atrás, percebi uma coisa: eu estava certo.

Se você tivesse comprado este livro há 10 anos e seguido à risca minhas orientações, teria conquistado o seguinte:

- Se tivesse investido apenas 100 dólares por mês, esses 12 mil seriam hoje mais de 20 mil (o índice S&P 500 subiu em média 13% ao ano na última década).

- Se tivesse investido agressivamente 1.000 dólares por mês, esses 120 mil seriam hoje mais de 200 mil.

- Você estaria gastando menos de uma hora e meia por mês cuidando do seu dinheiro.

- Poderia ter feito várias viagens na classe executiva em voos totalmente gratuitos, pagos com pontos do cartão de crédito.

- O dinheiro teria deixado de ser fonte de ansiedade e confusão na sua vida e se tornado uma mina de calma e possibilidades.

Como você verá neste livro, faço as coisas de um jeito diferente dos tradicionais "especialistas". Não vou mandar você parar de tomar cafezinhos na rua (tome quantos quiser). Não vou tentar convencê-lo a ter uma planilha de orçamento (tenho um método melhor). E tem mais uma coisa: sou uma pessoa de verdade. Posto no Instagram e no X (@ramit) e escrevo para milhões de pessoas no meu blog e na minha newsletter (iwillteachyoutoberich.com, em inglês). Então vamos começar fazendo algo diferente: quero que você venha falar comigo. Sério! Me mande um e-mail (ramit.sethi@iwillteachyoutoberich.com, assunto: New book reader) e me diga duas coisas:

1. O que fez você tomar a decisão, hoje, de assumir o controle do seu dinheiro?
2. Como é a sua Vida Rica ideal? (Seja específico, por favor!)

Leio todos os e-mails e tento responder o máximo possível.

O que o método *Como ficar rico* lhe permitiu fazer?

Uma das minhas grandes alegrias na vida é saber como vocês aplicaram meu material para mudar de vida. Assim, pedi a alguns leitores que me contassem seus resultados.

Quitei 10 mil dólares em dívida do cartão de crédito que acumulei enquanto estava desempregada, comprei um apartamento em São Francisco e agora, como não devo mais nada, estou formando uma reserva para minha aposentadoria.

— Juliana Brodsky, 38

Tenho 200 mil dólares guardados para a aposentadoria e já fiz várias viagens.

— Kyle Slattery, 30

Uma ou duas vezes por ano faço viagens internacionais de um mês. Ano passado foi África do Sul, este ano vai ser Coreia.

— Esli Ligaya, 34

A Vida Rica é uma questão de liberdade. No meu caso, ela permitiu que eu me afastasse do trabalho por nove meses e viajasse pela Argentina, pela Colômbia e pelos Estados Unidos. E agora está permitindo que minha esposa fique sem trabalhar por seis meses para encontrar sua vocação.

— Sean Wilkins, 39

Conseguimos manter três crianças em escola particular com apenas um salário.

— Bryan Dilbert, 32

Dito isso, admito que eu não era perfeito. Cometi três erros na primeira edição deste livro.

O primeiro foi não considerar as emoções envolvidas no assunto. Mesmo com todo o detalhamento que fiz das finanças pessoais – o passo a passo minucioso de como se livrar de multas por atraso no pagamento do cartão de crédito, a descrição exata de quais ativos tenho na minha carteira de investimentos, até o guia de como administrar o dinheiro com seu cônjuge –, se você não mudar suas crenças pessoais a respeito de dinheiro, nada disso importa.

Essas crenças são as mensagens que absorvemos dos nossos pais e da sociedade e que guiam nossas decisões por décadas a fio – muitas vezes sem sequer nos darmos conta. Veja se reconhece alguma destas:

- "Alugar casa é jogar dinheiro fora."
- "Não se fala em dinheiro nesta casa."
- "Cartão de crédito é cilada."
- "Pare de gastar dinheiro à toa com cafezinho na rua."
- "O dinheiro desvirtua as pessoas."
- "Ninguém fica rico sem fazer um ou outro negócio desonesto."
- "Bolsa de valores é um cassino."

Nesta edição vou mostrar quais são as crenças mais insidiosas e mais fortes – e como se livrar delas.

O segundo erro que cometi foi ser prepotente demais. A verdade é que você pode escolher não apenas como é sua Vida Rica mas *também* como alcançá-la. Na edição original, cheguei a tratar das diferentes definições de uma Vida Rica, mas não reconheci que podemos chegar lá por *diferentes caminhos*.

Sua Vida Rica pode ser morar em Nova York, por exemplo. Pode ser esquiar nos Alpes suíços todo ano, ou economizar para comprar uma casa com um quintal enorme para as crianças, ou financiar uma escola na Croácia. A escolha é sua.

A forma como você vai fazer isso *também* é uma escolha sua. Algumas pessoas optam pelo caminho tradicional de poupar 10% do que ganham e ir se aproximando aos poucos de uma Vida Rica confortável. Outras economizam 50% de sua renda e logo alcançam o "ponto de virada", em que seus investimentos passam a custear suas necessidades para sempre (tratarei dessa estratégia no Capítulo 7).

Você escolhe sua Vida Rica. Nesta edição, para mostrar diferentes formas de alcançá-la, incluí muitos exemplos de pessoas que tomaram caminhos não convencionais na criação de sua Vida Rica.

Por fim, o terceiro erro. Confesso que já fiz muitas besteiras na vida: contratei e demiti pessoas erradas, arruinei minha chance de ter uma TED Talk porque não me preparei para a reunião, cheguei a pesar 57 quilos para meu 1,80 metro de altura aos 20 anos e por isso parecia uma vareta indiana cabeluda... Mas nada se compara ao pior de todos os meus erros: citar os valores das taxas de juros praticadas pelos bancos na edição original deste livro.

Veja o que escrevi:

"Bancos digitais pagam uma taxa maior de juros em contas remuneradas – entre 2,5% e 5% ao ano aproximadamente, o que renderia entre 25 e 50 dólares em juros por ano sobre o valor inicial de 1 mil, comparados a 5 dólares por ano nas contas-correntes remuneradas dos Grandes Bancos."

A informação estava correta... na época. O problema é que as taxas mudam e me esqueci de mencionar isso. Nos anos seguintes à publicação do livro, elas caíram de 5% para 0,5%. Presumi que as pessoas fossem fazer os cálculos de acordo com a nova realidade e perceber que a taxa em si não é tão importante. Por exemplo, para um saldo de 5 mil, o rendimento mensal teria caído de 21 para 2.

Porém, quando viram as taxas mais baixas em suas contas, os leitores ficaram bravos. Muito bravos. E se voltaram contra mim. Veja trechos de alguns dos e-mails que recebi:

- "Esse livro é uma fraude. Cadê os 5% que você prometeu?"
- "Que banco tem taxas de juros de 3%?"
- "Assunto: CADÊ OS BANCOS Q VC FALOU"

Por 10 anos, desde que lancei a edição original deste livro, recebi mais de 20 e-mails desse tipo todo santo dia. Aprendi a lição. Por isso, sempre que eu mencionar taxas, pense que ELAS VÃO MUDAR, GENTE.

Nesta edição, corrigi esses erros. E acrescentei novos conteúdos.

1. **Novas ferramentas, novas opções de investimento e novas abordagens em relação ao dinheiro.** Se você quiser ser mais agressivo com seus investimentos, vou lhe mostrar como fazer isso. O que penso sobre robôs de investimento? Vou lhe contar. E sobre acordos pré-nupciais? Também falarei sobre esse assunto.

2. **Novas situações que você enfrentará.** Acrescentei novos conteúdos sobre como lidar com dinheiro no seu relacionamento. Além disso, uma vez que você tenha organizado seu sistema financeiro, quero

que saiba qual deverá ser seu novo foco. Por fim, se você conhece pessoas que reclamam da política e da geração anterior para justificar a própria incapacidade de pagar suas dívidas e avançar na vida, elas deveriam ler minhas opiniões sobre a cultura do vitimismo.

3. **Histórias incríveis de outros leitores.** Incluí um monte de novos exemplos de sucesso de vários tipos de pessoa: homens e mulheres de 20, 30, 40 e 50 e poucos anos. Gente que começou do zero e gente que aproveitou o sucesso para crescer ainda mais. Além disso, acrescentei histórias impactantes de pessoas que adiaram a implementação dos ensinamentos deste livro – e o custo que isso teve.

Acrescentei novos conteúdos onde era adequado, mas preservei os métodos que ainda funcionam. Muitas pessoas querem "novos" conselhos, porém o valor deste livro não vem da novidade, e sim da utilidade.

Por fim, eu também mudei: me casei, expandi meu negócio e aprendi ainda mais sobre finanças e psicologia. Agora tenho a oportunidade de compartilhar com você o conhecimento que adquiri. Em meio ao ruído, às tendências efêmeras e aos aplicativos da moda, o fato é que meu sistema de finanças pessoais *funciona*. Investir para o longo prazo e a baixo custo *funciona*. A automação *funciona*. Use este livro para criar sua Vida Rica, tal como milhares de outras pessoas fizeram.

– Ramit Sethi

Nota à edição brasileira
Este livro foi escrito para o público americano, mas passou por diversas adaptações à realidade brasileira, aprovadas pelo autor, para se tornar ainda mais útil aos nossos leitores. Mais importante do que isso, propõe uma mudança de mentalidade na relação com o dinheiro por meio de atitudes que já ajudaram milhares de pessoas a construir uma vida de riqueza.

INTRODUÇÃO

VOCÊ PREFERE PARECER RICO OU SER RICO?

Sempre me perguntei por que as pessoas engordam tanto depois de terminar a faculdade. Não me refiro a quem tem problemas de saúde, mas a pessoas comuns que eram magras nos tempos de estudante e juraram que "nunca, jamais" deixariam de se cuidar. Pouco a pouco, porém, grande parte dos americanos ganha uma quantidade de quilos que não é saudável.

Desde a primeira edição deste livro, a relação entre peso corporal e saúde se tornou um tema tão controverso que fui aconselhado a eliminar quaisquer referências a isso. No entanto, minhas jornadas pessoais com a nutrição, o exercício físico e o dinheiro me convenceram ainda mais de que esses assuntos estão interconectados – e que podemos assumir o controle sobre eles.

Não é da noite para o dia que ganhamos peso. Se fosse assim, seria fácil perceber esse processo começando e tomar medidas para evitá-lo. Quilo após quilo, ele se esgueira em nosso corpo enquanto nos dirigimos ao trabalho e durante as oito horas que passamos sentados em frente a um computador. Ganhamos peso quando saímos de um campus universitário habitado por ciclistas e jovens e vamos para o mundo real. Mas tente falar sobre emagrecimento com seus amigos e veja se alguém diz alguma destas frases:

"Corte o açúcar!"

"Não coma antes de ir dormir, porque o organismo não queima gordura direito durante o sono."

"A única dieta que funciona é a low carb."

"Beber água com limão pela manhã acelera o metabolismo."

Sempre dou risada quando ouço essas coisas. Talvez estejam corretas, talvez não, mas não é isso que importa.

O que importa é que adoramos debater minúcias.

Quando se trata de emagrecimento, 99,99% das pessoas só precisam de duas coisas: comer menos e se movimentar mais. Apenas atletas de elite necessitam de mais que isso. Só que, em vez de aceitar esses fatos simples e agir, ficamos discutindo sobre gorduras trans, suplementos e dieta paleolítica.

POR QUE DINHEIRO E COMIDA SÃO TÃO PARECIDOS?

Como agimos em relação à comida	Como agimos em relação às finanças pessoais
Não acompanhamos nosso consumo de calorias	Não acompanhamos nossos gastos
Comemos mais do que percebemos	Gastamos mais do que percebemos ou admitimos
Debatemos minúcias sobre calorias, dietas e treinos	Debatemos detalhes relativos a taxas de juros e ações da moda
Damos mais valor a conselhos pessoais que a pesquisas científicas	Damos ouvidos a amigos, pais e influenciadores em vez de ler alguns bons livros

Em questão de dinheiro, existem dois tipos de pessoa: aquelas que o ignoram e se sentem culpadas e aquelas que ficam obcecadas com detalhes, discutindo taxas de juros e riscos geopolíticos, mas não partem para a ação. Os dois tipos chegam ao mesmo resultado: nenhum. A verdade é que a maioria das pessoas não precisa de um consultor financeiro para enriquecer. Precisamos abrir contas em bancos confiáveis e automatizar a gestão do dinheiro no nosso dia a dia (incluindo contas a pagar, economias e, se for o caso, quitação de dívidas). Precisamos conhecer algumas opções de investimento e deixar nosso dinheiro render por 30 anos. Mas isso não é muito interessante ou empolgante, certo? Então preferimos ouvir "especialistas" que fazem previsões infindáveis sobre a economia e "as ações mais quentes do ano" e que nunca são responsabilizados por seus palpites (mais da metade dos quais está errada). "Vai subir!", "Não, vai cair!". Somos atraídos por qualquer coisa que digam.

Por quê? Porque adoramos debater minúcias.

Isso nos satisfaz. Mesmo que estejamos apenas andando em círculos sem mudar a opinião de ninguém, sentimos que estamos nos expressando, o que dá uma sensação boa. Achamos que já é um avanço. O problema é que esse sentimento é completamente ilusório. Pense na última vez que você conversou com um amigo sobre finanças ou atividade física. Vocês saíram para correr depois? Você investiu seu dinheiro? Claro que não.

As pessoas adoram discutir tópicos irrelevantes, em parte porque isso as protege de ter que fazer alguma coisa. Quer saber? Deixe os idiotas chafurdarem em detalhes. Resolvi aprender sobre dinheiro dando alguns pequenos passos para gerenciar meus gastos. Assim como não é necessário ter um diploma em Nutrição para perder peso nem ser um engenheiro para dirigir um carro, você não precisa saber tudo sobre finanças pessoais para ser rico. Repito: você não precisa ser especialista para ser rico. Você precisa é deixar de lado essa enxurrada de informações inúteis e dar o pontapé inicial – o que, por acaso, também ajuda a reduzir a culpa.

Eu sabia que deveria poupar para a aposentadoria, mas não tinha muita noção de como fazer isso. Também achava que poupar significava apenas NÃO gastar dinheiro. O resultado era que eu me sentia péssima quando gastava com qualquer coisa, mesmo que tivesse economizado para aquilo. Também nunca tinha pensado a sério em pedir um aumento e não sabia como abordar o assunto com meu chefe. Simplesmente tratava meu salário inicial como algo imutável.

— Elizabeth Sullivan-Burton, 30

POR QUE ADMINISTRAR O DINHEIRO É TÃO DIFÍCIL?

As pessoas têm uma infinidade de motivos para não administrar o próprio dinheiro. Alguns até são válidos, mas a maioria não passa de desculpas esfarrapadas, quando na verdade elas têm preguiça ou não querem fazer uma pesquisa que levaria 10 minutos. Vejamos algumas dessas desculpas:

Excesso de informação

A ideia de que há informação demais é uma preocupação real e válida. Talvez você diga: "Mas, Ramit, isso vai na contramão de toda a cultura ocidental! Precisamos de mais informações para poder tomar decisões melhores! Todos os especialistas dizem isso, então deve ser verdade!" Desculpa, mas não. Se você observar os dados reais, verá que tal excesso pode levar à paralisia de decisão, que é um jeito sofisticado de dizer que, quando recebemos um volume enorme de informações, acabamos não fazendo nada.

Você vê na internet anúncios de ações, previdência privada PGBL e VGBL, seguros, fundos para todos os gostos e bolsos, etc. Por onde começar? É tarde demais? O que fazer? Muitas vezes, a resposta é nada – e essa é a pior escolha possível. Investir cedo é a melhor coisa que você pode fazer.

Uma pessoa – vamos chamá-la de Eliana Esperta – aplica 200 dólares por mês dos 35 aos 45 anos e nunca mais toca nesse dinheiro. Já outra – Bruno Burro, digamos – está tão ocupada com outros assuntos da vida que só começa a dar atenção às finanças pessoais aos 45 anos e a partir daí investe 200 dólares por mês, até os 65. Ou seja, Eliana Esperta investe por 10 anos; Bruno

Burro, por 20. Aos 65 anos, considerando a mesma rentabilidade, ela terá muito mais dinheiro que ele. E isso com apenas 200 dólares por mês!

O fator mais importante para ficar rico é começar cedo.

COMO GERAR 60 MIL A MAIS QUE SEUS AMIGOS (COM MENOS TRABALHO)

	Eliana Esperta	Bruno Burro
Começa a investir aos...	35 anos	45 anos
Cada pessoa investe 200 dólares por mês durante...	10 anos	20 anos
Com uma rentabilidade de 8%, aos 65 anos a pessoa tem...	181.469 Aí está o valor de começar cedo.	118.589 Apesar de ter investido pelo dobro do tempo, ele tem 60 mil a menos.

Se você for mais novo, seu dinheiro crescerá mais ainda. Se for mais velho, porém, não se sinta desmotivado. Uma vez recebi um e-mail de uma mulher de 40 e poucos anos que ficou chateada com esses dados. "Por que escrever isso?", perguntava ela. "Faz com que eu me sinta mal por já estar muito atrasada."

Entendo como ela se sente. Mas não podemos fugir da matemática. Assim, em vez de suavizar os fatos, acredito que é meu dever mostrar a verdade, incluindo formas de aumentar seu patrimônio. Sim, o melhor momento para começar a investir era 10 anos atrás. O segundo melhor é agora.

A mídia tem sua parcela de culpa (adoro apontar culpados)

Abra qualquer site mediano de finanças e aposto que você vai encontrar uma matéria intitulada "10 dicas simples de controle de gastos para melhorar suas finanças" ou "Como as novas regras fiscais afetam seu bolso". Só de ler tais manchetes já sabemos o objetivo desses textos: atrair visualizações e vender espaço para anúncios.

Sabemos isso porque ler mais um entre milhões de artigos sobre controle de gastos ou sobre impostos não vai mudar o comportamento de ninguém. Mas ambas as manchetes fazem os leitores se sentirem bem – ou irritados.

Chega! Não quero saber de visualizações nem de provocar raiva. Se você é como eu, então se importa em saber para onde seu dinheiro está indo e em redirecioná-lo para o objetivo desejado. Queremos que ele cresça automaticamente, em contas sem uma infinidade de taxas mesquinhas. Não queremos ter que nos tornar especialistas em finanças para ficarmos ricos.

A ascensão da cultura do vitimismo

Há um grupo de pessoas – em sua maioria, jovens insatisfeitos – que decidiram que é mais fácil ser cínico que tentar melhorar.

"Investir? Kkkkk Não sobra dinheiro nem para uma pizza!"

"Arranjar um emprego? Em que mundo você vive? HAHAHA"

"Talvez se os boomers *não tivessem arruinado tudo para a gente..."*

As pessoas *competem* para ver quem é a maior vítima. Ah, você não tem como comprar uma casa? *E eu que não tenho dinheiro nem para morar numa caixa de papelão?* Você gosta de sair para conhecer gente nova? *Bom para você, mas eu tenho ansiedade, não posso fazer isso.* (*O quê? Não, não fui ao psiquiatra. Eu mesmo me diagnostiquei.*)

Sabe quem é a verdadeira vítima nessa história?

Eu. Estou cansado dessas pessoas que se ofendem com tudo. E da estupidez de toda essa cultura do vitimismo.

Eu me recuso a participar desse drama de que não dá para economizar nem 50 reais por mês. Quando este livro foi publicado pela primeira vez, recebi dezenas de e-mails raivosos me acusando de ser elitista por incentivar as pessoas a poupar e investir, mesmo que pouco. Esses cínicos estavam errados. Eles se rodearam de pessoas que pensam igual, aceitaram argumentos fracos e pagaram um preço enorme por suas crenças: perderam a oportunidade de ganhar muito dinheiro. Enquanto isso, meus leitores se esforçaram para criar uma Vida Rica.

A decisão é sua. Seja um cínico ou avalie suas opções com cuidado, sabendo que é provável que cometa um erro aqui e outro ali... mas você crescerá a cada passo da jornada. Eu escolho seguir em frente.

Entendo que esse é um problema complexo. Sim, políticas socioeconômicas, acesso à tecnologia e sorte pura e simples fazem diferença. Se seus pais fizeram faculdade, por exemplo, você já tem muito mais sorte que a maioria dos habitantes do planeta.

Mas cada um joga com as cartas que a vida dá. E eu acredito que devemos nos concentrar naquilo que podemos controlar.

Por exemplo, quando entrei no jardim de infância, já era óbvio que eu nunca seria um astro do basquete. E tudo bem. Por outro lado, estava claro que eu me sairia muito melhor que meus colegas na escrita. E tudo bem também.

Mas havia áreas cinzentas, como abrir um negócio, adquirir condicionamento físico e aprender a chamar garotas para sair. Essas habilidades eu tive que aprender e me exigiram muito, mas muito esforço.

É aqui que a mentalidade do vitimismo entra em cena. Muita gente reclama da política e de problemas sociais sem atentar ao próprio comportamento. Elas desistem ao primeiro sinal de fracasso. Se você quer ser um coadjuvante na sua vida, ótimo, é só seguir o fluxo. Mas eu acho muito mais divertido ser o capitão da minha nave, mesmo que às vezes cometa um desvio de rota.

Como você deve ter percebido, não tenho muita empatia com quem reclama e não faz nada para mudar. Foi por isso que escrevi este livro. Quero que você se sinta capaz de tomar as rédeas da sua vida, não importa qual tenha sido seu ponto de partida. Quero que tenha condições de enfrentar as corporações gigantescas, os influenciadores irresponsáveis e até sua estrutura psicológica.

Veja alguns exemplos da cultura do vitimismo em relação ao dinheiro:

"Não consigo poupar nem um centavo." Anos atrás, quando a economia mundial entrou em crise, lancei o desafio "Mil dólares em 30 dias", em que ensinei estratégias baseadas em novas técnicas da psicologia para guardar dinheiro. Milhares de pessoas participaram e se empenharam, poupando milhares e milhares de dólares.

Mas nem todas.

Apesar de a maioria me apoiar, fiquei surpreso com a quantidade de gente que se ofendeu com o conceito do desafio por não receber nem aquele valor todo mês ou por achar que minhas recomendações eram "óbvias" – apesar de eu ter definido "economizar" como cortar custos, aumentar a renda e otimizar os gastos.

Algumas das reclamações foram:

- "Isso é impossível para mim... Não ganho o suficiente."

- "Boa ideia, mas a renda familiar média aqui em Ohio é em torno de 3.500 dólares. Observe que essa é a média, então boa parte das famílias vive com menos que isso! Duvido que a maioria consiga economizar mil dólares por mês sem vender os filhos."

- "Isso seria legal... Se eu ganhasse mais de um salário mínimo, até tentaria. Mas estou na faculdade..."

As pessoas adoram usar sua condição específica (morar em Ohio, ou na Malásia, ou ainda estar na faculdade) para explicar por que não chegam ao mesmo patamar que outros. Antigamente eu até dava bola para essas queixas e mostrava exemplos de gente da mesma área que tinha alcançado resultados incríveis. A resposta? "Bom, eles por acaso [critérios cada vez mais obscuros, como ter se mudado três vezes na infância]?" Quando eu dizia que não, vinha a réplica: "Viu? Sabia que isso não ia funcionar para mim."

Elas não querem resultados, querem desculpas para não tomar uma atitude. Ironicamente, mesmo que vençam a discussão que elas mesmas começaram, saem perdendo, porque estão confinadas às próprias prisões mentais.

"O mundo está contra mim." Sim, nossa sociedade tem muitos problemas, mas, em relação a finanças pessoais, eu me concentro no que posso controlar. Essa ideia não passa pela cabeça dos reclamões. Quando alguém fala para eles tomarem uma atitude, a reação natural é criar motivos que os impossibilitem de fazer isso. Antigamente esses motivos eram pessoais ("Não tenho tempo"). Agora, com a ascensão da cultura do vitimismo, é mais politicamente correto apontar para alguma força externa, como a renda média ou a política econômica. De fato, organizar a vida financeira exige certo nível de esforço, mas vale muito a pena.

A verdade é que esses reclamões não entenderam a proposta. Além de ser bastante razoável para o americano, poupar 500 dólares por mês era uma meta a se ambicionar. Se 500 fosse impossível, que tal 200? Ou 50? Por fim, essas pessoas que reclamaram de dinheiro um ano atrás devem estar reclamando até hoje, enquanto muita gente que encarou o desafio economizou centenas e até milhares de dólares.

Outras pessoas que podemos culpar pelos nossos problemas financeiros

Existem outras desculpas comuns para não administrarmos nosso dinheiro. A maioria não resiste a uma análise um pouco mais aprofundada:

- **"A escola não ensina isso."** É fácil para as pessoas de 20 e poucos anos desejar ter tido aulas de finanças pessoais. Pois adivinha só: existem diversos cursos on-line gratuitos, inclusive oferecidos por órgãos públicos. Você é que não foi atrás!

- **"Os bancos só querem lucrar em cima de nós."** Sim, querem mesmo. Então pare de se lamuriar e aprenda a vencer essas empresas em vez deixar que se aproveitem de você.

- **"Tenho medo de perder dinheiro."** É uma preocupação justa, ainda mais depois de crises globais em que as manchetes traziam expressões como "o país afundou" e "geração perdida". Mas você precisa assumir uma perspectiva de longo prazo: a economia cresce e encolhe em ciclos. Quem vendeu todas as suas ações na crise de 2008 perdeu um dos maiores ciclos de alta da história. O medo não é desculpa para deixar seu dinheiro parado. Lembre-se de que você pode escolher entre muitas opções de investimento – algumas mais arrojadas, outras mais conservadoras. Tudo depende do nível de risco que se dispõe a correr. Na verdade, se criar mecanismos automáticos para investir seu dinheiro, você pode se colocar em uma posição potencialmente vantajosa enquanto os outros se amedrontam – isto é, caso continue economizando e investindo regularmente. Quando todo mundo está com medo, é possível encontrar produtos a um preço muito bom.

- **"E se eu não souber de onde tirar 100 reais a mais por mês?"** Você não precisa ganhar nem um centavo a mais. Vou mostrar como otimizar seus gastos atuais de modo a gerar recursos para investir. Siga meu Método CEO: **C**ortar custos, **E**mbolsar mais e **O**timizar gastos.

- **"Não quero retornos medianos."** Nossa sociedade estigmatiza estar na média. Quem quer ter um relacionamento mediano? Ou uma renda mediana? Empresas financeiras se aproveitam desse medo: sugerem que é ruim estar na média e que você pode se sair melhor que isso. Um robô de investimento bem popular cujo slogan é "Seja melhor que a média" lançou uma grande campanha publicitária baseada nessa ideia. A verdade, no entanto, é que dificilmente você vai superar os rendimentos médios. Uma rentabilidade líquida média de 8% ao ano já é bastante boa. Isso vale inclusive para o contexto brasileiro, em que a taxa básica da economia, a Taxa Selic, estabelecida pelo Banco Central, costuma ser mais alta que a dos Estados Unidos. Ironicamente, as pessoas que temem "ficar na média" agem de uma forma que lhes rende um desempenho *pior* que a média, pois compram e vendem com frequência, fazem apostas absurdas e acabam pagando impostos altos e taxas desnecessárias. Lembre-se: nos relacionamentos e no trabalho, queremos estar acima da média, mas nos investimentos a média é excelente.

Você não é uma vítima, você tem as rédeas da situação. Quando internalizar isso, poderá partir para o ataque. Chega de ficar paralisado por pensar que é preciso organizar perfeitamente suas finanças pessoais para só então começar a administrar seu dinheiro.

Você precisa ter ganhado o *MasterChef* para fazer um misto-quente? Não. E, depois de preparar sua primeira refeição, na próxima vez será mais fácil cozinhar algo um pouco mais elaborado. O mais importante para enriquecer não é ser um grande gênio. É começar.

DEIXE AS DESCULPAS DE LADO

Prestem atenção, bebês chorões: isto aqui não é a casa da sua avó e eu não vou fazer um bolo nem mimar vocês. Muitos dos seus problemas financeiros foram causados por uma única pessoa: você. Em vez de culpar as circunstâncias e o mundo capitalista pela sua situação, você precisa se concentrar no que pode mudar. O universo das finanças pessoais é uma confusão de propagandas exageradas, mitos e mentiras. E acabamos nos sentindo culpados por não fazer o suficiente ou não fazer direito. Se você não estiver satisfeito com suas finanças e quiser dar uma boa olhada no espelho, descobrirá uma verdade incontornável: o problema (e a solução) é *você*.

Vamos deixar as desculpas de lado. E se você pudesse decidir conscientemente como usar seu dinheiro em vez de dizer "Acho que foi isso que gastei no mês passado"? E se pudesse criar um sistema que automatizasse o processo de poupar? E se pudesse investir de forma simples e com regularidade, sem medo? Pois adivinha só: você pode! Vou lhe mostrar como redirecionar sua renda para os seus objetivos – entre eles, multiplicar seu dinheiro de forma significativa no longo prazo, não importando como a economia se comporte.

AS MENSAGENS CENTRAIS DESTE LIVRO

Acredito em pequenos passos. Quero reduzir o número de decisões que nos paralisam. Começar é mais importante do que escolher o melhor fundo do universo e gastar uma infinidade de horas tentando descobrir qual é. Este livro trata, essencialmente, de dar o primeiro passo – entender as barreiras que nos impedem de administrar nossos recursos financeiros para então derrubá-las e fazer com que nosso dinheiro nos leve até nossos objetivos. Sejamos sinceros: é muito provável que seu objetivo não seja se tornar um especialista financeiro, e sim viver sua vida enquanto seu dinheiro trabalha por você. Assim, não se pergunte "Quanto eu preciso ganhar?", e sim "Como posso usar o dinheiro para alcançar o que quero da vida?". Você será guiado não pelo medo, mas pelo que a história nos ensinou a respeito de investimentos e crescimento financeiro.

Vou simplificar as coisas. Afinal, existem muitos livros que tentam cobrir todos os aspectos do mundo das finanças, resultando em obras com conceitos que você "deveria" aplicar mas não consegue porque dá muito trabalho. Quero que você saiba o suficiente para começar a abrir contas automatizadas e investir, mesmo com apenas 50 reais. Então, aqui estão as mensagens essenciais deste livro:

A Solução dos 85%: começar é mais importante que se tornar especialista. Muitas pessoas acreditam que precisam gerenciar seu dinheiro com perfeição, o que as leva a não tomar atitude alguma. É por isso que a forma mais fácil de administrar suas finanças é dar um passo de cada vez, sem se preocupar em ser perfeito. Prefiro agir e acertar 85% das vezes a não fazer nada. Pense: 85% é bem melhor que 0%. Assim que seu sistema financeiro estiver bom o suficiente (85% configurado), você pode seguir a vida e fazer o que realmente deseja.

Tudo bem cometer erros. É melhor errar agora, com pouco dinheiro, pois assim você vai saber o que evitar quando tiver mais.

Gaste com extravagância nas coisas que ama. No resto, corte custos sem dó. Não vou mandar você cortar o cafezinho. Na verdade, o objetivo deste livro é que você possa gastar mais com o que ama ao deixar de gastar com todas as coisas idiotas que não valem a pena. Veja bem, é fácil querer o melhor dos mundos: sair toda hora, morar em um apartamento incrível, comprar roupas novas, dirigir um carro zero e viajar sempre que der vontade. Mas, verdade seja dita, é preciso estabelecer prioridades. Certa vez, meu amigo Jim me ligou para contar que tinha recebido um aumento. No mesmo dia ele se mudou para um apartamento menor. Por quê? Porque ele não se importa muito com o lugar onde mora, mas ama gastar dinheiro em itens de acampamento e ciclismo. Isso se chama gasto consciente. (Descubra no Capítulo 4 como um amigo meu gasta, com consciência, mais de 20 mil dólares por ano em eventos sociais.)

O melhor erro que já cometi

Quando eu estava no ensino médio, meus pais me disseram que, se eu quisesse fazer faculdade, teria que conseguir uma bolsa. Como bom filho indiano, comecei a me candidatar... e só parei depois de umas 60 inscrições e centenas de milhares de dólares oferecidos como crédito estudantil.

Mas a melhor bolsa que ganhei foi a primeira: um cheque de 2 mil dólares em meu nome, que descontei e investi na bolsa de valores. Perdi metade logo de cara.

Ops.

Foi quando decidi que precisava mesmo aprender sobre dinheiro. Devorei livros sobre finanças pessoais, assisti a programas e comprei revistas especializadas. Depois de um tempo, comecei a compartilhar o que tinha aprendido. Dei aulas informalmente a amigos de Stanford (ainda que ninguém comparecesse no início) e em 2004 comecei a escrever um blog em que falava o básico sobre economia, bancos, orçamentos e investimentos. O resto, como dizem, é história.

Parecer rico é diferente de *ser* rico. Quando ouço as pessoas falando sobre as ações que compraram, venderam ou venderam a descoberto na semana anterior, percebo que meu estilo de investimento parece bem tedioso: "Bom, comprei cotas de alguns bons fundos cinco anos atrás e desde então não fiz mais nada além de agendar a compra regular de mais cotas." Mas investir não precisa ser interessante ou atraente, precisa gerar dinheiro, e a literatura sobre o assunto mostra que comprar e guardar é sempre melhor no longo prazo. Sempre.

Não passe a vida preenchendo planilhas. Aconselho você a organizar seu sistema financeiro e seguir sua vida. Isso significa não "viver na planilha", isto é, não ficar obcecado por mudanças minúsculas nas suas despesas e no mercado financeiro. Talvez isso lhe pareça improvável agora, mas, ao terminar este livro, você estará extremamente confortável com seu dinheiro e seus investimentos. Já conheci muita gente que registra todas as míseras variações em seu patrimônio e faz cálculos segundo diferentes hipóteses no Excel, tentando descobrir em quanto tempo vai poder se aposentar. Não faça isso. Não apenas porque assim você vai virar um chato, mas principalmente porque é desnecessário. Se eu fizer meu trabalho direito, você vai automatizar suas finanças e usufruir sua Vida Rica, que acontece fora das planilhas.

Jogue no ataque, não na defesa. É muito comum que as pessoas joguem na defesa com suas finanças. No fim do mês, olham para suas despesas e dão de ombros, pensando: "Acho que foi isso que gastei." Aceitam custos onerosos e não questionam conselhos complicados porque vêm num jargão que não entendem. Neste livro, vou ensinar você a partir para o ataque com os cartões de crédito, os bancos, os investimentos e até sua estrutura psicológica em relação ao dinheiro. Quero que ao fim do Capítulo 9 você tenha criado sua Vida Rica. Vai com tudo! Ninguém vai fazer isso por você.

Este livro é sobre usar o dinheiro para criar sua Vida Rica. Vou ensinar você a montar uma infraestrutura financeira automática que vai funcionar com tranquilidade e o mínimo de intervenção. Você também vai aprender o que não fazer e como evitar erros comuns. Verá algumas descobertas surpreendentes da literatura financeira (imóvel é mesmo um bom investimento?) e vai começar a tomar atitudes em vez de se prender a detalhes. Tudo isso em apenas seis semanas – ao final, você estará no caminho para a riqueza. Não parece ótimo?

POR QUE VOCÊ QUER SER RICO?

Ao longo dos últimos 15 anos, conversei com mais de 1 milhão de pessoas sobre finanças pessoais, seja pelo meu site ou em palestras. Sempre faço a elas duas perguntas:

- Por que vocês querem ser ricos?

- O que ser rico significa para vocês?

A maioria das pessoas não passa nem 10 minutos pensando no que significa riqueza para elas. Uma dica: é diferente para todo mundo e o dinheiro é uma pequena parte de ser rico. Por exemplo, cada um dos meus amigos valoriza coisas diferentes. Paul adora restaurantes com estrelas Michelin que cobram 500 dólares pela refeição; Nicole ama viajar; Nick gosta mesmo é de comprar roupas. Se você não escolhe com consciência o que é a sua "riqueza", é fácil acabar se comparando. Eu me considero rico agora que posso fazer estas coisas:

- Tomar decisões em relação à minha carreira segundo minhas vontades, e não pela necessidade de dinheiro.

- Complementar a aposentadoria dos meus pais, para que eles não precisem trabalhar se não quiserem.

- Esbanjar com o que amo e ser muito comedido com o resto (por exemplo, morar num ótimo apartamento em Nova York mas não ter um carro).

Todo mês de dezembro, minha esposa e eu nos sentamos juntos para definir o que pretendemos fazer no ano seguinte. Para onde queremos viajar? Quem vamos convidar para ir conosco? Do que vamos lembrar nos próximos 50 anos? Esse planejamento – em que formulamos nossa Vida Rica de maneira intencional – é uma das coisas mais divertidas que fazemos a dois.

Antes que você continue a leitura, aconselho que reflita sobre sua Vida Rica. Por que você quer ser rico? O que deseja fazer com sua riqueza?

Seja bem específico. Se sua Vida Rica é "Quero andar só de táxi e nunca mais pegar um ônibus", anote isso! Eu, por exemplo, percebi que não aproveitava muito a cena cultural de Nova York, então decidi ir a pelo menos uma exposição ou um espetáculo da Broadway a cada três meses. Depois que estabeleci isso como objetivo, tornou-se parte da minha Vida Rica. Não tenha vergonha se sua visão parecer pequena – ou grandiosa demais. Quando fiz minha lista para uma Vida Rica pela primeira vez, um dos meus principais objetivos era pedir entradas quando fosse a restaurantes, algo que nunca pude fazer quando era criança. Com o tempo, minhas metas foram crescendo.

O que você se vê fazendo quando imagina sua vida ideal?

10 regras para uma Vida Rica

1. Uma Vida Rica significa poder gastar com extravagância nas coisas que você ama, contanto que corte gastos sem piedade nas coisas que não ama.

2. Mantenha o foco nos Grandes Ganhos – aquelas cinco ou dez coisas que lhe trarão os maiores resultados. Entre elas estão automatizar suas finanças, encontrar um trabalho que ama e negociar seu salário. Concentre-se nos Grandes Ganhos e você poderá comprar quantos cafezinhos quiser.

3. Investir é para ser bem tedioso (e bem lucrativo) a longo prazo. Eu acho mais empolgante comer pizza do que consultar o retorno dos meus investimentos.

4. Existe um limite para quanto você pode cortar em gastos, mas não para quanto pode receber. Tenho leitores que ganham 3 mil por mês e outros que ganham 60 mil, e ambos compram o mesmo tipo de pão. Controlar as despesas é importante, mas o crescimento dos ganhos é exponencial.

5. Seus amigos e sua família terão muitas "dicas" para lhe dar quando você iniciar sua jornada financeira. Ouça com educação, ignore e siga o meu programa.

6. Crie uma série de "regras para gastos" às quais recorrer quando for decidir se vai comprar algo. A maioria das pessoas aplica regras restritivas ("Preciso parar de comer fora..."), mas você pode inverter isso, decidindo no que sempre *vai* gastar. Como minha regra para livros: se estiver querendo comprar algum, compre logo. Não gaste nem cinco segundos pensando no assunto. Uma única ideia de um livro que você consiga aplicar na vida já vale a pena (como esta).

7. Cuidado com a busca interminável por dicas "avançadas". Muitas pessoas procuram respostas elaboradas para evitar o trabalho difícil e real de melhorar pouco a pouco. É mais fácil sonhar em vencer a Maratona de Boston que sair para correr 10 minutos todos os dias. Às vezes o passo mais avançado que você pode dar é o básico, com constância.

8. Você está no controle. Isto não é um filme da Disney e ninguém virá resgatar você. Felizmente, você pode tomar as rédeas das suas finanças e construir sua Vida Rica.

9. Parte do processo de criar sua Vida Rica é a disposição a ser assumidamente diferente. Assim que o dinheiro não for um obstáculo primário, você terá a liberdade para moldar sua Vida Rica, que com certeza será diferente da dos demais. Aceite isso. É a parte divertida!

10. Viva fora da planilha. Assim que automatizar suas finanças usando o sistema deste livro, você verá que a parte mais importante de uma Vida Rica está fora das planilhas – envolve relacionamentos, novas experiências e caridade. Você merece.

O QUE VOCÊ VAI GANHAR COM ESTE LIVRO

A maioria das pessoas pensa que investir significa "adquirir ações", como se fossem comprar e vender ações aleatórias e lucrar em um passe de mágica. Por terem começado com uma suposição errônea (de que investir é comprar ações), aquelas que decidem aprender mais entram em um buraco sem fundo de termos sofisticados como "fundos de hedge", "derivativos" e "exposição ao varejo".

Na verdade, elas se enganaram em sua suposição fundamental. Investir não é comprar ações. Seu plano de investimentos é mais importante que qualquer aplicação específica que você fizer. Infelizmente, muitas pessoas acham que é necessário atingir um alto grau de complexidade para enriquecer, porque veem os outros falando sobre isso na internet todo dia. Quer saber? Para investidores individuais como você e eu, essas opções são irrelevantes.

Pode parecer chique, mas investidores individuais falando sobre conceitos complicados assim são como crianças jogando tênis e discutindo a tensão das cordas de suas raquetes. É claro que pode fazer uma diferença mínima, mas elas se tornariam atletas muito melhores se simplesmente saíssem para treinar algumas horas todo dia.

Investimentos simples e de longo prazo funcionam. Essa ideia pode soar meio sem graça, mas a decisão é sua: quer impressionar os outros com seu vocabulário rebuscado ou quer se juntar a mim em meu trono revestido de ouro, sendo alimentado com uvas e abanado com folhas de palmeira?

Este livro vai ajudar você a descobrir para onde seu dinheiro está indo e redirecioná-lo para onde você quer que ele vá. Economizando para uma viagem à China? Um casamento? Quer apenas aumentar seu patrimônio? Este programa de seis semanas vai lhe permitir isso.

PASSO A PASSO EM 6 SEMANAS

Na semana 1, você vai organizar seus cartões de crédito, quitar suas dívidas (se tiver) e aprender a gerenciar seu histórico de crédito e as recompensas gratuitas a que tem direito.

Na semana 2, você vai abrir as contas bancárias certas.

Na semana 3, você vai contratar um plano de previdência privada e abrir uma conta de investimentos (mesmo que só tenha uma nota de 100 para começar).

Na semana 4, você vai descobrir quanto está gastando e aprender como fazer seu dinheiro ir para onde você quer que ele vá.

Na semana 5, você vai automatizar sua nova infraestrutura para fazer com que suas contas funcionem em sintonia.

Na semana 6, você vai entender o que realmente é investir – e aprender como tirar o maior proveito do mercado com muito pouco trabalho.

Você também vai aprender a montar uma carteira de investimentos automatizada e de baixo custo melhor que a maioria que se vê por aí e descobrir como fazer a manutenção das suas aplicações usando um sistema que exige o mínimo de interferência sua enquanto seu dinheiro vai se acumulando sozinho. Além disso, esclareço muitas dúvidas específicas: como comprar um carro, bancar uma festa de casamento, negociar seu salário, etc.

Após ler este livro, você estará mais preparado que 99% das pessoas. Saberá como não pagar taxas bancárias desnecessárias, como investir, como pensar sobre dinheiro e como enxergar a verdade por trás dos conteúdos que são alardeados na internet todos os dias.

Não existe segredo para enriquecer. Bastam pequenos passos e alguma disciplina, e você pode chegar lá com apenas um pouquinho de esforço. Agora vamos começar.

CAPÍTULO 1

OTIMIZE SEUS CARTÕES DE CRÉDITO

*Como ganhar das administradoras de cartão
no jogo que elas próprias criaram*

Nós, indianos, somos obcecados por pechinchar até o último centavo. Meu pai, por exemplo, pechincha por cinco dias seguidos para comprar um carro. Já o acompanhei em algumas dessas sessões de negociação que levam a semana inteira. Em uma delas, quando já estava prestes a assinar os documentos, ele parou, pediu para incluir tapetes grátis (o valor era de 50 dólares) e foi embora quando a resposta foi não. Isso depois de cinco dias pechinchando. Enquanto ele me arrastava para fora da loja, eu olhava fixamente para a frente, em choque.

Como você pode imaginar, quando chegou a hora de comprar meu próprio carro, eu já estava craque em negociar. Sabia como fazer exigências ridículas mantendo uma expressão séria e nunca aceitar um não como resposta. Mas optei por um método mais moderno: em vez de passar uma semana indo de concessionária em concessionária, convidei 17 vendedores do norte da Califórnia a competir uns com os outros pelo prêmio de fechar negócio comigo enquanto eu ficava sentado em casa lendo os e-mails e faxes (sério) que chegavam com propostas. (Para saber mais sobre comprar um carro, veja o Capítulo 9.) No fim, encontrei uma ótima oferta em Palo Alto e fui até lá pronto para assinar a documentação. Tudo ia bem até que o vendedor foi fazer minha análise de crédito. Ele voltou sorrindo.

– Nossa, você tem a melhor pontuação de crédito que já vi para alguém da sua idade – disse ele.

– Obrigado – respondi, embora por dentro dissesse "UHUL, EU SABIA!". Isso porque eu era um indiano esquisito de 20 e poucos anos que se orgulhava de sua pontuação de crédito e tinha decidido que um Accord de quatro portas era o carro dos sonhos.

Então o vendedor fez:

– Humm...

– Humm? – perguntei.

– Bem, parece que o seu crédito é ótimo, mas você não tem fontes de renda suficientes.

A questão, me explicou o sujeito, era que eles não podiam me oferecer a opção de juros baixos sobre a qual havíamos conversado. Em vez de uma taxa de 1,9%, teria que ser 4,9% ao ano. Puxei um caderninho e fiz um cálculo rápido. A diferença seria de mais de 2.200 dólares no total. Como estava pagando um preço ótimo pelo carro, me convenci de que não havia problema em pagar a taxa maior e assinei os papéis. Mas continuei aborrecido. Por que eu deveria pagar 2 mil a mais se meu perfil de crédito era excelente?

Provavelmente você não teve uma criação como a minha, então entendo caso deteste negociar. Muita gente detesta. As pessoas não sabem direito o que dizer, não querem parecer avarentas, então refletem: "Será que vale mesmo a pena?" Suando frio de tanto constrangimento, concluem que não – e pagam o preço cheio.

Tenho um ponto de vista diferente: não vale a pena pechinchar por tudo, mas há algumas áreas da vida nas quais a negociação é um Grande Ganho. Neste capítulo vou mostrar como partir para o ataque e espremer o máximo possível de recompensas e benefícios dos seus cartões. E, pela primeira vez, negociar será divertido.

OS MONSTROS MAIS COMUNS DOS CARTÕES DE CRÉDITO

Em qualquer livro de finanças, quase toda seção sobre cartão de crédito começa amedrontando o leitor com estas três táticas:

Estatísticas assustadoras. De acordo com a Serasa, um dos principais órgãos privados de análise de crédito do Brasil, em agosto de 2023 havia mais de 71 milhões de brasileiros em situação de inadimplência, isto é, com boletos em atraso de bancos, cartões de crédito, financeiras ou nas contas básicas de luz, água, etc.

Manchetes assustadoras. "Brasil bate recorde de endividados", relata a BBC. Ou esta aqui, do *Washington Post*: "Uma crise de endividamento se aproxima". O site InfoMoney afirma: "Endividamento dos brasileiros atinge maior nível em 12 anos."

Emoções assustadoras. Confusão, ansiedade e mentiras – a mídia sabe que, se lançar mão dessas coisas, atrairá cliques e venderá mais anúncios.

Lendo sobre essas táticas, como você se sente? A reação típica é ignorar o problema.

Dívidas me causavam medo. Eu não falava sobre o assunto, não avaliava a situação e evitava qualquer conversa ou pensamento a respeito.

— Warren Kopp, 36

As dívidas estavam sempre em meus pensamentos. Eu não conseguia aproveitar o dinheiro que tinha porque elas me assombravam.

— Chris Behrens, 45

Eu me lembro de sentir vergonha quando um pedido de cartão de crédito era negado. Quando as empresas de cobrança me ligavam, eu ficava constrangida e estressada por ignorar a chamada, porque devia aquele dinheiro mas não tinha como pagar.
— Allison Reynolds, 28

Para a mídia, é vantajoso gerar medo e ansiedade a respeito de dívidas, como se fossem algo inescapável ou debilitante. E raramente são sugeridas soluções – no máximo, algo do tipo "Evite comer fora". Ah, tá, valeu.

O resultado disso é um turbilhão de emoções negativas. Nos sentimos impotentes. Revoltados. Quem devemos culpar? Não sei, mas alguém é culpado.

Acima de tudo, não tomamos qualquer atitude. É assim que funciona a "cultura da indignação": fazendo você ficar com raiva e exausto… e aí você volta à sua paralisia habitual.

Meu método é diferente.

MEU PONTO DE VISTA

Os cartões de crédito nos dão muito dinheiro em vantagens. Se você pagar a fatura integralmente e dentro do prazo, eles são como um empréstimo de curto prazo gratuito. Podem ajudar você a monitorar seus gastos com mais facilidade e muitos oferecem recompensas e pontos que revertem em centenas, até mesmo milhares de reais. Alguns oferecem garantia estendida gratuita para suas compras e seguro gratuito para carros alugados.

Mas cartões de crédito também podem ser inimigos convenientes. Quase todo mundo já teve uma experiência ruim envolvendo multas por atraso, compras não autorizadas ou gastos excessivos. Não é surpresa alguma que muitos comentaristas financeiros tenham uma reação automática ao assunto. "Usar cartões de crédito é a pior coisa que você pode fazer!", bradam eles. "Corte todos em pedacinhos!" É um grito de guerra fácil para quem quer soluções simples e não percebe os benefícios de ter múltiplas fontes de crédito.

A verdade está em algum ponto entre esses extremos. Contanto que sejam bem administrados, vale a pena ter cartões. No entanto, se não pagar o total da fatura no fim do mês, você terá que pagar juros exorbitantes sobre o valor residual – no Brasil, esses juros variam bastante dependendo da instituição. Mesmo que pela regra vigente os juros cobrados no rotativo e no parcelamento não possam exceder 100% da dívida original, a verdade é que continuam altíssimos.* As administradoras de cartão de crédito também costumam cobrar uma multa pelo atraso no pagamento, de até 2% do total da parcela devida (valor fixo, que independe dos dias de atraso), além de uma cobrança um pouco mais complexa de IOF (imposto sobre operações financeiras). Também é fácil usar o cartão de forma excessiva e se endividar além das suas possibilidades, o que infelizmente acontece com uma grande parcela da população.

Não estou falando essas coisas para deixar você com medo de usar cartões. Na verdade, em vez de jogar na defesa – fugir deles –, quero que você jogue no ataque, usando-os com responsabilidade e obtendo o máximo de benefícios possível desse sistema. Para isso, você deverá otimizar seu cartão (ou seus cartões) para encabeçar a melhoria do seu perfil de crédito.

Ao fim deste capítulo você saberá como sugar das operadoras de cartão tudo que elas têm a oferecer (sem pagar taxas desnecessárias) e como usar seus cartões para impulsionar o seu importantíssimo perfil de crédito.

Vou ensinar você a negociar as condições dos seus cartões e revelar vantagens secretas que ninguém te conta. E vou mostrar detalhadamente como obtenho o máximo possível de benefícios e *cashbacks*, incluindo exemplos de como uso os pontos para trocar por passagens aéreas e diárias em hotéis.

---

* Antes da mudança de regra, válida desde janeiro de 2024, os juros ultrapassavam 400%. *(Todas as notas são da editora, exceto quando indicado em contrário.)*

Viajei com minha noiva para visitar a família dela em Dubai e a surpreendi com uma reserva de três noites em um resort no deserto que eu só poderia classificar como sete estrelas. Ficamos em uma casa privativa no estilo tradicional beduíno, com vista para o deserto de Dubai, piscina e todas as refeições incluídas. A experiência teria custado mais de 2 mil por noite, mas saiu tudo de graça por meio de pontos.

– Nathan Lachenmyer, 29

Recentemente reservei duas passagens de ida e volta de São Francisco à Itália para passar duas semanas de férias na primavera. Não paguei nada pelos voos, graças aos pontos do cartão!

– Jane Philipps, 30

No ano passado, visitei a Espanha e fiquei em hotéis de luxo por uma semana, fui e voltei com minha namorada para a Tailândia e mandei minha mãe para a Alemanha para comparecer ao aniversário do pai dela, tudo na classe executiva. Também vou usar minhas milhas para visitar Budapeste ano que vem!

– Jordan Petit, 27

Financiamentos estudantis podem ser uma ótima decisão. Nos Estados Unidos, o bacharel médio ganha acima de 1 milhão de dólares a mais que uma pessoa com diploma de ensino médio. Sim, dívida é uma porcaria, e sim, muitos jovens não têm acesso a uma avaliação do verdadeiro valor de seu futuro diploma, mas há maneiras de quitar seu financiamento mais rápido. E é quase certo que a sua graduação valha a pena, mesmo que você só leve em conta o retorno financeiro do investimento, sem incluir os amigos que o acompanharão pelo resto da vida, os valiosos hábitos de disciplina adquiridos e a experiência de se expor a novas ideias como um cidadão instruído. Esqueça o medo. No Brasil, além do Fies (Fundo de Financiamento Estudantil), os grandes bancos oferecem modalidades de crédito para estudantes com condições melhores que para o público geral, com prazos mais longos e juros um pouco mais baixos. Se você se endividou para poder estudar, use o conteúdo deste livro para criar um plano de quitação.

A maioria das pessoas não sabe jogar o jogo. Conversei com literalmente milhares de pessoas endividadas. Algumas estavam em situação grave: uma doença, pais idosos que precisavam de apoio, despesas inesperadas. Mas, para ser franco, havia também aquelas que estavam apenas jogando errado. Nunca leram um livro sobre finanças pessoais. Nem sabiam quanto deviam! Em vez de se esforçarem para vencer agressivamente o jogo da dívida, elas reclamam. É como ver uma criança de 4 anos tentando jogar *Monopoly*, perceber que não entende as regras (que não leu) e virar o tabuleiro com raiva. Vou lhe mostrar como se vence o jogo.

O Bank of America me odeia

O Bank of America, um dos piores bancos do mundo, me odeia porque eu falei que esse é um dos piores bancos que existem. Tenho boas notícias! Dez anos depois, eles ainda estão na minha lista por ferrar com meus leitores repetidamente (o Wells Fargo também está na lista). Não faço acordos com bancos – não preciso do dinheiro deles – e falo quais são as melhores (e piores) instituições financeiras para meus leitores.

Como você pode imaginar, as piores empresas não gostam de ser citadas em um livro que entrou para a lista de mais vendidos do *The New York Times*. Descobri que o Bank of America me odeia graças a uma leitora minha que trabalha lá, no setor administrativo. Um dia, ela me falou o seguinte: "Você sabia que está na lista de influenciadores do Bank of America?" Fiquei surpreso. Eu? Euzinho?

Então ela acrescentou: "É uma lista negativa."

Nunca fiquei tão orgulhoso.

No que diz respeito a dívidas de financiamento estudantil e cartões de crédito, meu objetivo é que você pare de jogar na defesa. Vou ensiná-lo a jogar no ataque. Para os financiamentos estudantis, faça um plano agressivo e reduza ao mínimo os juros que você paga. Quanto aos cartões, sugo cada benefício que eles podem me dar. Basicamente, quero que as operadoras de cartão detestem você, assim como me detestam.

A melhor parte de tudo isso é a rapidez com que você pode mudar sua vida financeira quando passa da defesa para o ataque com seu dinheiro.

Nos três anos e meio desde que li o livro, quitei 14 mil dólares em dívidas de cartão de crédito e 8 mil do financiamento estudantil.
— **Ryan Healey, 27**

No ano passado, desde que comecei a ler este livro, fiz dois planos de previdência, entendi como eles funcionam e investi 7.200 dólares para minha aposentadoria. Também contratei dois cartões de crédito para utilizá-los mais e assim melhorar meu perfil de crédito. Sou 100% um cliente inútil que sempre paga o total da fatura em dia.
— **Jeff Collins, 35**

Aprendi a manter a fatura do cartão de crédito em débito automático, a configurar despesas flexíveis e a investir em fundos de índice. Já acumulei mais de 40 mil em patrimônio líquido, sendo que tenho menos de dois anos de formada. Obrigada pelos conselhos!
— **Emily Bauman, 24**

JOGANDO NO ATAQUE: USE O CRÉDITO PARA ACELERAR SUA VIDA RICA

As pessoas adoram escolher investimentos atraentes e usar termos rebuscados como "ativos de risco" ou "valuation" quando querem enriquecer, porém muitas vezes ignoram algo tão simples, tão básico, que parece irrelevante: o crédito. Ironicamente, o crédito é um dos fatores mais vitais para enriquecer; porém, como é difícil de compreender, nós o negligenciamos completamente.

É hora de acordar e prestar atenção nele, porque estabelecer um bom perfil de crédito é o primeiro passo para criar uma infraestrutura para ficar rico. Pense só: nossas maiores compras são quase sempre feitas no crédito, e pessoas com uma boa pontuação de crédito podem economizar muito dinheiro nessas transações. O crédito tem um impacto maior nas suas finanças do que aquele cafezinho que você deixou de tomar na padaria.

Seu crédito (também conhecido como seu histórico de crédito) tem dois componentes principais: seu relatório de crédito e sua pontuação de crédito. Esses termos chatos podem ajudar você a economizar uma pequena fortuna ao longo da vida, então preste atenção. Este é um exemplo de um Grande Ganho.

O seu **relatório de crédito** permite que possíveis credores acessem informações básicas sobre você, suas contas bancárias e seu histórico de pagamentos. Ele registra todas as atividades relacionadas ao crédito (como cartões e empréstimos), embora as atividades mais recentes tenham um peso maior.

A sua **pontuação** (score) **de crédito** é um número único e fácil de ler, entre 300 e 850, que indica o risco que você representa para credores. É como uma nota de vestibular para a indústria do crédito (quanto maior, melhor).

No Brasil, a Serasa adota a seguinte pontuação: de 1.000 a 701, muito bom (verde); de 700 a 501, bom (amarelo); de 500 a 301, regular (laranja); e de 300 a zero, baixo (vermelho). Os credores pegam esse número e, junto com algumas outras informações, tais como renda e idade, decidem se vão emprestar dinheiro para você, aprovando um cartão, um financiamento imobiliário ou um empréstimo para comprar um carro. Eles cobram valores maiores ou menores dependendo da sua pontuação, que significa o nível de risco que você representa.

Conferir sua pontuação e seu relatório de crédito é tão fácil que chega a ser ridículo. No Brasil, birôs de crédito, como Serasa Experian, SPC, Boa Vista ou Quod, fornecem gratuitamente a análise de crédito dos consumidores. Basta se cadastrar no site das instituições.

Por que o relatório e a pontuação de crédito são importantes? Porque uma boa pontuação pode lhe render uma economia gigantesca em taxas de juros. Como? Bem, se você tem um bom crédito, então representa menos risco aos credores, o que significa que eles podem lhe oferecer uma taxa de juros melhor nos empréstimos que lhe concederem. Talvez você não precise de um financiamento hoje, mas daqui a três ou quatro anos pode ser que comece a pensar em comprar um carro ou uma casa. Então, por favor, não trate o que acabou de ler com deboche ou desdém. Uma das diferenças cruciais entre as pessoas ricas e as não ricas é que as primeiras se planejam pensando lá na frente.

PONTUAÇÃO DE CRÉDITO VS. RELATÓRIO DE CRÉDITO

Sua pontuação de crédito se baseia em:	Seu relatório de crédito inclui:
35% histórico de pagamentos (Quão confiável você é. Atrasos em pagamentos prejudicam sua pontuação.)	Informações básicas de identificação
30% saldo devedor (Quanto você deve e quanto crédito tem disponível, ou seja, sua taxa de utilização de crédito.)	Uma lista de todas as suas contas de crédito
15% extensão do histórico (Há quanto tempo você tem crédito.)	O seu histórico de crédito, ou a quem você fez pagamentos, com que constância, e quaisquer pagamentos atrasados
10% crédito novo (Contas mais antigas são melhores, porque mostram que você é confiável.)	Quantidade de empréstimos
10% tipos de crédito (Ex.: cartões, financiamento estudantil, etc. Quanto mais variado, melhor.)	Consultas de crédito, ou quem mais pediu suas informações (outros credores)

Atualmente nos Estados Unidos, a taxa de juros cobrada de quem tem uma pontuação elevada ao fazer um empréstimo imobiliário pode ser até 1,5 ponto percentual menor do que aquela cobrada de pessoas com score baixo.

No Brasil, para calcular a pontuação, a Serasa, por exemplo, considera o pagamento de contratos de crédito ativos ou encerrados nos últimos 15 meses (55% de peso na pontuação), dívidas pagas ou pendentes em sua base de dados (33%), consultas ao CPF dos consumidores feitas pelas empresas (6%) e tempo de relacionamento com o mercado de crédito (6%). Como você pode ver por tudo isso, uma pontuação de crédito alta pode lhe render uma economia significativa ao longo dos anos (até mais, se você morar em uma área com alto custo de vida). As pessoas que gastam horas a fio procurando itens em liquidação, cupons e descontos, pesquisando de forma obsessiva marcas genéricas no supermercado ou se sentindo mal por tomar um cafezinho na rua não enxergam o panorama geral. Tudo bem ficar de olho nas despesas, mas você deve se concentrar em usar seu tempo com o que realmente importa: os Grandes Ganhos. Então vamos mergulhar de cabeça nas táticas para melhorar seu crédito, o que vale bem mais do que qualquer conselho que eu poderia lhe dar sobre contenção de gastos.

Meu erro foi que abri uma conta bancária muito tarde, comecei logo a usar o cartão de crédito para não entrar no cheque especial e acabei perdendo o controle. Então esqueci completamente que tinha a fatura e não paguei. Se ao menos eu tivesse entendido 10 anos atrás como aproveitar o cartão para aumentar a minha pontuação de crédito, já teria errado, aprendido e me recuperado de todos os erros bobos que cometi com ele.

– J.C., 29

COMO MELHORAR SEU CRÉDITO COM CARTÕES

Há muitas formas de crédito (financiamento imobiliário, cheque especial, empréstimo consignado, etc.), mas vamos começar pelos cartões, porque são a mais comum e conhecida e, mais importante, porque são a maneira mais rápida e mais concreta de otimizar seu crédito. A maioria das pessoas comete pelo menos um ou dois grandes erros com cartões de crédito. A boa notícia é que é muito fácil resolvê-los, basta aprender um pouquinho sobre como funcionam.

CONTRATE UM NOVO CARTÃO

Como escolher o cartão de crédito certo? Costumo usar algumas regras simples:

- Não aceite ofertas de lojas de roupas nem cartões que cheguem pelo correio sem terem sido solicitados.

- Sugue cada recompensa que puder dos cartões.

- Escolha uma boa opção e vá viver sua vida.

Veja como fazer isso.

Seja recompensado por seus gastos. Há diferentes níveis de programas de recompensa. Alguns são bem básicos, enquanto outros oferecem centenas de dólares em benefícios anuais – até mesmo milhares, dependendo de quanto você gastar.

Primeiro decida qual tipo de recompensa você quer: *cashback* (dinheiro de volta), produtos/serviços ou viagens. Recomendo o *cashback* porque são recompensas diretas, existem excelentes cartões de *cashback* e porque o sistema de milhas exige um nível maior de complexidade para ser aproveitado ao máximo.

Em geral, os melhores cartões de crédito têm anuidade. Será que valem a pena? Você vai ter que fazer os cálculos para decidir, mas pelo menos isso não leva nem cinco minutos.

Siga esta regra simples: se sua fatura mensal é sempre na casa dos milhares, as recompensas costumam valer a pena. Se, por outro lado, você tem gastos mais modestos ou não tem certeza se quer pagar anuidade, terá que garimpar.

Conclusão: quase sempre vale a pena ter um cartão com programa de recompensas.

Não deixe de fazer o dever de casa e escolher um que ofereça benefícios do seu agrado.

Não aceite cartões de lojas. Com raras exceções, esse cartões deveriam vir com "Se ferrou!" escrito em letras garrafais. Já perdi a conta de quantas vezes estava na fila de uma loja, vi alguém comprar um valor pequeno em meias ou umas camisetas baratas e fiquei só esperando a conversa que certamente ia acontecer.

– Gostaria de fazer o nosso cartão? – pergunta o vendedor, rezando para atingir sua meta. – O senhor vai ganhar 10% de desconto na primeira compra.

Na mosca! Cerrando os dentes, penso comigo mesmo: *Boca calada, Ramit. Não fale nada. Ninguém quer seus conse...*

O cliente:

– Humm... beleza. Por que não?

Duas observações para nosso amigo que decidiu fazer um cartão de loja:

1. Como regra geral, sempre que você pensa "Que mal pode fazer?", é porque PODE FAZER MUITO MAL. Toda vez que falei isso na vida, cometi um erro enorme logo em seguida.

2. Essa pessoa acabou de contratar um dos cartões mais predatórios que existem para economizar 4 dólares. Caramba. Por que não enfiar a mão num bueiro imundo para achar umas moedas?

Pesquisando cartões na internet

Um segredo do setor de cartões de crédito: ao comparar cartões pela internet, você entra em um mundo obscuro de estratégias de SEO e comissões de afiliados no qual praticamente toda listagem é paga. Isso significa que quase todos os sites recebem uma comissão para mostrar produtos "recomendados", e não é fácil enxergar por que certos cartões estão sendo indicados. Dá para encontrar opções bastante boas nesses sites, mas, se você tem gastos altos, aprofunde sua pesquisa. Por exemplo, quando comecei a planejar meu casamento, fui procurar o melhor cartão de *cashback*. Em uma publicação discreta em um fórum, encontrei um cartão que dava 3% sobre os gastos no primeiro ano e 2% depois. Era a melhor opção do mercado e não apareceu nas minhas primeiras buscas.

Tenha critérios. Você não se casaria com a primeira pessoa que puxasse papo com você. Por que fazer um cartão de loja, que tem taxas altas, juros quase extorsivos e recompensas terríveis?

Quanto aos cartões que chegam pelo correio, geralmente é possível encontrar opções melhores na internet.*

Eu me esqueci de pagar uma fatura de 25 dólares do cartão de uma loja de roupas. Foi uma dor de cabeça enorme por causa de um valor ridículo. Isso prejudicou meu perfil de crédito e quase fui parar na lista de inadimplentes. Entrei com processo para contestar a dívida seis meses depois, explicando que tinha sido um erro pontual. Acho que o representante ao telefone me passou um endereço para que eu mandasse uma carta. Fiz isso e, após alguns meses, a cobrança tinha sumido da minha conta.

– **Paul Frazier, 30**

---

* No Brasil, a prática de enviar cartões de crédito não solicitados pelo correio é vedada pelo Código de Defesa do Consumidor.

Como maximizo os benefícios dos meus cartões

Anos atrás, resolvi otimizar minhas recompensas de cartão de crédito. Sabia que já estava com uns 95% do caminho andado (tinha cartões de *cashback* e milhas para despesas pessoais e as da minha empresa), mas queria muito alcançar aqueles últimos 5%. Meu negócio crescera, chegando a dezenas de funcionários, o que levou minhas despesas a aumentar consideravelmente. As recompensas começaram a se tornar significativas e eu queria ter certeza de que estava obtendo todos os benefícios possíveis.

Em determinado momento, por exemplo, estávamos investindo mais de 40 mil dólares em anúncios *todo mês*. Sei que a maioria das pessoas não precisa otimizar os pontos a esse nível, mas acho um processo fascinante e quero compartilhar o que aprendi.

Eu queria saber:

- Estou obtendo todas as recompensas possíveis por meus gastos?

- Como lidar com despesas grandes não recorrentes, como um casamento ou uma festa de fim de ano da empresa?

- Quando usar um cartão de *cashback* e quando usar um de milhas?

E a questão mais importante: o que estou deixando de aproveitar? Quais são os benefícios que eu *deveria* pedir mas nem sei que existem?

Encontrar as respostas foi mais difícil do que pensei. Primeiro fiz uma publicação no Facebook perguntando se alguém conhecia um especialista que revisasse minhas despesas e avaliasse os cartões que eu estava usando, mas as pessoas com quem falei estavam interessadas em maximizar pontos para economizar em viagens. Ótimo, mas não é a minha praia.

Então tive uma conversa inusitada ao telefone com um cara chamado Chris. "Eu já tinha conseguido fazer uma configuração boa para os meus cartões, mas queria que fosse *muito boa*", disse ele. "E sei que pessoas como você e eu não têm tempo sobrando para ficar contratando e cancelando cartões o tempo todo."

Eu estava atento.

Chris me contou como fez para obter o máximo possível de recompensas dos cartões, atingindo um patamar de milhares de pontos. Eu estava interessado, mas queria ver se ele sabia mesmo do que estava falando. Então se seguiu este diálogo:

Chris: Quer saber uma coisa que eu faço para espremer até a última gota de benefício dos cartões?

Ramit: QUERO!

Chris: Alguns hotéis dão 500 pontos para cada noite em que você abre mão do serviço de camareira. Então, quando viajo sozinho, pego um quarto com duas camas de solteiro. Mudo de cama, uso as duas toalhas e ganho meus 500 pontos.

Quando ouvi isso, fui convencido.

Ele era tão minucioso, tão fanático, que chegara a otimizar o uso de toalhas. Eu tinha acabado de conhecer meu herói.

Chris Hutchins é cofundador do Grove (hellogrove.com), um serviço de planejamento financeiro voltado para jovens profissionais (adquirido recentemente pela Wealthfront). E, por acaso, também é extremamente habilidoso em maximizar recompensas de viagem.

Meu objetivo era criar uma "cartilha" de como usar cartões de crédito para obter o máximo possível de recompensas para minha vida pessoal e minha empresa. Minha assistente, Jill, passou semanas com Chris analisando meus gastos e minhas despesas futuras para direcionar minhas próximas decisões de compra. O documento inteiro tem 15 páginas. A lição principal é:

> *Ao pagar viagens e restaurantes, use um cartão de milhas para maximizar as recompensas. Para todo o restante, use um cartão de* cashback*.*
>
> Eu utilizo um cartão para viajar e comer fora, o Chase Sapphire Reserve. Para tudo mais, uso um cartão de *cashback* da Alliant. E, para a empresa, tenho um cartão corporativo com *cashback* da Capital One. Para benefícios extras, tenho um Amex Platinum. Talvez esses cartões não estejam disponíveis no seu país, mas você entendeu o raciocínio.
>
> O resultado são milhares de dólares em *cashback* a cada ano, milhões de pontos e um novo lema para a vida: MCDAESD.
>
> Meu Corpo Dormirá Apenas em Suíte Deluxe.

Não entre na febre dos cartões. Na busca pelos melhores cartões, você pode se sentir tentado por um monte de ofertas. Tome cuidado. Não existe um número ideal de cartões, mas quanto mais você tiver, maior será a complexidade do seu sistema de finanças pessoais – mais coisas para monitorar e mais chances de erros. Dois ou três atendem bem a maioria das pessoas. (O americano médio tem quatro cartões de crédito. A maioria dos brasileiros tem três ou mais.)

Eu não tinha atualizado meu endereço, então nunca recebia os extratos bancários. Por 34 meses foram feitas cobranças de 60 dólares na minha conta, mas quando descobri fingi que não era comigo, torcendo para que o problema desaparecesse sozinho. Fui arrogante de achar que poderia convencê-los a anular essas cobranças para manter o cliente. Enfim tomei coragem e fui às agências ver o que estava acontecendo. Liguei para cinco departamentos diferentes. Nada feito. A cobrança indevida chegou a 3 mil dólares e eu acabei reavendo 2 mil. Tecnicamente, me dei bem, mas a ideia de ter pago 1 mil sem precisar, sendo que isso era 100% evitável e estava sob meu controle, acabou comigo.

— Hassan Ahmed, 36

Lembre-se de que existem outras fontes de crédito além dos cartões, entre elas as linhas de crédito pessoal, crédito imobiliário e créditos de serviço (tais como contas da casa). Sua pontuação é baseada nas suas fontes gerais de crédito. "Vá com calma", diz Craig Watts, ex-diretor de relações públicas da Fair Isaac Corporation, lançando uma advertência a respeito da quantidade de fontes de crédito. "Tudo depende de há quanto tempo você lida com o crédito. Quanto menos informações seu relatório de crédito contiver, maior a proeminência de cada novo relatório. Por exemplo, se (...) você tiver apenas um cartão no seu nome, ao abrir outra conta, o peso dessa ação será maior do que seria dali a 10 anos." Em resumo: escolha dois ou três ótimos cartões, maximize as recompensas com bom senso e tenha em mente que eles são apenas uma parte da sua infraestrutura financeira.

OS SEIS MANDAMENTOS DOS CARTÕES DE CRÉDITO

Agora é hora de partir para o ataque e tirar o máximo proveito dos seus cartões. Você vai melhorar seu crédito ao mesmo tempo que receberá recompensas automáticas pelas compras que já está fazendo. Otimizar seu histórico de crédito é um processo de múltiplas etapas. Um dos fatores mais importantes é quitar as dívidas, o que veremos no final deste capítulo. Antes disso, vamos colocar o pagamento das faturas em débito automático, para que você nunca mais atrase nenhuma. Depois veremos como reduzir taxas, obter recompensas melhores e tomar tudo que pudermos das administradoras.

1. **Pague a fatura inteira e no prazo.** Sim, todo mundo já ouviu esse conselho, mas saiba que o seu histórico de pagamento de dívidas tem um peso enorme na sua pontuação de crédito. E o maior passo que você pode dar para melhorar seu histórico de crédito é pagar as faturas em dia. Mesmo que você se arrisque a despertar minha ira não pagando o valor total, o importante é não atrasar. Credores gostam de pagamentos no prazo, então não dê à empresa motivo para aumentar suas tarifas e diminuir sua pontuação.

Esse é um ótimo exemplo para ilustrar a ideia de que você deve se concentrar no que vai enriquecer você, e não no que parece mais arrojado ou elaborado.

Pense nos seus amigos que vasculham dezenas de sites à procura dos melhores preços de passagens aéreas ou produtos. Eles podem se maravilhar com a ideia de economizar 10 míseros reais (e se gabar das pechinchas que conseguem), mas você vai economizar milhares de reais, sem precisar fazer alarde disso, se entender a importância invisível do crédito, pagar suas contas em dia sem falha e tiver uma pontuação melhor.

Atualmente, a maioria das pessoas recebe e paga on-line a fatura do cartão. Se ainda não tiver configurado o débito automático desse pagamento, entre no site ou aplicativo do seu banco e faça isso agora mesmo.

Observação: não se preocupe se você nem sempre tiver dinheiro suficiente na conta para pagar a fatura inteira. Todo mês você receberá o extrato antes de o débito ser efetuado, assim terá tempo de ajustar o valor do pagamento se necessário.

Consequências terríveis

Se você deixar de pagar o cartão até mesmo um único mês, pode sofrer quatro consequências péssimas, horrorosas, terríveis:

1. Sua pontuação de crédito pode cair muitos pontos, o que significaria um aumento nos juros cobrados nas suas linhas de crédito.

2. Os juros do seu cartão também podem subir.

3. Será cobrada uma multa de mora, cujo valor independe do tempo de atraso.

4. O atraso pode provocar também um aumento da taxa dos seus outros cartões, mesmo que você nunca os tenha pagado em atraso (acho esse fato impressionante).

Mas calma: sua pontuação pode se recuperar desse golpe, em geral em alguns meses. Se atrasar apenas alguns dias, você pode receber uma multa, mas normalmente isso não é relatado às agências de crédito. Veja na página 57 como agir se deixar de fazer um pagamento.

Eu me esqueci completamente de pagar meu cartão, então eles não apenas me cobraram uma multa de mora como também juros sobre a fatura daquele mês e a do mês anterior. Liguei para o serviço de atendimento ao consumidor, disse que sempre fui um bom cliente e perguntei se eles poderiam fazer alguma coisa a respeito dessas cobranças. O atendente anulou a multa por atraso e reembolsou os 20 dólares dos juros. Eles me devolveram um total de 59 dólares com um único telefonema.

– Eric Henry, 25

---

2. **Tente zerar as tarifas dos seus cartões.** Este é um bom jeito de otimizá-los, porque o trabalho todo fica por conta da empresa. Ligue para a central e pergunte se você está pagando alguma tarifa, sejam anuidades ou taxas de serviço. A conversa deve correr mais ou menos assim:

Você: Olá, eu gostaria de confirmar que não estou pagando nenhuma tarifa pelo meu cartão.

Atendente: *Bem, parece que você tem uma anuidade no valor de 100 reais. É uma das nossas tarifas mais baixas, na verdade.*

Você: Prefiro não pagar nada. Você poderia retirar a cobrança da anuidade deste ano?

Mencionei anteriormente que pode valer a pena pagar anuidade por cartões com programas de recompensa, lembra? Isso é verdade, mas mesmo assim não custa nada pedir. Lembre-se: as empresas de cartão competem ferozmente entre si, o que pode ser benéfico para você. Ligue um mês antes de ter que pagar a anuidade e peça isenção. Às vezes funciona, às vezes não.

Se você decidir que a anuidade não vale a pena, pergunte à empresa o que pode ser feito a respeito. Se eles abrirem mão da cobrança, ótimo! Se não, troque por um cartão sem anuidade. Sugiro que o faça com a mesma administradora, para facilitar a sua vida – assim você não precisa cancelar um e contratar outro, o que afetaria temporariamente seu perfil de crédito.

3. **Negocie uma taxa de juros mais baixa.** A sua taxa de juros rotativos é o que as administradoras de cartão de crédito cobram sobre o valor que você não pagou. Nos Estados Unidos, ela costuma ficar em torno de 13% a 16% ao ano, o que é bem alto! Isso sai muito caro se você dever ao cartão. Em outras palavras, como você pode obter retornos de cerca de 8% ao ano na bolsa de valores, seu cartão de crédito está fazendo um ótimo negócio ao lhe emprestar dinheiro. Se você pudesse receber um retorno de 14%, ficaria em êxtase. Evite o buraco negro dos juros de cartão de crédito para que possa ganhar dinheiro em vez de dá-lo aos bancos.

Portanto, ligue para a administradora do seu cartão (que geralmente é seu banco) e peça uma redução na sua taxa de juros rotativos. Se precisar argumentar, diga que você tem pagado o valor total em dia há meses e sabe de várias ofertas melhores. Segundo minha experiência, isso funciona metade das vezes.

É importante observar que os juros rotativos são irrelevantes se você pagar a fatura inteira todo mês – tanto faz se a taxa é de 2% ou 80%, porque você não paga juros rotativos. De qualquer modo, essa é uma forma fácil e simples de obter alguma vantagem com um simples telefonema.

Ler este livro me fez economizar entre 15 mil e 25 mil dólares só em juros. Já negociei os financiamentos do carro, da faculdade, da casa, etc.

– Lyla Nutt, 30

4. Fique com seus cartões principais por bastante tempo e os mantenha ativos – mas não os complique. Os credores gostam de ver um longo histórico, o que significa que quanto maior o período que você tiver a conta, mais ela contribui para a sua pontuação de crédito. Não se deixe levar por ofertas do tipo "primeiro ano livre de anuidade" e por juros baixos – se estiver feliz com seu cartão, fique com ele. Algumas empresas cancelam o cartão após certo período de inatividade. Para evitar o cancelamento de um cartão que você usa raramente, configure um pagamento automático com ele. Por exemplo, uso um dos meus para pagar apenas uma mensalidade de serviço no valor de 12,95 dólares, em débito automático, o que não exige que eu faça nada, mas meu relatório de crédito mostra que já tenho esse cartão há mais de cinco anos, o que é bom para minha pontuação. Não arrisque: agende um pagamento automático que debite pelo menos uma vez a cada três meses para manter seu cartão ativo.

O que fazer se você atrasar um pagamento

Ninguém é perfeito. Apesar dos meus avisos, entendo que acidentes acontecem. Se ocorrer de não pagar uma fatura, uso minha ascendência indiana para derrotar as empresas em negociações, e você também pode fazer isso.

Você: Bom dia. Eu me esqueci de fazer um pagamento e quero confirmar que isso não vai afetar a minha pontuação de crédito.

Atendente: *Só um minuto, vou conferir. Não, a multa será aplicada, mas isso não vai afetar a sua pontuação.*

(Observação: o atraso de alguns dias não costuma ser relatado às agências de crédito, mas é bom perguntar mesmo assim.)

Você: Obrigado! Fico aliviado. Agora, sobre essa multa... Eu sei que atrasei, mas gostaria que fosse retirada.

Atendente: *A multa é procedimento padrão.*

Você: Foi um erro. Não vai acontecer de novo, então eu gostaria de ter a multa retirada.

(Observação: sempre termine as frases de modo assertivo. Em vez de "Será que vocês podem fazer isso?", diga "Gostaria que fizessem isso".) A essa altura, você tem mais de 50% de probabilidade de receber de volta o valor da multa, mas, caso pegue um atendente difícil, tente o seguinte:

Atendente: *Sinto muito, mas não podemos restituir o valor da multa. O que eu posso fazer por você é blá-blá-blá marketing blá-blá-blá...*

Você: Desculpe, mas eu sou cliente há quatro anos e ficaria muito chateado se essa multa me fizesse cancelar o serviço de vocês. O que você pode fazer para invalidar essa cobrança?

Atendente: *Humm... Deixe-me ver... Sim, consegui remover a multa desta vez. O valor será creditado na próxima fatura.*

Não acredita que pode ser simples assim? Mas é. Qualquer um pode fazer isso.

Aí vem a única parte complicada: se decidir fazer um cartão novo, você deve cancelar o antigo? Mudei de opinião sobre isso ao longo dos anos. O conselho típico é manter ambos pelo maior tempo possível, o que geralmente é uma boa decisão, a não ser que você já tenha muitos cartões que nunca usa. Alguns leitores meus contrataram mais de 20 cartões para obter recompensas e depois não conseguiam ficar de olho em todos eles. É preciso tomar uma decisão avaliando risco vs. recompensa, e simplicidade vs. complexidade. Muitos especialistas recomendam não cancelar cartões para ampliar o seu limite total de crédito.

O ideal é tentar atingir um equilíbrio. Para a maioria das pessoas, ter dois ou três cartões é perfeito. Se você tiver uma razão especial para querer mais do que isso – por exemplo, se tiver uma empresa ou estiver tentando aproveitar ofertas temporárias –, ótimo. Mas, se notar que está ficando sobrecarregado, cancele os inativos. Contanto que seu crédito seja bom, você poderá dormir com mais tranquilidade com um esquema financeiro simples e mais fácil de monitorar.

5. Obtenha mais crédito. (Aviso! Só faça isso se não estiver endividado.) Este conselho não é muito intuitivo. Para explicar, vou ter que relembrar aulas de finanças pessoais de muito tempo atrás. Você talvez não tenha percebido que no clássico hit dos anos 80 "Push It", do Salt-N-Pepa, quando dizem que a dança não é para todos – "só para as pessoas sexy" –, na verdade eles estão detalhando uma boa estratégia financeira.

Antes de explicar, quero reconhecer que, sim, acabei de citar Salt-N-Pepa em um livro. Pois bem. Quando Salt-N-Pepa fala sobre "só as pessoas sexy", o que eles querem dizer é "Esta dica é só para as pessoas com responsabilidade financeira". Estou falando sério: esta dica é só para as pessoas que não têm dívidas no cartão e pagam o total das faturas todo mês. Para mais ninguém.

A ideia é obter mais crédito para melhorar algo chamado de taxa de utilização de crédito, que é seu saldo devedor dividido pelo seu crédito disponível. Nos Estados Unidos, isso corresponde a 30% da sua pontuação de crédito. Por exemplo, se você deve 4 mil e tem 4 mil de crédito disponível, sua taxa é de 100% – (4 mil/ 4 mil) x 100 –, o que é ruim. Porém, se dever apenas 1 mil mas tiver 4 mil de crédito disponível, sua taxa de utilização de crédito é de 25% – (1 mil/ 4 mil) x 100 –, o que é muito melhor. Quanto menor a taxa, melhor. Afinal, os credores não querem que você gaste sempre todo o crédito disponível, pois nesse caso é bem provável que não consiga pagar e eles acabem sem receber nada.

Para melhorar a sua taxa de utilização de crédito, você tem duas escolhas: parar de se endividar no cartão (mesmo que você negocie o saldo devedor e pague as parcelas em dia todo mês) ou aumentar seu limite total disponível. Como já estipulamos que, para seguir essa estratégia, você não pode estar endividado, então só resta aumentar seu limite.

Alguns bancos permitem fazer isso pelo aplicativo. Se não for possível, ligue para a central. A conversa seria mais ou menos assim:

Você: Oi, eu gostaria de aumentar o limite do meu cartão. Meu limite atual é de 5 mil e eu queria passar para 10 mil.

Atendente: *Por que você está solicitando um aumento de limite?*

Você: Paguei o total da fatura nos últimos 18 meses e vou comprar algumas coisas maiores em breve. Eu gostaria de um limite de 10 mil. Pode aprovar minha solicitação?

Atendente: *Claro. Abri um pedido de aumento. O novo limite deve estar disponível em cerca de sete dias.*

Eu costumo solicitar um aumento do limite a cada 6 ou 12 meses. Nos Estados Unidos, 30% da sua pontuação de crédito é representada pela sua taxa de utilização. Para melhorá-la, o primeiro passo é quitar suas dívidas. Só depois de fazer isso você deve tentar aumentar o seu limite. Sei que estou me repetindo, mas é que é importante!

Quando meu marido e eu estávamos na faculdade, ganhamos uma camiseta ou algo assim e cartões de crédito com limites razoáveis (500 dólares). Claro que eu não tinha renda, mas isso não me pareceu importante na época. E veja só: fui tão responsável que a administradora aumentou meu limite para 2 mil em pouco tempo! O único problema é que eu não era tão responsável assim e tive que pagar milhares de dólares em juros e multas, o que detonou meu perfil de crédito. Levamos anos para quitar essa dívida e não consigo pensar em uma única compra que tenha sido realmente necessária.

– Michele Miller, 38

6. **Explore as vantagens secretas do seu cartão!** Antes de começar a falar sobre programas de recompensa, saiba o seguinte: assim como ocorre com seguros de automóveis, você pode conseguir ótimos negócios com seu crédito se for um cliente responsável. Existem muitas dicas para pessoas com excelente histórico de crédito. Se você se encaixa nessa categoria, deveria ligar para as administradoras dos seus cartões todo ano para saber quais vantagens pode obter. Elas podem isentá-lo de taxas, aumentar seu limite e ofertar promoções exclusivas. Ligue e diga:

"Olá, recentemente eu estava verificando meu crédito e notei que tenho uma pontuação de 750, o que é bastante bom. Sou cliente de vocês há mais de quatro anos, então gostaria de saber quais promoções e ofertas especiais vocês têm disponíveis para mim. Seria interessante obter isenção da anuidade e ofertas especiais usadas para retenção de clientes."

Como vimos, cartões de crédito também oferecem programas de recompensas que incluem *cashback*, passagens aéreas e outros benefícios, mas a maioria das pessoas não tira vantagem de tudo que pode. Informe-se sobre quais seu cartão oferece.

- Garantia estendida de produtos: muitos cartões estendem a garantia das suas compras. Então, se você comprar um iPhone e ele quebrar depois de a garantia da Apple terminar, seu cartão ainda cobrirá o conserto por mais um ano. Geralmente é preciso emitir o bilhete de seguro.

- Seguro de carros alugados: não deixe a locadora convencer você a pagar um valor a mais por seguro contra colisões. Não vale a pena! Seu cartão de crédito costuma cobrir até 50 mil dólares quando a locação é paga com aquele cartão. Informe-se.

- Alguns cartões podem ter até seguro de cancelamento de viagem: se você comprar passagens para uma viagem mas não puder ir por motivos de saúde, a companhia aérea vai cobrar uma multa considerável para remarcar o voo. É só ligar para a administradora do cartão e pedir para ativar o seguro de cancelamento de passagem que ela cobrirá essas multas.

- Serviços de concierge: quando não consegui encontrar ingressos para a Filarmônica de Los Angeles, liguei para a administradora do cartão e pedi ao concierge que procurasse para mim. Ele conseguiu em dois dias. Foi um serviço pago (um valor alto, inclusive), mas pude assistir ao espetáculo quando ninguém mais estava conseguindo.

Por fim, porém o mais importante: o seu cartão de crédito registra automaticamente as suas despesas, o que facilita o uso de softwares ou aplicativos para categorizá-las. Por esses motivos, faço quase todas as minhas compras no cartão – em especial as grandes.

A principal lição é: ligue para sua operadora ou obtenha no site uma lista completa das recompensas e use-as!

Pagamos toda a nossa lua de mel de três semanas com pontos do cartão, inclusive passagens na primeira classe de ida e volta de Nova York a Las Vegas, suíte de luxo no Venetian, aluguel de carro de luxo e todas as outras acomodações, atrações e alimentação (sim, até a comida). Não gastamos um centavo (e voltamos para casa com mais de 200 dólares. Valeu, blackjack!).

– Te Romeo, 34

Meu amor e eu vamos para o Havaí e para a Europa todo ano quase inteiramente com pontos. Parece que estamos levando uma vida de luxo, mas nossa última viagem de nove dias para a Itália custou apenas 350 dólares, e isso porque o nosso hotel favorito em Siena não aceita pontos.

— Robyn Ginney, 45

NÃO COMETA ESTES ERROS

Pense à frente antes de cancelar cartões. Se você for tentar obter um empréstimo grande num futuro próximo (para um automóvel, uma casa ou uma faculdade), não feche nenhuma conta nos seis meses anteriores à solicitação. O ideal é que você tenha o melhor histórico de crédito possível quando for contratar o financiamento.

Porém, se você sabe que provavelmente vai se descontrolar se tiver um cartão e quer evitar a tentação, é melhor cancelar mesmo. Sua pontuação de crédito pode cair um pouco, mas, com o tempo, vai se recuperar – e isso é melhor que gastar mais do que pode.

Sempre registre seus telefonemas com instituições financeiras

Infelizmente para você, administradoras de cartão de crédito são muito boas em criar multas idiotas para aumentar seus lucros. Infelizmente para elas, elaborei um roteiro para reverter essas cobranças (página 57). Uma das melhores formas de melhorar suas chances de conseguir a anulação de multas é manter um registro de todos os telefonemas para instituições financeiras, sejam administradoras de cartão, bancos ou corretoras. Quando ligo para contestar qualquer cobrança, abro uma planilha que detalha a última vez que telefonei para a empresa, com quem falei e o que foi resolvido. Ah, se os criminosos fossem tão dedicados quanto eu...

Crie um arquivo mais ou menos assim:

Registro de contatos telefônicos

Data	Hora	Atendente	Nº de identificação do atendente	Anotações

Sempre que você faz uma ligação para contestar algum elemento da sua fatura ou da sua conta bancária, é incrivelmente útil mencionar detalhes da ligação anterior – nome do atendente, data da conversa e suas anotações sobre o que foi resolvido. A maioria dos atendentes vai ceder à sua reivindicação só por perceber que você não está para brincadeira.

Ao usar essa tática simples e eficiente, você estará mais preparado que 99% das pessoas – e terá alta probabilidade de conseguir o que quer.

Administre as faturas para não prejudicar sua pontuação de crédito. "Se você cancelar um cartão mas quitar faturas de outros cartões em valor suficiente para manter sua taxa de utilização de crédito, sua pontuação não será afetada", afirma Craig Watts, especialista em sistemas de pontuação. Por exemplo, se você está devendo 1 mil dólares em dois cartões com limite de 2.500 cada, sua taxa de utilização de crédito é de 20% (1 mil utilizados, 5 mil de crédito total disponível). Se você cancelar um dos cartões, sua taxa de utilização vai pular para 40% (1 mil de 2.500). No entanto, se pagar uma fatura de 500 dólares, sua taxa de utilização voltará a ficar em 20% (500 de 2.500) e sua pontuação permanecerá igual.

Não entre no jogo da "transferência de 0%". Algumas pessoas, nos Estados Unidos, começaram a fazer isso para lucrar em cima de cartões ou outras modalidades de crédito, transferindo saldo ou recebendo dinheiro adiantado. Elas usam a taxa de juros introdutória mais baixa que ganham quando contratam vários cartões (o que costuma durar alguns meses), pegam dinheiro emprestado daquele cartão com essa taxa de juros e investem esse valor, obtendo lucro. Há quem invista até em ações. No fim, elas planejam devolver o dinheiro e ficar com a rentabilidade que obtiveram dos juros. Sinceramente, acho essas táticas uma perda de tempo enorme. Claro, você pode ganhar algum dinheirinho, até mesmo um valor razoável, mas o tempo gasto nisso, o risco de cometer algum erro no processo e o de ferrar com a sua pontuação de crédito não compensam o valor embolsado. Além disso, é algo que distrai você do que realmente importa e que só rende ganhos de curto prazo. É muito melhor construir uma infraestrutura financeira pessoal focada no crescimento do seu patrimônio no longo prazo, não em ganhar uma mixaria aqui e ali.

Dave Ramsey, um popular autor de livros de finanças pessoais que se especializou em ajudar as pessoas a sair das dívidas, diz o seguinte sobre esse assunto: "Já conheci milhares de milionários em meus anos como consultor financeiro e nenhum deles me disse que fez fortuna com esquema de bônus de cartão."

Ah, não! Minha pontuação caiu

Alguns dos meus leitores mais aplicados se preocupam demais com sua pontuação de crédito.

Se a sua cair de repente, primeiro de tudo, para descobrir o motivo, você precisa obter uma cópia do seu relatório e da sua pontuação. Depois, o que importa é a forma como você lida com isso dali em diante.

Sua pontuação pode começar a se recuperar de imediato, conforme informações mais positivas forem sendo registradas – como, por exemplo, o pagamento das faturas do cartão em dia. Por isso, concentre-se em monitorar seu crédito com sabedoria e frequência.

Craig Watts observa: "O movimento natural dessas pontuações é crescer vagarosamente. Como você acha que as pessoas obtêm pontuações altíssimas? Com anos e anos administrando o histórico de crédito de forma regular e tediosa."

Caçadores de taxas: como perder tempo ganhando 25 dólares por mês

Um dos leitores do meu blog, um sujeito chamado Mike, escreveu para me contar que andava caçando as melhores taxas. Neste caso, era em contas de investimento de curto prazo, não cartões de crédito, mas o conceito é bem parecido: transferir dinheiro de uma conta para outra para lucrar pequenas porcentagens. No Brasil, ocorre um fenômeno parecido, de clientes buscando melhorar seus ganhos em aplicações em CDBs por meio da transferência de investimentos de um banco para outro, em busca de promoções e rentabilidade levemente superiores.

Mike admitiu: "Sou um caçador de taxas, então [com 40 mil dólares em reservas de emergência] venho recebendo entre 0,65% e 0,85% a mais que na minha conta operacional do mercado monetário... Isso se traduz em 300 dólares adicionais por ano em juros, o que, para mim, sem dúvida vale a troca de bancos a cada quatro a seis meses."

Minha resposta: "Mike, se você foi esperto o suficiente para guardar 40 mil dólares em um fundo de emergência (o que é bem impressionante, aliás), aposto que também é sagaz o bastante para gastar seu tempo com algo bem melhor que ganhar 300 dólares por ano – algo que lhe permita obter retornos de forma muito mais sustentável. Você só está ganhando 82 centavos de dólar por dia com isso! Que tal usar esse mesmo tempo para otimizar sua alocação de ativos? Esse passo por si só já deve valer milhares por ano. Ou abrir um negócio? Ou até mesmo passar esse tempo com a sua família? Não sei o que você valoriza, mas, a meu ver, qualquer uma dessas coisas geraria mais valor que 300 dólares por ano... Em especial para alguém que já está tão à frente dos outros, como você. Esta é só minha opinião, que vale uns dois centavos... cerca de 1/40 do dinheiro que você ganhou hoje (desculpa, não pude resistir)."

Concentre-se nos Grandes Ganhos para obter grandes resultados. Eles podem não ser tão óbvios ou atraentes quanto pular de conta em conta para fazer uma graninha extra, mas, com o tempo, vão encorpar o seu projeto de riqueza.

DÍVIDAS, DÍVIDAS, DÍVIDAS

Do ponto de vista estatístico, se endividar é "normal". Mas pense: será que é mesmo normal dever mais do que se tem? Talvez seja para certos objetivos, como comprar uma casa ou cursar uma faculdade, mas e quanto a compras casuais no cartão de crédito?

Há quem diferencie as dívidas "boas" das "ruins", a depender do retorno – um diploma universitário gera um valor maior que o custo inicial, enquanto o valor de um carro se deprecia com o tempo. Outras pessoas condenam qualquer tipo de dívida. De qualquer modo, o fato é que a maioria da população tem muitas dívidas. E isso não é legal.

Quero falar sobre financiamentos estudantis e dívidas de cartão de crédito, dois tipos bem comuns. Para isso, vamos começar pelo óbvio: já sabemos que se endividar é ruim. Na verdade, sabemos até o que fazer para evitar isso. Então o que falta? A resposta não está no dinheiro, mas na psicologia.

Se sabemos o que fazer, por que não fazemos?

Posso lhe dar todas as informações do mundo, mas, enquanto você não dominar a sua mentalidade em relação ao dinheiro, de nada vai adiantar. É por isso que tanta gente "sabe" essas coisas e mesmo assim está se afogando em dívidas ou usando cartões com anuidades altas e recompensas ruins.

O que as impede de tomar uma atitude? Não é falta de conhecimento. O problema é outro. Brad Klontz (yourmentalwealth.com), professor de psicologia financeira, cunhou o termo "roteiros invisíveis do dinheiro" para descrever "crenças transgeracionais, em geral inconscientes, sobre dinheiro" que são desenvolvidas na infância e determinam seu comportamento atual.

Essas crenças são muito poderosas. Assim que as reconhecer em si mesmo, você conseguirá entender melhor as próprias atitudes.

Veja algumas das crenças mais comuns a respeito de dívidas.

CRENÇAS SOBRE CARTÕES DE CRÉDITO E DÍVIDAS

Crença	O que significa
"Não é tão ruim assim. Todo mundo tem dívida no cartão. Pelo menos eu devo menos que a Fulana."	Os seres humanos tendem a se comparar uns com os outros. O interessante é que quanto pior nossa situação, mais procuramos motivos para pensar que não é tão ruim assim. Isso não muda nossas circunstâncias, mas nos sentimos melhor.
"Eu não deveria comprar isso, mas já devo tanto que 100 reais a mais não vão fazer diferença."	Quando o problema é grande, racionalizamos dizendo a nós mesmos que pequenas mudanças são insignificantes. Na realidade, as mudanças ocorrem em passos pequenos e contínuos.
"Pagar juros é como pagar qualquer outra taxa."	Isso é "normalização", ou a ideia de que pagar juros não é tão ruim assim. Nunca conheci alguém que entenda a matemática das taxas exorbitantes dos cartões e ainda assim diga isso.

"Essas empresas de cartão de crédito só querem enganar a gente."	Isso é delegar a responsabilidade por suas decisões pessoais. É muito comum entre pessoas cujos amigos e familiares também estão endividados. Sim, as administradoras de cartão querem fazer você pagar uma fortuna em juros, mas a responsabilidade também é sua, por ter tomado as decisões que o levaram ao endividamento. Enquanto você não se responsabilizar, as administradoras de cartão serão um inimigo conveniente.
"Nem sei quanto estou devendo."	Perceba a transição para uma crença mais desesperançosa. De acordo com minhas estimativas, mais de 75% das pessoas endividadas nem sabem o valor total da sua dívida. A verdade seria dolorosa demais, por isso elas preferem ignorá-la. Mas reconhecer o problema e elaborar um plano é algo poderoso.
"Eu faço o melhor que posso."	A mais desesperançosa de todas. Essa pessoa está dizendo "Não tenho controle sobre minhas finanças" e "A vida é assim mesmo" em vez de reconhecer seu poder de agir. Quem fala assim dificilmente empreenderá alguma mudança.

Puxa, isso foi deprimente. Mas trouxe esses exemplos para mostrar quão traiçoeiras e fortes são essas crenças.

Elas se transformam em comportamentos bastante peculiares. As pessoas "sabem" que não estão lidando bem com o dinheiro, mas continuam agindo da mesma forma que agem há anos.

Para um observador externo, pode parecer enigmático: "Você está endividado! Por que gastou 1.500 reais com uma viagem de fim de semana?"

Mas os seres humanos não são puramente racionais. Na verdade, essas crenças ou roteiros invisíveis explicam por que tantas pessoas endividadas evitam abrir envelopes de cobrança que chegam pelo correio. Você pode dizer: "ABRA LOGO! PAGUE ESSES BOLETOS! Não é tão difícil assim!" No entanto, se as suas crenças em relação ao dinheiro tiverem sido moldadas pelas narrativas que você conta a si mesmo há mais de 20 anos ("contas = ruim"), vai ser difícil mudar.

Meu objetivo com este livro é mostrar que você *pode* transformar suas crenças sobre dinheiro.

Quais são as narrativas que você conta a si mesmo sobre dívidas?

As pessoas não sabem quanto estão devendo

"Ao que parece, os americanos não sabem nem quanto devem", escreveu Binyamin Appelbaum, colunista de assuntos econômicos do *The New York Times*. "Apenas 50% das famílias relataram ter alguma dívida de cartão de crédito, enquanto as administradoras afirmam que 76% das famílias lhes devem dinheiro."

Pode ser difícil de acreditar, mas, na minha experiência, a maioria das pessoas não faz ideia do tamanho real de suas dívidas. Quando pergunto quanto devem no total, menos de 25% sabem responder. Quando questiono qual é o prazo de pagamento, 95% não têm essa informação.

Sinto muita compaixão por pessoas endividadas. Algumas estão em situação difícil. Outras não entendem como funcionam os cartões de crédito. Há também aquelas que têm dívidas com vários cartões. Quase todas estão fazendo o melhor que podem.

Mas não tenho empatia com quem reclama sem ter um plano de ação. E um plano quer dizer que, se você tem dívidas, precisa saber o valor total e a data exata em que terminará de pagá-las. Quase ninguém sabe.

Um plano faz com que as dívidas deixem de ser um tema emocional "dramático" e se tornem um problema "racional", de contas. Na aula de empreendedorismo que dou, sempre digo: "Não é magia, é matemática." Isso se aplica tanto a abrir uma empresa quanto a quitar uma dívida.

Acima de tudo, um plano lhe dá controle. Pode levar três meses para você pagar suas dívidas, ou pode levar 10 anos! Mas, assim que tiver um plano e usar este livro para automatizá-lo, você saberá que está no caminho certo para uma Vida Rica. Vou lhe mostrar como.

O fardo dos financiamentos estudantis

Não vou mentir para você: se livrar de dívidas estudantis é difícil. Nos Estados Unidos, um estudante médio se forma devendo cerca de 30 mil dólares, mas muitos dos meus amigos chegaram ao fim da faculdade devendo mais de 100 mil.

Infelizmente, não tem uma varinha mágica que faça isso desaparecer. Mesmo que você vá à falência, ainda terá que pagar seu financiamento estudantil.

Porém, ainda que tenha uma dívida enorme, quero que preste atenção no valor que está pagando. Por causa da ordem de grandeza desses empréstimos, apenas 100 reais a mais todo mês já reduziriam alguns anos do seu financiamento.

Vejamos um exemplo. Meu amigo Tony tem atualmente 30 mil dólares em dívidas estudantis. Se ele parcelar esse valor ao longo de 10 anos, os pagamentos mensais serão de cerca de 345,24 e o total que ele vai pagar em juros será de pouco mais de 11.428,97. No entanto, se aumentar o valor das parcelas em apenas 100 dólares por mês, Tony pagará 7.897,77 em juros – e quitará o empréstimo em pouco mais de sete anos. Uma diferença e tanto.

A maioria das pessoas aceita as dívidas de financiamento estudantil como fatos imutáveis da vida. Recebem uma fatura todo mês, pagam e dão de ombros, frustradas com o fardo mas sem saber se há algo que podem fazer.

Pois adivinhe só: é possível mudar isso. Recomendo que pague um pouco mais todo mês. Saber que está fazendo um esforço ativo para quitar suas dívidas será não apenas uma vitória psicológica, mas também permitirá que você comece a investir mais cedo, pois, como vimos, o total em juros será bem menor. Certifique-se de automatizar esses pagamentos, por meio de débito automático na sua conta-corrente, para que você nem chegue a ver o dinheiro (falarei detalhadamente sobre pagamentos automáticos no Capítulo 5).

Os comentários mais comuns na internet sobre economias e dívidas

Já vi esta conversa acontecer um milhão de vezes em fóruns on-line.

Alguém posta uma matéria sobre quanto você deveria ter economizado aos 35, 40 e 50 anos.

O artigo recebe 8 mil comentários com lamúrias sobre o capitalismo, a geopolítica e os *baby boomers*.

Pessoa Sensata: Bom, você pode economizar 10% e começar a inves...

500 Pessoas Raivosas: Hahaha! Economizar? Eu moro em uma caixa de papelão! Impossível economizar. (2 milhões de curtidas)

Pessoa Sensata: Ah, dá para começar com 50 reais por mês.

Pessoas Raivosas: Talvez VOCÊ possa. Porque aqui não sobram nem 50 centavos.

Pessoa Sensata: Sinto muito por isso. Eu, quando comecei a economizar um pouco, peguei parte do dinheiro e investi. Presumindo um retorno de 8%, isso quer dizer que em alguns anos...

Pessoas Raivosas: 8%??? Fala sério! Investi em um aterro sanitário e recebi 0,0000023% nos últimos nove anos. Hahaha, 8%, tá bom.

Pessoa Sensata: O S&P 500 teve uma rentabilidade média de 8% ao ano na última década, descontada a inflação. E você pode investir através de fundos de ações.

Pessoas Raivosas: Sério? Me manda um link para eu saber mais sobre isso?

Essas pessoas perdem tempo reclamando na internet e passam *décadas* pagando rios de dinheiro em juros, mas nunca leram um único livro sobre finanças pessoais. Você pode fazer melhor que isso.

Por fim, se você descobrir que, não importa o que fizer, não vai conseguir pagar seu empréstimo em um período razoável, é hora de ligar para seus credores. Encontre o número naquela fatura mensal que você vem ignorando. Ligue e peça que o aconselhem. Estou falando sério: ligue para seus credores. Eles já ouviram de tudo, desde "Não posso pagar este mês" até "Tenho cinco empréstimos e quero consolidá-los". Pergunte o seguinte:

- "E se eu pagasse 100 reais a mais por mês?" (Substitua pelo valor adequado para você.)

- "E se eu pagasse em 15 anos em vez de 5?"

- Caso esteja sem trabalho: "E se eu estiver desempregado e não puder pagar por três meses?"

Seu credor tem respostas para tudo isso – e é possível que ele possa ajudar você a encontrar uma forma melhor de estruturar seus pagamentos. Em geral ele pode mudar o valor das parcelas mensais ou o prazo. Pense só: com um telefonema, você consegue economizar milhares de reais.

Refinanciei 10 mil dólares em financiamentos estudantis privados reduzindo a taxa de juros de 8% para 6%, o que vai me render uma economia de uns 2 mil no total.

— Dan Bullman, 28

Liguei para a gestora do meu empréstimo estudantil e troquei meu plano de pagamento de 20 para 10 anos. Eu não fazia ideia da diferença, e isso acabou me gerando uma economia de mais de 10 mil dólares... simplesmente pagando mais 50 por mês.

— Lyla Nutt, 30

Quando o cartão de crédito vira vilão

A maioria das pessoas não se atola em dívidas no cartão da noite para o dia. As coisas dão errado pouco a pouco, até elas enfim perceberem que têm um problema sério. É um peso grande estar endividado. Quem vê alguém nessa situação se pergunta por que aquela pessoa não consegue resolver os próprios problemas quando as respostas são tão claras: "Sim, você tem que largar esse homem! Ele não arruma um emprego há mais de oito anos! E tem cara de rato. Você é cega?" No entanto, quando temos nossas questões, as respostas não parecem tão simples. O que fazer? Como gerenciar as finanças do dia a dia? E por que as coisas não param de piorar? A boa notícia é que as dívidas de cartão de crédito são quase sempre gerenciáveis se você tiver um plano e der passos disciplinados para reduzi-las.

"O momento em que percebi que podia quitar minhas dívidas"

Perguntei a meus leitores em que momento eles perceberam que podiam se livrar das dívidas. Veja algumas das respostas que recebi.

O maior ponto de virada para mim foi quando comecei um relacionamento sério. Eu ganhava cerca de três vezes mais que a minha namorada, mas ela havia guardado o equivalente a um ano de salário. Fiquei envergonhado por ter 40 mil dólares em dívidas, então comecei a aplicar os princípios deste livro e consegui quitá-las em dois anos.

– Sean Wilkins, 39

Eu tinha "me acostumado" a ter dívidas – meu estilo de vida era no curto prazo e reativo, sem planejamento. Estava tão habituado a viver de salário em salário que nunca tinha vivenciado a liberdade de poder fazer escolhas financeiras conscientes. Hoje o dinheiro é minha ferramenta, não meu dono.

– Dave Vinton, 34

Cara, dívida é uma BOSTA. Já chorei por causa disso (várias vezes). Tinha me endividado para pagar a faculdade, para colocar implantes de silicone no valor de 9 mil dólares, para comprar meu colchão de 3 mil e por causa do meu hábito de ir ao shopping todo dia. Estava infeliz e sem perspectiva. Quando decidi dar uma guinada na minha vida, seu livro foi um dos primeiros que comprei. Ele me fez abrir os olhos. Senti a riqueza entrando na minha vida só de ler, haha. E agora não só estou totalmente livre de dívidas como abri uma previdência privada.

– Stephanie Ganowski, 27

Eu não tinha autoconfiança e achava que isso me impedia de aproveitar o que a vida tem para oferecer. Após ler este livro (e começar a viver sem dívidas!), me sinto mais confiante e gasto meu dinheiro com experiências, pessoas e bens que valorizo.

– Justine Carr, 28

Poucas coisas causam maior sensação de culpa que dívidas de cartão de crédito.

Pesquisas mostram que 70% da população americana afirma não fazer grandes compras no crédito a não ser que possa pagá-las de imediato. Porém, ao observarmos seus gastos reais, vemos que mais de 70% das pessoas devem ao cartão e menos da metade revelaria essa dívida a um amigo.

Esses números são um indicativo de que os consumidores americanos têm vergonha do que devem, afirma Greg McBride, vice-presidente do site de finanças pessoais Bankrate. "Eles prefeririam falar o nome completo, a idade e até detalhes da vida sexual a revelar o valor de suas dívidas no cartão", disse-me ele.

Sério? A vida sexual?

Essa vergonha faz com que muitos endividados não procurem investigar como colocar um fim nessa loucura. Acabam, assim, se tornando vítimas das práticas desonestas das administradoras de cartão, que tiram vantagem dos desinformados – e dos indisciplinados. Essas empresas se tornaram muito boas em extrair mais dinheiro das pessoas, que, por sua vez, se tornaram péssimas em obter conhecimento suficiente para não cair em tais armadilhas.

Por exemplo, o principal erro das pessoas ao usar cartões de crédito é não pagar o total da fatura todo mês e se entupir de compras parceladas. Dos 125 milhões de americanos que possuem um cartão, *metade* paga apenas o mínimo! Claro, é tentador pensar que você pode comprar algo e pagar de pouquinho em pouquinho, mas, considerando os juros absurdos, esse é um equívoco fatal.

Vou repetir: para usar cartões de crédito a seu favor, é imprescindível pagar o valor total da fatura todo mês. Sei que falei isso de forma casual, como quem pede para passar o saleiro, mas é fundamental.

Pergunte àquele seu amigo que deve 12 mil ao cartão como isso aconteceu. É provável que ele dê de ombros e diga que decidiu pagar só o mínimo "algumas vezes".

Eu usava meus cartões de crédito para tudo e nunca pagava a fatura integral. Acabei cheio de cartões com o limite estourado. Acessei linhas de crédito mais baratas para tentar pagar as dívidas. Como estava completamente quebrado e não tinha nem um centavo para emergências, usava os cartões para comprar itens essenciais do dia a dia. Acabei devendo para quase todos os grandes credores que você possa imaginar, e ainda devo. Os juros da minha dívida acabaram comigo. Só porque você pode passar no cartão não quer dizer que cabe no seu bolso.

– David Thomas, 32

Não quero estender demais o assunto, mas você ficaria chocado se soubesse quanta gente vem falar comigo e comenta que faz compras sem saber qual vai ser o valor final, com juros. Não pagar a fatura total do cartão é o equivalente adulto de um menininho que deixa o valentão da escola pegar o dinheiro dele da merenda no primeiro dia de aula e continua chegando no recreio com os bolsos cheios de moedas todo santo dia. Você não apenas vai levar uma surra, mas isso vai se repetir de novo e de novo. Porém, se aprender como o sistema funciona, você pode descobrir como evitar as armadilhas das administradoras de cartão e quitar suas dívidas mais rápido.

Ataque as dívidas sem dó

Se tiver alguma dívida com cartões de crédito (qualquer valor que seja), você enfrenta um problema triplo:

- Primeiro, tem que pagar juros altos sobre o saldo devedor.

- Além disso, sua pontuação de crédito cai, o que lança você em uma espiral descendente ao tentar financiar um carro ou um imóvel e ter que pagar mais caro pelo empréstimo.

- Por último, há o impacto emocional – por vezes o mais prejudicial. Tenso e amedrontado pelas dívidas, você talvez passe a fugir do problema evitando ver suas faturas, o que levará a mais atrasos no pagamento e mais dívidas, em um círculo vicioso de ruína.

É hora de fazer sacrifícios para quitar suas dívidas depressa, senão você vai perder cada vez mais dinheiro. Não adie isso, porque não vai haver um dia mágico no qual você ganhe um salário de 1 milhão ou "tenha tempo" para organizar suas finanças. Você disse isso três anos atrás! Administrar seu dinheiro deve ser uma prioridade na sua vida se quiser melhorar sua situação.

Pense o seguinte: como os cartões têm taxas de juros altíssimas, você com certeza está pagando um valor exorbitante sobre qualquer saldo devedor. Suponhamos que alguém tenha 5 mil dólares em dívidas no cartão, com juros rotativos de 14% ao ano (no Brasil os juros são ainda mais altos). Se pagar o mínimo mensal de 2%, Bruno Burro vai levar mais de 25 anos para quitar essa dívida. Não, não foi um erro – são 25 anos mesmo! No total, ele pagará mais de 6 mil dólares em juros, uma quantia maior do que gastou originalmente. Isso sem levar em conta quaisquer dívidas adicionais que contrair, e todo mundo sabe que ele *vai* contrair mais dívidas.

Se você ficou indignado, tudo bem, porque deveria ficar mesmo. É por causa disso que muita gente passa a vida inteira devendo ao cartão. Você pode fazer melhor que isso.

Já a Eliana Esperta está farta de dívidas e decide atacá-las sem dó nem piedade. Ela tem algumas opções: se pagar uma quantia fixa de 100 dólares por mês, vai desembolsar cerca de 2.500 dólares em juros, livrando-se da dívida em seis anos e quatro meses. Isso mostra por que você deve sempre pagar mais do que o mínimo da fatura. Há também outro benefício: essa opção se encaixa de forma perfeita no seu sistema de automação, que será explicado no Capítulo 5.

Ou talvez Eliana Esperta decida pagar um pouquinho mais – digamos, 200 dólares por mês. Com esse valor, ela vai levar dois anos e meio para quitar a dívida e pagará cerca de 950 dólares em juros. Tudo isso graças a um pequeno ajuste nos pagamentos. E se ela decidir partir para o ataque com vontade e pagar 400 dólares por mês? Um ano e dois meses, com 400 dólares em juros.

Não tem todo esse dinheiro? Pois um pequeno aumento no valor mensal já pode causar uma redução significativa do tempo que você passará endividado.

Se você configurar pagamentos em débito automático e quitar suas dívidas, não pagará mais multas nem encargos financeiros. Ficará livre para olhar para o futuro e fazer seu dinheiro crescer. Aos olhos das administradoras de cartão, você será um "inútil" – apelido curioso que elas usam para clientes que quase não geram lucros pois pagam tudo em dia. Você será um belo de um inútil para essas empresas, o que será de grande utilidade para o seu bolso. Mas, para vencê-las, sua prioridade máxima terá que ser a quitação das dívidas.

Passei os quatro anos da faculdade acumulando uma dívida que eu tinha certeza de que pagaria com facilidade assim que começasse a trabalhar. Viajei para Las Vegas, México e Miami. Comprei sapatos de grife. Saía várias noites por semana. Eu não fazia ideia de que passaria cinco anos pagando por tudo isso – cinco anos em que não poderia tirar férias, comprar sapatos legais ou sair com a frequência que gostaria. Então, no dia em que paguei a última parcela, decidi que nunca mais cairia nessa. Prometi a mim mesma jamais me endividar novamente.

— Julie Nguyen, 26

Quitando 5 mil em dívidas de cartão de crédito

Bruno Burro paga apenas o mínimo

O pagamento mínimo mensal começa em...	Tempo necessário para quitar a dívida	Valor total pago em juros
100 dólares*	Mais de 25 anos	6.322,22 dólares

Eliana Esperta paga o valor fixado no parcelamento

Pagamento mensal	Tempo necessário para quitar a dívida	Valor total pago em juros
100 dólares**	6 anos e 4 meses	2.547,85 dólares

Eliana Espertíssima paga o dobro da quantia fixa

Pagamento mensal	Tempo necessário para quitar a dívida	Valor total pago em juros
200 dólares**	2 anos e 6 meses	946,20 dólares

*Este mínimo é uma quantia variável que diminui junto com seu saldo devedor. A porcentagem é definida pela instituição e no Brasil costuma ficar em torno de 15% da fatura (por exemplo: se seu saldo devedor for de 4 mil, o pagamento mínimo será cerca de 600 reais). Tudo isso supondo que você não faça novas compras nesse cartão. Como o valor mínimo diminui, o prazo de pagamento aumenta, o que acaba lhe custando mais. Conclusão: sempre pague mais do que o mínimo da fatura. Atenção: na tabela acima, que tem fim meramente comparativo, o cálculo segue a taxa americana: em torno de 2% da fatura. (N. do A.)

**Pagando um valor fixo, o saldo devedor diminui, mas você continua pagando a mesma quantia, o que acelera a quitação da dívida e custa menos. (N. do A.)

LIVRE-SE DAS DÍVIDAS DO CARTÃO EM CINCO PASSOS

Agora que você consegue enxergar os benefícios de acabar com as dívidas o mais cedo possível, vamos ver algumas medidas concretas para começar. Este é um programa em seis semanas, mas é óbvio que você vai levar mais que isso para quitar suas dívidas. No entanto, mesmo que esteja endividado, não deixe de ler o restante do livro, porque há lições importantes sobre como automatizar suas finanças e tomar consciência das suas despesas. Apenas tenha em mente que você não poderá investir com tanta agressividade quanto recomendo enquanto tiver dívidas. Sim, é um saco, mas é o preço que se paga. Agora, sim, vamos ao que fazer.

1. **Descubra quanto você deve.** Você ficaria chocado se soubesse quantas pessoas não fazem isso e continuam simplesmente pagando as faturas, sem nenhum plano estratégico. Isso é exatamente o que as empresas querem, porque o cliente está só enfiando dinheiro no bolso delas. Não dá para fazer um plano de quitação sem saber a quantia exata que você está devendo. Pode ser doloroso descobrir a verdade, mas é necessário. Você verá que não é difícil parar com esse mau hábito. Na verdade, você pode contar com a ajuda dos bancos e das administradoras: procure o número de contato, ligue e anote as respostas em uma planilha como esta:

QUANTO VOCÊ DEVE?

Cartão	Quantia devida	Taxa de juros rotativos	Pagamento mínimo

Parabéns! O primeiro passo é o mais difícil. Agora você tem uma lista de quanto deve.

2. **Decida o que vai pagar primeiro.** Dívida não é tudo igual. Cada cartão cobra uma taxa de juros diferente, o que você deve considerar ao decidir qual pagar primeiro. Existem duas linhas de pensamento

sobre como fazer essa escolha. No método avalanche, você paga o mínimo em todos os cartões e paga um pouco mais que o mínimo naquele que tiver os juros rotativos mais altos, porque é o que está lhe custando mais. Já no método bola de neve, de Dave Ramsey, você paga o mínimo em todos os cartões mas paga um pouco mais que o mínimo daquele que tiver o menor saldo devedor, porque é o que conseguirá quitar mais rápido.

QUAL ORDEM SEGUIR NA QUITAÇÃO DE DÍVIDAS

	Método bola de neve: menor saldo devedor primeiro	Método avalanche: juros rotativos mais altos primeiro
Como funciona	Pague o mínimo de todos os cartões, mas pague mais do cartão com o menor saldo devedor. Assim que quitar uma dívida, comece a pagar mais do cartão com o segundo menor saldo devedor, e assim por diante.	Pague o mínimo de todos os cartões, mas pague mais do cartão com a maior taxa de juros. Assim que quitar essa dívida, comece a pagar mais do cartão com a segunda maior taxa.
Por que funciona	O segredo aqui é o efeito psicológico das pequenas vitórias. Com a primeira dívida quitada, você fica mais motivado para a próxima.	Matematicamente, vale mais a pena começar pelo cartão que lhe custa mais.

Isso é fonte de debates acalorados. Tecnicamente, o método bola de neve não é o mais eficiente, mas, se considerarmos o aspecto psicológico, é muito gratificante quitar uma dívida, o que pode motivar você a pagar as outras mais rápido. Conclusão: não passe mais do que cinco minutos decidindo. Escolha um método e o aplique. O objetivo não é otimizar sua estratégia, mas simplesmente dar o pontapé inicial.

Economizei mais de 3 mil dólares e quitei outros 3 mil em dívidas de cartão de crédito. A ideia de fazer uma "bola de neve" do menor saldo devedor para o maior foi o que teve o maior impacto na minha postura em relação a dívidas.

– Sean Stewart, 31

---

3. Negocie a taxa de juros rotativos. Sou um grande fã de tentar fazer algo (mesmo que as chances sejam de 50%) se a recompensa for grande e eu só precisar perder cinco minutos com aquilo. Por isso, tente negociar a taxa de juros rotativos do seu cartão. Funciona mais do que você imagina. E se não funcionar? Ligue para as administradoras dos seus cartões e siga este roteiro:

Você: Oi. Vou começar a pagar minha dívida com mais empenho a partir da semana que vem e gostaria de pedir uma taxa de juros mais baixa.

Atendente: *Hum, por quê?*

Você: Decidi adotar uma postura mais enérgica no pagamento da minha dívida e, por isso, gostaria de uma taxa de juros rotativos mais baixa. Outros cartões estão me oferecendo taxas que são quase a metade. Será que poderiam reduzir minha taxa em 50%, ou apenas 40%?

Atendente: *Humm... Após analisar seus registros, devo informar que não podemos oferecer uma taxa mais baixa. Mas podemos oferecer um aumento no limite de crédito.*

Você: Não, isso não serve para mim. Como eu disse, outras empresas estão oferecendo juros rotativos mais baixos que os seus. Já sou cliente faz X anos e preferiria não ter que trocar de cartão. Vocês poderiam cobrir a oferta dos outros cartões ou reduzir ainda mais?

Atendente: *Entendo... Humm, deixe-me ver aqui. Felizmente, parece que o sistema está permitindo oferecer uma taxa reduzida. Isso passa a valer imediatamente.*

Nem sempre funciona, mas quando funciona, você pode economizar uma quantia significativa com uma conversa de cinco minutos. Ligue e, se der certo, não se esqueça de recalcular seu plano de quitação de dívidas.

Eu estava na livraria do aeroporto e ali mesmo liguei para a administradora do meu cartão, ANTES de comprar o livro. Li o roteiro e consegui negociar uma taxa de juros rotativos melhor. E a empresa até me estornou o valor que paguei em juros nos últimos anos (foram apenas algumas centenas de dólares, mas já é alguma coisa). Segundos depois de desligar eu já estava comprando o livro.

— Chris Coletti, 33

Naquela primeira semana, treinei meu roteiro e fiz a ligação. Minha taxa foi reduzida de 18% para 11%.

— Charlotte S., 35

Estar endividado era horrível. Parecia que havia uma nuvem cinza sobre mim o tempo todo. Comecei a pagar 100 dólares além do mínimo e acabei com aquela merda. Guardo até hoje as correspondências que recebi com os avisos de "quitado".

— Matt Groves, 31

---

4. Decida de onde virá o dinheiro para quitar as dívidas dos cartões.
Uma barreira comum ao pagamento de dívidas é se perguntar de onde virá o dinheiro. Tirar o dinheiro da previdência privada ou gastar menos? Quanto pagar por mês? Essas perguntas podem ser intimidadoras, mas não deixe que o paralisem.

- **Portabilidade de crédito.** Muitas pessoas começam pela tática de mudar para um cartão com uma taxa de juros rotativos mais baixa. Não sou muito fã disso. Sim, pode ser útil por alguns meses e gerar alguma economia, especialmente para saldos devedores grandes, mas é apenas um paliativo para um problema maior (em geral, quando se trata de dívidas no cartão de crédito, a questão são seus hábitos de gastos). Além do mais, é um processo confuso, cheio de armadilhas para fazer você pagar mais. As pessoas que conheci que fizeram isso acabaram gastando mais tempo pesquisando as melhores opções do que pagando suas dívidas. Como vimos, o melhor a fazer é negociar a taxa de juros rotativos com sua administradora.

- **Tirar o dinheiro de uma previdência privada.** Não recomendo essa opção. Você pode até resolver o problema mais imediato, mas não se esqueça do fator comportamental: muitas pessoas nessa situação têm dificuldade em reduzir despesas e acabam se endividando de novo após usar os recursos da previdência privada.

- **Reduzir despesas e priorizar o pagamento das dívidas.** A forma mais sustentável de pagar dívidas de cartão de crédito é também a que soa menos interessante. Ao contrário dos outros métodos, não é muito empolgante contar às pessoas que você decidiu gastar menos com outras coisas para poder pagar o que deve. Mas funciona.

Me responda: neste exato momento, de cada 100 reais que você ganha, quanto vai para o pagamento de dívidas? Dois? Talvez 5? E se você separasse 10 para quitar o que deve? Você não imagina quantas pessoas nem precisam cortar tantos gastos para limpar o nome depressa. Basta que parem de gastar com itens aleatórios, definam isso como sua prioridade e agendem pagamentos automáticos. Não vou dizer que é fácil, porque não é. Mas milhões já conseguiram quitar suas dívidas.

À medida que avançar na leitura, imagine que você está em uma pequena caça ao tesouro para descobrir de onde tirar o dinheiro para quitar suas dívidas. Preste atenção especial nos seguintes tópicos:

- O conceito de "Os Próximos 100", na página 190.

- Descobrir qual quantia você pode direcionar para o pagamento de dívidas usando o Plano Consciente de Gastos, na página 153.

- Como agendar pagamentos automáticos, na página 194.

- Meus recursos bônus em iwillteachyoutoberich.com/earnable-bonus (em inglês).

Você deve ter percebido que eu não apresentei nenhum truque mágico para quitar dívidas sem esforço. Porque não existe. Se existisse, eu seria o primeiro a lhe contar. A verdade é que pagar dívidas é apenas uma questão de traçar um plano e ter paciência para executá-lo. Pode parecer agoniante nas primeiras semanas, mas imagine o alívio que você vai sentir quando vir suas dívidas diminuindo cada vez mais todo mês. E em algum momento você vai se ver livre delas! Quando isso acontecer, vai poder concentrar toda a sua energia em progredir, investir e viver sua Vida Rica.

5. **Comece.** Já na semana que vem, separe um valor maior para o pagamento das dívidas. Caso se veja demorando mais que isso para dar o pontapé inicial, significa que está pensando demais. Lembre-se da filosofia por trás da Solução dos 85%: o objetivo não é pesquisar o máximo possível para descobrir de onde tirar o dinheiro; o objetivo é agir. Descubra o tamanho exato da sua dívida, decida como pagá-la, negocie suas taxas e comece. Qualquer coisa você ajusta seu plano e as quantias mais tarde. Falarei mais sobre o seu Plano Consciente de Gastos no Capítulo 4.

Estar endividada significa abrir mão da possibilidade de escolha, permanecer em um emprego que você odeia porque paga bem, não construir uma reserva financeira decente. Meu maior erro foi não pensar no futuro e usar cartões de crédito para ter um estilo de vida mais caro do que meu dinheiro permitia. Me endividei aos 20 e poucos anos porque gastei, gastei e gastei – com coisas idiotas como roupas, restaurantes, cinema, etc. Aprendi minha lição e agora estou vivendo de acordo com o que ganho, com um orçamento rígido que me permitirá estar livre de dívidas em dois anos. Hoje, tenho uma reserva pequena mas em crescimento, uma previdência privada e um plano para alcançar a liberdade financeira.

— **Melissa Brown, 28**

PASSO A PASSO

SEMANA UM

1 **Descubra sua pontuação e seu relatório de crédito (uma hora).** Confira-os para garantir que não constam erros e para saber mais sobre seu histórico.

2 **Acerte seu cartão de crédito (duas horas).** Se já tiver um cartão, ligue para a administradora a fim de se certificar de que você não paga anuidade. Se quiser um novo, pesquise a melhor opção para você de acordo com seu nível de gastos e o tipo de recompensa desejado.

3 **Confira se está explorando os recursos dos seus cartões (três horas).** Coloque o pagamento em débito automático, para quitar a fatura inteira todo mês (se estiver endividado, pague o maior valor que puder). Peça a isenção ou redução de tarifas. Tenha certeza de que está tirando o maior proveito possível dos programas de recompensas de seus cartões.

4 **Se tiver dívidas, comece a pagá-las (tire uma semana para planejar, depois comece a pagar mais).** Nem amanhã nem semana que vem – comece hoje mesmo. Dê a si mesmo uma semana para descobrir quanto você deve, ligue para negociar a taxa de juros ou reformular seu plano de quitação (no caso de financiamento estudantil). Se livrar das dívidas cedo é a melhor decisão financeira que você pode tomar.

E só! Agora você sabe como melhorar seu histórico de crédito usando seu cartão; negociou suas tarifas ou obteve isenção; até colocou o pagamento da fatura em débito automático. E, se tem dívidas, deu os primeiros passos para quitar todas elas. Parabéns! No próximo capítulo vamos otimizar suas contas bancárias. Você receberá mais rendimentos, não pagará taxas e terá opções melhores que as contas-correntes com as quais nós todos estamos acostumados. Assim que estiver tudo certo com seus cartões de crédito e suas contas bancárias, você estará pronto para investir – e multiplicar seu dinheiro.

CAPÍTULO 2

DERROTE OS BANCOS

*Abra contas com alta praticidade e poucas complicações
e negocie as tarifas como um indiano*

Semana passada você organizou seus cartões de crédito. Agora, na semana 2, vamos dar um jeito nas suas contas bancárias. Como elas são a base da sua infraestrutura financeira pessoal, passaremos algum tempo selecionando as melhores, otimizando-as e garantindo que você não pague tarifas desnecessárias. A boa notícia é que isso vai levar apenas algumas horas, que você pode distribuir ao longo da semana. Depois disso, suas contas vão basicamente se administrar por conta própria. A má notícia é que a conta que você tem hoje talvez seja um péssimo negócio, cheio de tarifas que você não precisa desembolsar. Veja bem, os bancos adoram clientes medianos, porque não temos muita vontade de trocar de instituição financeira e eles acham que não entendemos nada a respeito de coisas como pacotes de tarifas e cheque especial. Com este capítulo, isso vai mudar. Vou lhe mostrar como escolher o melhor banco e as contas mais vantajosas.

Em qualquer empresa comum, é de imaginar que o tratamento dispensado aos clientes se reflita no sucesso do empreendimento. Certo?

É algo razoável de presumir. Jeff Bezos, fundador da Amazon, disse certa vez: "Se você criar uma ótima experiência, os clientes contam isso uns aos outros. O boca a boca é muito poderoso." A Amazon teve um crescimento explosivo, tornando-se uma das empresas mais bem-sucedidas da história mundial.

Mas existem exceções – empresas que parecem desafiar de modo cósmico a regra de que "ajudar os clientes é bom para os negócios". Alguma lhe vem à mente?

Deixe-me ajudar com um exemplo. Imagine uma empresa que trate mal a clientela. Cobre tarifas absurdas. Tenha um péssimo serviço de atendimento ao consumidor. Chegue até a abrir contas ilegalmente em nome de milhões de clientes. Que tipo de empresa poderia ser?

Bancos.

Odeio bancos por questão de princípios. São todos ardilosos e desonestos e ocultam informações quando lhes é conveniente. As "recomendações" dos bancos são sempre em benefício próprio, e não dos clientes. Já tive o cheque do aluguel devolvido por conta de uma porcaria de tarifa. O valor era 5 dólares. Teve outro banco que me acusou de abuso patrimonial de idosos quando tentei administrar o dinheiro do meu avô, que tinha câncer em estágio terminal.

— Jamie B., 36

Quero que você parta para a ofensiva e escolha as contas certas. É fácil fazer isso: basta avaliar o comportamento passado dos bancos.

As boas instituições simplesmente prestam serviços melhores e não cobram tarifas sobre a maioria dos serviços.

As ruins cobram tarifas e taxas cada vez maiores e oferecem produtos e serviços desnecessários, além de estarem sempre bolando táticas mais engenhosas de arrancar dinheiro de você.

Mas adivinha só: todo mundo sabe disso, só não está nem aí.

As pessoas dizem que querem um bom serviço de atendimento ao cliente, mas permanecem com os mesmos bancos péssimos por décadas.

O teste dos 30 segundos

Tenho uma teoria de que os primeiros 30 segundos em um restaurante nos dizem tudo que precisamos saber sobre o local.

Certa vez, na Filadélfia, eu estava na estação esperando o trem e, morrendo de fome, entrei em uma lanchonete. O funcionário na porta fingiu não me ver e olhou para outro lado. O homem no balcão de sanduíches foi para os fundos da loja e não voltou. E vislumbrei um terceiro funcionário sentado em uma sala vendo TV.

Três funcionários. Um cliente entra e todos somem.

Minha teoria é a seguinte: se os primeiros 30 segundos em um restaurante forem ruins, não vai melhorar depois. Esse é o momento em que o estabelecimento põe os funcionários mais simpáticos e calorosos para receber você. Se eles não fazem isso, imagine o que acontece na cozinha.

A lição aqui é: *Quando empresas (e pessoas) mostrarem quem realmente são, acredite nelas.*

O Wells Fargo cometeu fraude e recebeu uma multa de 1 bilhão de dólares de órgãos federais de regulamentação. Acredite que esse é um banco horrível que vai lhe passar a perna na primeira oportunidade.

A TIAA já foi uma firma de investimentos confiável, mas depois surgiram processos contra a suposta imposição de altas cotas de vendas e a oferta insistente de produtos desnecessários.

Por outro lado, existem empresas que demonstram valores excelentes de modo consistente.

Anos atrás, o Schwab lançou uma conta-corrente fenomenal, com altos rendimentos e benefícios incomparáveis. A Vanguard demonstrou ter foco em manter custos baixos e colocar os clientes em primeiro lugar.

Estou compartilhando essas informações porque quero que você passe a olhar com mais discernimento as instituições com as quais tem relacionamento. É o *seu dinheiro* que está em jogo. É importante. Julgue as empresas com base nos valores delas e em como elas o tratam.

Na minha experiência, se você for pobre ou estiver começando a construir seu patrimônio, os bancos vão querer arrancar o seu couro. Eu me lembro de acompanhar meu saldo atentamente para não entrar no cheque especial e ter que pagar as taxas altíssimas. Hoje em dia, consigo manter uma reserva razoável na conta-corrente, mas, no começo, o medo das taxas era uma fonte de ansiedade constante. Por exemplo, uma vez fiquei menos de 5 dólares no negativo, mas acabei pagando o triplo em juros.

— Nathan P., 35

Você já sabe que muitos bancos vão tentar arrancar todo o seu dinheiro. Eles não apenas cobram tarifa em cima de tarifa, mas também fazem propagandas enganosas que levam as pessoas a contratar serviços desnecessários com os quais nunca concordariam se soubessem os termos dos contratos. O Wells Fargo chegou a abrir contas falsas no nome de 3,5 milhões de pessoas!

Como os bancos fazem dinheiro

Fundamentalmente, os bancos ganham dinheiro emprestando para outras pessoas o dinheiro que você deposita neles. Por exemplo, se você depositar mil reais, um bancão vai lhe pagar uma pequena quantia em juros para ficar com esse dinheiro, depois vai emprestá-lo por um percentual muito maior para um financiamento imobiliário. Se presumirmos que todos paguem o valor total dos empréstimos, o banco tem um retorno enorme sobre o dinheiro por uma simples intermediação. Mas veja como ele de fato ganha muito mais.

TAXAS, TAXAS, TAXAS. Em 2017 os bancos americanos ganharam mais de 34 bilhões de dólares somente com taxas de cheque especial. Por exemplo, se você usar um cartão de débito e, por acidente, comprar algo por um valor maior do que tem na conta-corrente, é de se esperar que o banco recuse a compra, certo? Na-na-ni-na-não. Ele autoriza a transação e, gentilmente, cobra você por ter entrado no negativo.

CHEGA DE CHEQUE ESPECIAL. Os juros do cheque especial podem anular todos os seus rendimentos acumulados no ano inteiro e fazer você odiar seu banco mais do que já odeia, se é que isso é possível. Mais de metade das pessoas com quem conversei durante minhas palestras sobre finanças pessoais entrou no cheque especial pelo menos uma vez. Certa noite, saí para jantar e minha amiga (vamos chamá-la de Elizabeth) começou a me fazer perguntas sobre cheque especial. As questões foram ficando cada vez mais complexas, o que achei estranho, porque fiquei me perguntando como ela sabia tanto sobre o assunto. Então fiz uma pergunta simples: "Quantas vezes você já entrou no cheque especial?" Ela ficou calada, o que obviamente fez com que eu quisesse interrogá-la mais a fundo (bem-vindos à minha mente doentia). Descobri que Elizabeth tinha acumulado mais de 400 dólares em taxas de cheque especial ao longo dos quatro anos da faculdade, por simplesmente não ficar atenta ao saldo da conta-corrente. O mais triste é que ela poderia ter negociado para se livrar das primeiras cobranças e, depois, estabelecido um sistema para que isso nunca mais acontecesse. Veja mais sobre negociação de taxas bancárias na página 106.

Lembre-se de que as taxas e os juros que seu banco cobra podem ser mais importantes que os juros que ele oferece em rendimento de aplicações: se você tiver mil reais e outro banco oferecer juros 1% mais altos, a diferença é de 10 reais por ano. Se você usar 300 reais do seu cheque especial por um único mês, vai pagar mais que o dobro desses 10 reais por causa dos juros. Os custos importam.

O Bank of America institui novas taxas por motivos aparentemente aleatórios, às vezes do nada. Como uma cobrança de 5 dólares pela manutenção de contas de investimento. Os rendimentos nem compensam isso. Sem falar na taxa de 12 dólares para contas-correntes que não tenham saldo mínimo de 250 dólares. Sei que as quantias parecem pequenas, mas também sei que, para algumas pessoas, 5 ou 12 dólares podem fazer a diferença na hora de pagar as contas. Parece que é sempre quem tem menos que acaba pagando o pato.

– Bridgette Salley, 26

Isso me deixa furioso. Odeio quando empresas tiram vantagem de pessoas que não entendem a complexidade desses produtos financeiros. Foi por isso que escrevi este livro, e é por esse motivo que compartilho essas histórias com você.

E *mesmo assim* as pessoas permanecem em bancos que demonstraram maus padrões de comportamento.

Perguntei a alguns dos meus leitores que decidiram continuar com bancos péssimos por que fizeram isso. As respostas:

Estou no mesmo banco há uns 20 anos (...), então é uma dessas coisas que "sempre foram assim" e sobre as quais nem penso.

– Anônimo

Apesar de odiar meu banco e o que ele representa, transferir minhas oito contas seria uma chatice e uma perda de tempo gigantescas.

– Anônimo

Já mudei de banco antes, mas foi bem difícil tomar a iniciativa. É quase um apego emocional.

– Anônimo

Por mais que eu aconselhe meus leitores a ir para uma instituição melhor, a maioria deles não dá a mínima. Tudo bem! Fique aí com seu banco que cobra tarifas extorsivas e mais cedo ou mais tarde vai encontrar um jeito de ferrar você – seja hoje ou daqui a cinco anos. Céus!*

Por outro lado, todas as pessoas que seguiram as recomendações que dou neste capítulo adoraram os resultados.

Estou no Schwab há anos, graças à sua recomendação. O serviço é sempre ótimo e os poucos problemas que tive sempre foram resolvidos.

— Rick McClelland, 27

Seguindo a sua recomendação, fui para o Schwab. Já usei os serviços deles em vários países (inclusive no Paquistão, no que dizem ser o caixa eletrônico mais alto do mundo).

— Saad Gul, 42

POR QUE VOCÊ AINDA NÃO TROCOU DE BANCO?

Crença	O que significa
"Trocar de banco é uma dor de cabeça."	Sinceramente, eu entendo. Você já tem sua conta e ela funciona. Por que não ficar onde está? Minha análise: você não precisa trocar, mas, se gastar um dia fazendo isso, terá a certeza de uma base sólida para seu sistema financeiro. Os bancos que recomendo são mais convenientes, mais baratos e oferecem recompensas melhores.

---

* A cada trimestre, o Banco Central do Brasil divulga um ranking dos bancos que geraram mais reclamações por parte de seus clientes. É possível acessar a lista no site: www.bcb.gov.br/meubc/rankingreclamacoes.

"Não sei para qual banco ir."	Isso é irrelevante. Simplesmente leia o restante deste capítulo e eu lhe direi os critérios para escolher os melhores bancos.
"Esse foi o primeiro banco da minha vida."	Só ouvi isso uma vez, mas foi tão ridículo que precisei incluir. Você por acaso tem um amor inesgotável pelo seu primeiro alfinete? Ou pela primeira mangueira do seu quintal? Não? Então por que estamos falando com afeto sobre o "primeiro banco da sua vida"? Fala sério.

OS DETALHES PRÁTICOS

Agora que já fiz meu desabafo, vejamos alguns aspectos básicos das contas bancárias. Você talvez ache que sabe tudo isso (e é provável que saiba mesmo), mas tenha paciência.

Contas-correntes

Sua conta-corrente é a base do seu sistema financeiro. É para onde seu dinheiro vai primeiro, antes de ser "filtrado" para diferentes partes do sistema, como investimentos e gastos conscientes. É por isso que acredito que o caminho seja escolher a melhor conta e seguir em frente.

Como você já sabe, contas-correntes permitem que você deposite e saque dinheiro usando cartão de débito, cheques e transferências on-line. Penso na minha conta-corrente como uma caixa de entrada de e-mail: todo o meu dinheiro cai ali e eu o distribuo regularmente para as contas apropriadas, como a de investimentos, por meio de transferências automáticas. Pago minhas contas no débito automático (no Capítulo 5 mostrarei como automatizar essas transferências e o pagamento das contas). As contas-correntes são as que mais sofrem com tarifas desnecessárias. Vamos consertar isso.

Contas de investimento para metas de curto e médio prazos

Nessas contas você depositará as economias que deve usar em breve (um mês) ou no médio prazo (máximo de cinco anos). O ideal é guardar ali o dinheiro para a sua reserva de emergência (como veremos no Capítulo 8) ou que você pretende gastar em coisas como viagens e presentes de Natal, ou até para grandes despesas futuras, como uma festa de casamento ou a entrada para a compra de um imóvel.

Você pode, por exemplo, abrir uma conta na corretora ligada ao seu banco, certificando-se sempre de que ela não cobre tarifas, e buscar aplicações vantajosas. Se planeja dar a entrada na casa própria daqui a três anos, poderá investir no Tesouro Direto com vencimento para esse período. Como o dinheiro vai ficar emprestado para o Tesouro por mais tempo, a remuneração será melhor.

CDBs e renda fixa também são aplicações a considerar para as economias que você usará logo.

Antes de ler o livro, minhas finanças pessoais estavam um caos e todo o meu dinheiro ia embora em multas por atraso, taxas de cheque especial e anuidades de cartões de crédito. Depois da leitura, consegui automatizar minhas finanças para eliminar as cobranças por atraso de pagamento e reduzir as taxas do cheque especial. Ao aplicar suas estratégias, melhorei minha situação e dobrei a quantia mensal que direcionava à quitação de dívidas.

— Joe Lara, 29

Se você aprender apenas uma coisa com este livro, que seja a importância de prestar atenção no macro, não no micro. Pare de se concentrar em centavos e enfoque os Grandes Ganhos para construir sua Vida Rica. Não se preocupe com otimizações minúsculas. Simplesmente escolha opções excelentes e siga em frente.

Antes de ler o seu livro, todas as minhas economias estavam paradas na conta e eu não tinha nenhum investimento. O peso de ter que escolher estava me impedindo de abrir contas novas e começar a investir.
— Jonathan Baz, 24

Por que você precisa tanto de uma conta de investimentos quanto de uma conta-corrente

A diferença prática mais importante entre uma conta-corrente e outra de investimentos é que da primeira você faz saques regulares, mas raramente tira dinheiro da segunda. Contas-correntes são feitas para saques frequentes: têm cartão de débito e caixas eletrônicos para sua conveniência. Já a conta de investimentos é, na verdade, uma conta de "objetivos", na qual todo centavo deve ser destinado a um item para o qual você está economizando, como a entrada de uma casa ou uma viagem, ou para formar uma reserva de emergência.

Você talvez ache que vou recomendar ter ambas na mesma instituição. Para sua surpresa, aconselho que sejam em bancos *separados*. O motivo: dividir o dinheiro em contas (e bancos) diferentes é uma tática que usa a psicologia para manter suas economias em crescimento. Uma forma simplificada de pensar é que sua conta de investimentos é onde você deposita o dinheiro, enquanto a conta-corrente é de onde você o retira. Por fim, segundo minha experiência, nem sempre bancos que tentam oferecer de tudo têm as melhores opções. Fintechs – empresas inovadoras que criam soluções financeiras com base em tecnologia – e bancos digitais podem ofertar taxas e tarifas melhores. Pesquise.

Antes, todo o meu dinheiro ia para compras, pagamento de dívidas e cartão de crédito. Eu não economizava nada. Sempre sentia que não ganhava o suficiente e que, se minha renda fosse maior, talvez começasse a guardar dinheiro e passasse a ter uma boa condição financei-

ra. Mas eu estava errada. Sem um plano, não faria diferença quanto dinheiro eu ganhasse, pois sempre sentiria que não bastava. Quatro meses depois de ler este livro, me livrei das dívidas. Estou me sentindo muito melhor e consigo me concentrar em melhorar minha vida, já que um dos pilares mais importantes está no caminho certo.

– Roxana Valentina, 27

Neste exato momento, você talvez esteja pensando: "Por que me preocupar em poupar para investir se eu só tenho 300 reais?" Ouço isso o tempo todo. É verdade, os rendimentos sobre essa quantia serão irrisórios.

Mas o importante não são os ganhos imediatos, e sim o desenvolvimento dos hábitos certos. Uma vez perguntei aos meus leitores por que ainda não tinham tomado determinadas decisões, como automatizar os investimentos. Um rapaz me disse que tinha tão pouco dinheiro que não fazia diferença.

Para mim, ele estava no momento perfeito para começar: quando os riscos são baixos. Desenvolva os hábitos corretos quando as quantias são pequenas (com as contas adequadas e transferências automatizadas para seus investimentos) de modo que, quando sua renda aumentar, seus hábitos estejam solidificados.

Estamos apenas ganhando prática com pequenas quantias, é claro. Mas, à medida que nossas economias passarem de 5 mil para 10 mil, depois para 100 mil e daí em diante, os hábitos começam a ter importância. Comece agora para que, quando tiver bastante dinheiro, você saiba o que fazer com ele.

Encontrando a configuração perfeita para suas contas

Antes de pesquisar bancos e contas específicos, pare um instante para pensar no quadro geral. O ideal é escolher contas que combinem com a sua personalidade. Você valoriza a simplicidade? Ou está disposto a dedicar tempo a estabelecer um sistema complicado para obter ganhos maiores? Para muitos, uma opção intermediária (básico + pequena otimização) é perfeita.

Opção mais básica (boa para preguiçosos): Uma conta-corrente e uma de investimentos em qualquer banco. Esse é o mínimo. Caso já tenha essas contas, confira se está pagando tarifas e, caso necessário, negocie. No Brasil, o Banco Central exige que os bancos ofereçam uma cesta mínima de serviços gratuitos mensais que inclui quatro saques, dois extratos e duas transferências entre contas no mesmo banco, entre outros. Consultas pela internet não têm limite.

Opção básica + pequena otimização (recomendada para a maioria das pessoas): Esta opção envolve abrir contas em duas instituições diferentes: uma conta-corrente sem anuidade no banco da sua preferência e uma conta de investimentos em uma fintech ou em outra instituição que ofereça ganhos melhores. Com a conta-corrente, você terá acesso imediato ao seu dinheiro e transferências gratuitas para sua conta de investimentos. Se já tiver ambas, ótimo! Mas ligue para o banco para se certificar de que não está pagando taxas desnecessárias.

Como minhas contas bancárias funcionam

Estas são as contas que eu tenho e o sistema que criei para funcionarem juntas.

MINHAS CONTAS. Todo o meu dinheiro passa pela minha conta-corrente on-line, que rende juros, no Schwab. Os depósitos são feitos por transferência ou, mais raramente, tiro foto de um cheque de pagamento e o deposito por meio do aplicativo do banco.

MEU SISTEMA. Minhas finanças funcionam em um ciclo mensal e meu sistema direciona o dinheiro automaticamente para os diferentes fins. Configurei transferências automáticas da minha conta-corrente para outras contas. Por exemplo, minha conta de investimentos de curto prazo Capital One 360 (que é similar às contas-correntes remuneradas do Brasil) e minha conta de investimentos de médio e longo prazos (falarei mais sobre esse assunto no Capítulo 3) retiram certa quantia todo mês da conta-corrente. O valor total da fatura do cartão de crédito é debitado automaticamente da minha conta-corrente. Para despesas em dinheiro vivo, uso o cartão da conta para fazer saques em qualquer caixa eletrônico. Todas as tarifas de caixa eletrônico são reembolsadas de forma automática no fim do mês. Em geral, uso minha conta de investimentos de curto prazo apenas para receber valores: é raro eu transferir dinheiro de lá, a não ser que precise cobrir uma escassez temporária na conta-corrente ou gastar alguma parte das minhas economias com algo importante, como uma viagem de férias.

Pronto, é assim que eu faço.

Configuração avançada + otimização máxima (perfeita para pessoas viciadas em hacks de produtividade e que leem coisas como o livro *Trabalhe 4 horas por semana*): Consiste em manter várias contas-correntes e de investimento em bancos diferentes. O objetivo é obter o máximo em rendimentos e serviços, o que a utilização de instituições diversas permite. Por exemplo, um banco pode oferecer o melhor rendimento em CDB, outro pode proporcionar boas condições de seguro, empréstimo ou cartão de crédito e um terceiro garantir mais serviços gratuitos. Embora você possa configurar transferências automáticas, ter contas em vários bancos implica acessar diversos sites, ligar para diferentes números de atendimento ao cliente e usar múltiplas senhas. Algumas pessoas acham isso complicado demais – se você for uma delas, escolha uma opção mais básica, a não ser que considere muito importante otimizar ao máximo suas contas bancárias (pessoalmente, acho esta opção incrível).

Tantas escolhas, tão pouco tempo

Dependendo das contas que você já tem e da opção que escolher, pode ser que precise fazer apenas pequenos ajustes nessa etapa de configuração da sua infraestrutura financeira. Ou talvez precise abrir contas novas, o que pode soar exaustivo.

Como costuma ocorrer com todas as decisões financeiras, temos opções demais, o que leva muitas pessoas a fazer escolhas que não são ideais – como abrir uma conta universitária na época da faculdade e permanecer no mesmo banco para sempre. Existem algumas boas opções por aí, mas é claro que os bancos nem sempre facilitam o trabalho de encontrá-las.

A maioria das instituições financeiras tradicionais oferece diferentes contas-correntes de acordo com as necessidades e o patrimônio de diferentes tipos de cliente. Elas começam com contas universitárias, que são gratuitas ou mais baratas, não exigem comprovação de renda e oferecem um pacote básico de serviços. Costumam ser perfeitas para jovens. Em seguida há as contas com tarifas básicas de manutenção. Os bancos também oferecem formas de se livrar dessas tarifas, como fazer a portabilidade da conta-salário (em que seu salário é transferido automaticamente para o banco) ou manter um saldo mínimo mais alto, seja na conta-corrente, seja em investimentos. Por último, os bancos oferecem contas mais elaboradas, com saldos mínimos ainda mais altos – muitas vezes, 5 ou 10 mil reais – e mais serviços, como corretagem gratuita, "bônus" de juros e descontos em financiamentos imobiliários. Essas contas são inúteis. Fuja delas. Se você tiver tanto dinheiro assim dando sopa, no Capítulo 7 vou mostrar como aplicá-lo e ganhar mais do que qualquer banco poderia lhe dar.

E as cooperativas de crédito?

Já fui um grande fã desse tipo de instituição. Adoro a missão das cooperativas, inclusive as recomendei na primeira edição deste livro. Cheguei a palestrar em uma conferência nacional, anos atrás.

Elas são como bancos locais, mas não têm fins lucrativos e são de propriedade dos clientes (ou, no vocabulário das cooperativas, "membros"). Em tese, isso significa que oferecem serviços melhores.

Infelizmente, mudei de opinião. É decepcionante que sejam tão autocentradas ("Vou lhe explicar em detalhes por que é melhor ser de propriedade dos membros... espere... volte aqui!") em vez de oferecerem soluções e recursos que realmente interessem aos meus leitores.

Cinco táticas tentadoras que os bancos usam para enganar você

1. TARIFAS PROMOCIONAIS ("Serviços gratuitos nos dois primeiros meses!") Não seja fisgado por esse truque – os dois primeiros meses não importam. Você tem que escolher um bom banco, no qual possa ficar por anos e que ofereça um ótimo serviço, e não promoções que lhe renderiam apenas uns trocados. Bancos que fazem tais ofertas devem ser evitados.

2. EXIGIR SALDO MÍNIMO para que o cliente possa ter acesso a serviços "gratuitos", como cheques e extratos. Não, eu não vou concordar com um saldo mínimo. Vou simplesmente procurar outro lugar.

3. TENTAR EMPURRAR PACOTES DE SERVIÇOS MAIS CAROS ("Atendimento mais rápido! Uau!") A maioria dessas contas para clientes "especiais" é pensada para cobrar por serviços inúteis. Mal posso esperar pelo dia em que terei filhos, para que meu garotinho de 3 anos entre no Wells Fargo, atire o pirulito no gerente e diga: "ESTA CONTA É CLARAMENTE UM ROUBO!" Muito bem, pequeno Raj.

4. ESCONDER O JOGO ao lhe dizer que não há pacotes sem taxas. Existem, sim. Os bancos são obrigados a oferecer esse tipo de conta de serviços básicos sem cobrança de tarifa de manutenção. A princípio, vão tentar enrolar você, mas, se for firme, eles acabarão cedendo. Se isso não acontecer, cite a Resolução nº 3.919, do Banco Central, que garante à pessoa física o direito a até quatro saques gratuitos por mês no caixa eletrônico, ou até ameace fazer uma denúncia ao BC.

5. DAR UM CARTÃO DE CRÉDITO junto com a abertura da sua conta. Se você não tiver pedido isso explicitamente, não aceite.

Pesquise as opções em alguns bancos. É possível compará-las em menos de uma hora acessando os sites.

Além dos tipos de conta oferecidos, há mais fatores a levar em consideração ao escolher um banco (ou vários). Procuro três coisas: confiança, conveniência e recursos.

Confiança. Durante anos tive uma conta no Wells Fargo porque os caixas eletrônicos eram convenientes, mas não confio mais em Grandes Bancos. E não sou o único. Talvez isso se deva ao fato de que eles cobram tarifas ocultas, como as desonestas taxas em dobro por usar um caixa eletrônico de outro banco, e contam com a inação do cliente para se dar bem. Mas ainda existem alguns bons bancos por aí. O melhor jeito de encontrá-los é perguntar aos amigos se eles têm um banco que adoram. Você também deve dar uma olhada nos sites das instituições mais robustas. Em cerca de cinco minutos, é provável que consiga saber quais são confiáveis e quais não são só de observar se informam de modo direto e claro a respeito dos produtos e tarifas. O banco de sua escolha não deve ser caça-níqueis, que tire seu dinheiro por meio de tarifas e quantias mínimas. Ele deve ter um site com descrições claras de diferentes serviços, um processo de abertura de conta fácil e um canal telefônico de atendimento ao cliente 24 horas por dia. Outra coisa: pergunte se ele manda material promocional toda semana. Não quero mais spam na minha caixa de entrada! Não preciso de mais vendas casadas! Troquei a seguradora do meu carro porque eles me mandavam correspondência três vezes por semana. Era muito irritante.

Conveniência. Como seu banco é a primeira linha de defesa na administração do seu dinheiro, é essencial que seja fácil fazer depósitos, saques e transferências. Para isso, o site e o aplicativo têm que funcionar bem e você deve conseguir ajuda quando precisar, seja por meios eletrônicos ou por telefone.

Recursos. Avalie as condições do pacote de tarifas e se há exigência de saldo mínimo para garantir a gratuidade de serviços que você utiliza com frequência. O aplicativo e o site do banco devem ser agradáveis de utilizar.

OTIMIZANDO SUAS CONTAS BANCÁRIAS

Sejam suas contas recém-abertas ou antigas, você precisa otimizá-las. Isso significa que não deve pagar tarifas. O segredo para otimizar uma conta é negociar, seja pessoalmente ou por telefone. Sim, tímidos ou nativos digitais, talvez vocês precisem mesmo fazer uma ligação telefônica. Não sei por quê, metade dos meus amigos tem medo de falar ao telefone. Tenho um amigo que há pouco tempo esqueceu a senha de sua conta bancária e, por motivos de segurança, precisou ligar para a agência para provar quem era. Ele se transformou em uma vítima da síndrome de Estocolmo diante dos meus olhos, murmurando sem parar "Não é tão importante assim. Eles têm razão. Vou esperar até ir ao banco". Demorou quatro meses para ele conseguir mudar a senha! Qual o problema das pessoas? Talvez você não goste de ligações telefônicas, mas é provável que, para qualquer negociação, precise conversar com alguém pessoalmente ou por telefone.

Quando eles dizem que não têm contas sem tarifas

Digamos que você perceba que sua conta-corrente atual cobra taxa de manutenção e queira mudar isso. Quando liga, eles dizem que não podem oferecer uma conta sem tarifas. Você vai aceitar isso? Claro que não. Parta para o ataque. Veja o que dizer:

Você: Olá. Percebi que minha conta-corrente atual tem uma taxa de manutenção e cobra tarifas. Gostaria que ela fosse isenta, por favor.

Atendente do banco: *Sinto muito, mas esse pacote é o nosso valor mínimo.*

Você: É mesmo? Que interessante, porque o [concorrente] está me oferecendo uma conta gratuita. Você poderia verificar novamente e me dizer quais contas equivalentes vocês oferecem?

(Oitenta por cento das vezes, você obterá uma ótima conta nesse momento. Caso contrário, peça para falar com um supervisor.)

Supervisor: *Olá, em que posso ajudá-lo?*

Você: (Repita o argumento do início. Se o supervisor não lhe der uma opção, acrescente o seguinte:) Olha, sou cliente do [seu banco] há X anos e quero encontrar uma maneira de fazer isso funcionar. Além disso, sei que é meu direito, garantido pelo Banco Central, ter uma conta gratuita com serviços básicos.

Supervisor: *Que coincidência surpreendente. De repente, meu computador está me permitindo oferecer exatamente a conta que você pediu!*

Você: Muito obrigado, gentil senhor. (Tomando um bom gole de chá Darjeeling.)

Evitando tarifas mensais

Talvez eu seja muito exigente, mas, se empresto meu dinheiro a um banco para que ele o empreste a outras pessoas, acredito que mereço não pagar nada por isso.

Pense o seguinte: se o seu banco cobra 30 reais pelo pacote de serviços (taxa de manutenção da conta), isso pode anular os rendimentos que você teve. É por isso que acho imprescindível que minhas contas não tenham tarifas de qualquer tipo. Se você já tiver uma conta em um banco de que gosta mas que cobre taxa de manutenção, tente obter isenção. Muitas vezes isso é possível se você configurar o depósito direto, o que permite que seu empregador deposite seu salário diretamente na conta todo mês, ou aderir à portabilidade da conta-salário. No Brasil, todo trabalhador tem o direito de escolher o banco onde quer receber seu salário, independentemente da decisão do empregador.

Observação: certas cobranças são aceitáveis – por exemplo, quando falamos de serviços como ordens de pagamento e talões de cheque extras. Por favor, não saia correndo para o banco gritando "MAS O RAMIT ME DISSE PARA NÃO PAGAR NENHUMA TARIFA!!!!". Mas, se fizer isso, mande o vídeo para o meu Instagram ou X (@ramit).

Quase todas as tarifas bancárias são negociáveis

As tarifas mais dolorosas e caras costumam ser as do cheque especial – os juros que seu banco cobra se você não tiver dinheiro suficiente na conta-corrente para cobrir uma compra ou uma conta. É claro que a melhor forma de evitá-las é não deixar que isso aconteça. Agende transferências automáticas e mantenha uma reserva na sua conta (deixo sempre cerca de mil dólares). Mas erros acontecem. A maioria dos bancos entende que às vezes as pessoas são esquecidas e, se você pedir, abre mão da cobrança da primeira vez. Depois disso, fica mais difícil, mas ainda é possível se você tiver uma boa justificativa. O banco quer manter o cliente, e uma ligação bem-feita pode fazer a diferença. Mas, ao telefonar, tenha em mente um objetivo claro (se livrar da cobrança) e crie dificuldades para a empresa dizer não.

Veja a seguir como me livrei de uma taxa de 20 dólares por um saque a descoberto e uma cobrança de 27,10 dólares do Wells Fargo (na época em que eu tinha uma conta lá).

Eu havia transferido dinheiro da conta de investimentos de curto prazo para a conta-corrente a fim de cobrir a falta de recursos, mas a transferência não foi liquidada a tempo. Vi a tarifa por entrar no cheque especial, respirei fundo e liguei para o banco.

Ramit: Oi. Acabei de ver essa cobrança por um saque a descoberto e queria que fosse cancelada.

Atendente do banco: *Estou vendo essa tarifa... hummm... Deixe-me ver aqui. Infelizmente, senhor, não podemos cancelar essa cobrança. Ela foi [alguma desculpa ridícula].*

Coisas erradas a dizer nessa hora:

"Tem certeza?"
Assim você está facilitando uma recusa ao seu pedido.

"Existe alguma alternativa?"
Mais uma vez, imagine que você é o atendente e ouve isso de alguém. Sua vida ficaria mais fácil se você simplesmente dissesse não. Como cliente, não facilite o "não" das empresas.

"Um autor de livros indiano me disse que é possível. Você leu o livro dele? Se chama Como ficar rico *e eu adorei porque..."*
Ninguém liga. Mas seria legal se mil clientes telefonassem para o banco e dissessem isso.

"Tudo bem."
Não desista. É fácil deixar pra lá, mas existe um caminho melhor.

Tente o seguinte:

Ramit: Bem, estou vendo a cobrança aqui e gostaria muito que fosse cancelada. O que você pode fazer para me ajudar? (Repita sua reclamação e peça ao atendente que resolva a situação de forma construtiva.)

Nesse momento, cerca de 85% das pessoas conseguem o estorno da cobrança. Já recebi centenas de comentários no meu blog de pessoas que colocaram em prática esse conselho e economizaram milhares de dólares em taxas. No entanto, se o atendente for firme, veja o que você pode fazer:

Atendente: *Sinto muito, senhor, não podemos estornar essa cobrança.*

Ramit: Entendo que seja complicado, mas dê uma olhada no meu histórico. Sou cliente há mais de três anos e gostaria de manter nosso relacionamento. Agora, quero que essa cobrança seja cancelada – foi um erro e não vai se repetir. O que você pode fazer para ajudar?

Atendente: *Humm... um segundo, por favor. Estou vendo que o senhor é um ótimo cliente... Vou verificar com meu supervisor. Pode esperar um instante?*

(Ser um cliente antigo aumenta seu valor para o banco. Esse é um dos motivos pelos quais o ideal é escolher uma instituição com a qual você possa permanecer por um bom tempo. E o fato de que não desistiu no primeiro "não" o diferencia de 99% dos outros clientes.)

Atendente: *Senhor, consegui verificar com meu supervisor e cancelar a cobrança da tarifa. Posso ajudar em mais alguma coisa?*

Isso foi tudo que precisei fazer! E pode funcionar também para multas por atraso e até para tarifas pelo uso de caixas eletrônicos. Aprendi essa lição do jeito mais difícil. Morei em Nova York durante alguns meses enquanto fazia um estágio. Decidi não abrir uma conta bancária nesse período porque levaria tempo e porque fiquei com preguiça. Então simplesmente usei os caixas eletrônicos a torto e a direito e engoli as cobranças de 3 dólares por fazer saques em máquinas fora da área do meu banco. Agora me sinto burro, porque acabei de falar com uma amiga que se mudou há pouco tempo para Nova York e vai passar alguns meses lá. Ela também não queria abrir uma conta bancária para um período tão curto, mas, em vez de dar de ombros e dizer "Ah, fazer o quê?", ligou para o banco e perguntou se eles poderiam abrir mão das taxas por uso de caixa eletrônico enquanto ela estivesse lá. "Sem problema", foi a resposta. Minha amiga economizou mais de 250 dólares com um simples telefonema! Como o custo de aquisição de cliente é altíssimo, os bancos querem segurar você. Use essa informação em benefício próprio e telefone da próxima vez que vir uma cobrança de tarifa no seu extrato.

Embora muitas tarifas bancárias sejam ridículas, descobri que os bancos são bem dispostos a abrir mão delas por um bom cliente. Uma vez dei um cheque sem fundos porque usei o talão da conta errada. Fazia cinco anos que eu era cliente, então simplesmente entrei no banco e pedi que a cobrança fosse cancelada. Eles fizeram isso na mesma hora. Não precisei nem falar duas vezes.

— Adam Ferguson, 22

PASSO A PASSO
SEMANA DOIS

1 **Abra uma conta-corrente ou avalie a que você já tem (uma hora).** Encontre uma conta que atenda às suas necessidades, vá até uma agência ou abra a conta diretamente pelo aplicativo ou pelo site da instituição financeira. Se já tiver uma, confira se não tem taxa de manutenção ou valor mínimo para isenção de taxa. Como? Acesse seu extrato ou ligue para o banco e diga: "Gostaria de confirmar que minha conta não tem taxa de manutenção. Você pode verificar isso?" Consulte também as tabelas de tarifas no site ou no aplicativo. Se descobrir que está pagando taxa, use a tática de negociação da página 106 para trocar sua conta por uma opção gratuita. Seja persistente, ameaçando encerrar sua conta se não for feita a troca.

---

2 **Abra uma conta de investimentos de curto prazo (três horas).** Psicologicamente, é interessante que seja separada da conta-corrente: é muito menos provável que você tire fundos da conta de investimentos se não tiver acesso imediato a eles pelo seu banco principal.

---

3 **Faça uma aplicação na sua conta de investimentos (uma hora).** Deixe dinheiro suficiente para as despesas de um mês e meio na sua conta-corrente, ou o mais próximo disso que puder, e transfira o restante para suas metas de curto ou médio prazo – mesmo que sejam apenas 50 reais.

CAPÍTULO 3

PREPARE-SE PARA INVESTIR

Poupe para sua aposentadoria – mesmo que apenas 50 reais

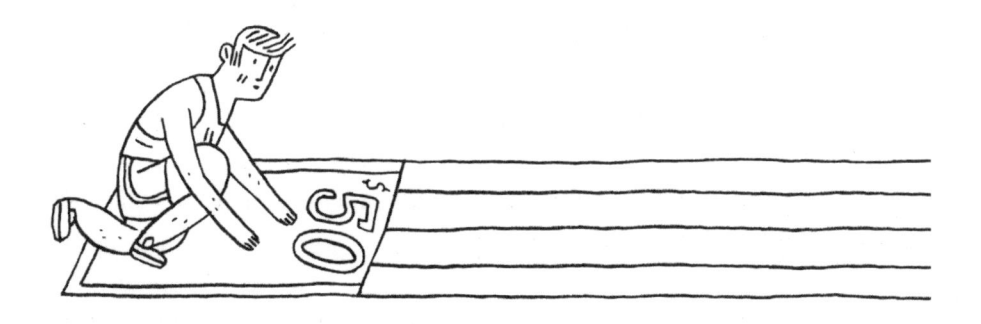

P ais indianos têm algo de especial. Para entender o que estou falando, pergunte a qualquer filho de indianos que você conheça o que aconteceu quando ele chegou em casa todo animado trazendo da escola um boletim cheio de notas 10. É provável que os pais tenham ficado muito orgulhosos, dado um abraço apertado nele e, logo em seguida, franzido a cara. "Muito bem, Vijay! Mas o que aconteceu? Por que esse 9,5?" Como você deve imaginar, esse nível de exigência tende a gerar uma visão de mundo ligeiramente distorcida para as crianças indianas. Mal posso esperar para fazer isso com meus filhos. Ainda nem nasceram e já estou decepcionado com eles.

Talvez o fato de eu ter crescido com essa visão de mundo explique por que, quando as pessoas finalmente começam a pensar em suas finanças, eu as parabenize por cerca de seis segundos antes de julgá-las em segredo por saber que não estão fazendo o bastante. Michael Batnick, autor de *Big Mistakes: The Best Investors and Their Worst Investments* [Grandes erros: Os melhores investidores e seus piores investimentos], escreveu:

"Nos Estados Unidos, o saldo médio da previdência de pessoas entre 56 e 61 anos é de 25 mil dólares. Esse valor poderia ter sido alcançado com uma aplicação regular de 6 dólares por mês desde 1980 em uma carteira 60/40." Pessoal, é muito fácil ganhar esse jogo. E, ao fim deste capítulo, você *vai* ganhar. No capítulo anterior falamos sobre guardar dinheiro, e fico feliz que você tenha aberto uma conta de investimentos para suas metas iniciais. De verdade. Mas não é suficiente! Economizar um pouco aqui e ali não basta, apesar do que lemos em diversos livros e blogs cheios de dicas e histórias sobre como ser frugal. "Compre 200 caixas de leite no atacado e você economizará até 6%!" Incrível!

Fala sério. O triste é que, se você só fizer o mínimo – por exemplo, se aderir à frugalidade e guardar 100 reais por mês –, não vai chegar muito longe.

Vai levar muito tempo para que tenha um retorno significativo. Sejamos claros: economizar não é suficiente. É preciso fazer seu dinheiro trabalhar para você, para que ele renda mais que o básico. Para isso, investir pra valer é o primeiro e o melhor caminho. "Os juros compostos são a maior invenção humana, porque permitem a acumulação de riqueza confiável e sistemática", disse Albert Einstein.

Em vez de ganhar os juros muito baixos oferecidos pelas contas-poupança, como ocorre com a maioria das pessoas, seu dinheiro pode render cerca de 8% ao ano por meio de investimentos. No século XX, o retorno anual médio do mercado de ações foi 11%. Se deduzirmos 3% referentes à inflação média americana, ficamos com 8%. Para dar um exemplo concreto, imaginemos que, aos 35 anos, uma pessoa tenha mil dólares sobrando. Suponhamos também que sua conta de investimento convencional, a poupança, por exemplo, esteja dando um retorno anual de cerca de 3% (descontada a inflação) e que ela possa obter 8% em investimentos de longo prazo.

Agora veja isto.

Se aquela pessoa simplesmente colocasse esse dinheiro em uma poupança, o que ele valeria dali a 30 anos? Embora esse valor de mil dólares fosse se transformar em 2.427 no papel, a inflação teria "comido" esse retorno. Então, apesar de parecer que ela se deu bem, se levarmos a inflação em consideração, o dinheiro dela tem o mesmo poder de compra que 30 anos antes. Complicado.

Mas... se ela *investisse* essa quantia em uma aplicação mais interessante, poderia valer mais de 10 mil – *10 vezes mais!* –, superando a inflação e oferecendo resultados incríveis. E isso com um único investimento.

Investir pode parecer intimidador, mas na verdade é bem simples. Vou explicar o que é preciso fazer. Por ora, não se preocupe em escolher onde investir – isso virá no Capítulo 7. Primeiro vamos abrir as contas certas para que, quando estiver pronto, você possa apenas "acionar" transferências automáticas para enviar dinheiro para elas todo mês.

Li o livro há mais de seis anos. Uma das minhas maiores conquistas foi contratar um plano de previdência privada quando tinha apenas 18 anos. Abro um sorriso todo dia sabendo que, se continuar aplicando, terei o suficiente para me aposentar. É libertador e me permitiu arriscar mais em outras áreas da vida, como empreender de forma mais audaciosa e gastar sabendo que, mesmo que não economize nem mais um centavo, ainda estarei em uma situação melhor que 99% das pessoas.

— **Alex Craig, 25**

POR QUE É PROVÁVEL QUE SEUS AMIGOS AINDA NÃO TENHAM INVESTIDO UM ÚNICO CENTAVO

Antes de avançarmos, vamos tirar um tempinho para entender por que os mais jovens não investem. Isso vai ajudar você a desempenhar uma das tarefas nas quais a maioria dos *millennials* é especialista: julgar os outros.

Pergunte a alguns amigos quanto eles têm investido. As respostas serão coisas como "Hã?!" ou "Eu não ganho o bastante para investir". A maior parte deles dirá "Não sei comprar ações", o que é irônico, porque INVESTIR NÃO É COMPRAR AÇÕES. Alguns talvez tenham um plano de previdência privada – mas é improvável que invistam em alguma outra coisa. Só que esses são os anos mais importantes da vida para investir!

Outro motivo para que muitos não invistam é o medo de perder dinheiro. É irônico que as pessoas temam essa *possibilidade*, já que *com certeza* ficarão sem dinheiro se *não* investirem. O *Washington Post* apontou que, segundo pesquisas, "a maioria das pessoas mais velhas tem mais medo de ficar sem dinheiro do que de morrer".

As pessoas têm crenças peculiares a respeito de riscos. Temos medo de morrer devorados por um tubarão, quando, na verdade, deveríamos nos preocupar com doenças cardíacas. Se os ovos ou o frango entram em promoção, ficamos felizes, mas, quando as ações ficam baratas, achamos ruim (investidores de longo prazo deveriam comemorar quando o mercado cai, pois assim é possível comprar mais ações).

Pessoas mais velhas se arrependem de não ter investido

Mas você não precisa se arrepender. Veja na tabela o que penso sobre isso.

Idade	Meu comentário
Abaixo de 25 anos	Estão ocupadas demais assistindo a programas de culinária com receitas que nunca vão fazer.
25-34	Essas pessoas acabaram de começar a pensar em guardar dinheiro, mas ainda não compreendem o valor disso.
35-44	Agora elas perceberam que guardar dinheiro talvez seja importante.
45-54	Esse pessoal queria poder voltar no tempo e dar uma surra em si mesmo por não ter guardado mais dinheiro, que nem Biff em *De volta para o futuro II*.

Lembre-se: saber investir não é óbvio. Esse é o problema. Quando se trata de finanças, é muito fácil acabar como a maioria das pessoas: simplesmente não fazendo nada. Depois de anos conversando sobre dinheiro com jovens adultos (o pessoal na casa dos 20 anos, início dos 30), cheguei a duas conclusões. A primeira é que detesto praticamente todo mundo. A segunda é que acredito que existem três categorias de indivíduos: A, B e C. As pessoas A já estão administrando seu dinheiro e querem otimizar o que estão fazendo. As pessoas B, o grupo mais numeroso, não estão fazendo nada, mas podem ser convencidas a mudar se você descobrir o que as motiva. E as pessoas C são casos perdidos. Na teoria, elas poderiam ser motivadas a mudar, mas é muito difícil vencer as desculpas que dão para justificar a presença do assunto "finanças" lá no rodapé da sua lista de prioridades.

Se desconsiderarmos aqueles que de fato têm limites impostos pelas circunstâncias, o que impede a maioria das pessoas de ficar rica é a postura errada em relação ao dinheiro e o comportamento ruim. Grande parte dos jovens de 20 e poucos anos é do tipo B: sua situação não é incrível, mas também não é ruim. Eles ainda têm muito tempo para estabelecer objetivos de investimento agressivos, mas, se não agirem, acabarão caindo no grupo C. Não deixe que isso aconteça com você!

Eu já tinha feito mestrado e conseguido um emprego fazia dois anos quando comecei a guardar dinheiro para a aposentadoria. Deixei de ganhar milhares de dólares em rendimentos.

— Te Romeo, 34

Não comecei a pagar um plano de previdência privada quando entrei no meu primeiro emprego depois de formada porque meu ex-namorado disse que não era um bom investimento. Meu maior arrependimento é ter ouvido esse conselho dele em vez de seguir minha intuição. Contratei um plano cinco anos depois, mas ainda penso em quanto dinheiro aquele relacionamento me custou.

— Yvette Batista, 37

CRENÇAS RELACIONADAS A INVESTIMENTOS

Crença	O que significa
"São tantas ações, tantos jeitos de comprá-las e vendê-las, e tantas pessoas dando conselhos diferentes... Me sinto perdido."	Isso significa: "Quero me esconder atrás da complexidade." Qualquer assunto novo é intimidador: dietas, rotinas de exercícios, aprender a se vestir melhor, criar um filho. A solução não é fugir – é escolher uma fonte de informações e começar a aprender.
"Sinto que estou sempre comprando na alta e não quero ser a pessoa que entra no mercado quando ele está no topo."	Racionalmente, essa pessoa "sabe" que ninguém consegue acertar o momento certo de entrar no mercado... mas não entende isso de verdade. Ela deve investir todo mês para que esse problema desapareça.
"Nunca investi em nada porque existem muitos lugares onde aplicar meu dinheiro para o longo prazo (imóveis, ações, criptomoedas, commodities, etc.). Sei que deveria investir, mas sinto que as ações não são controláveis."	A grande ironia é que essa pessoa acredita que o "controle" faria seus investimentos terem um retorno maior, sendo que é o contrário: melhor seria se ela fizesse menos. Quanto menos controle a pessoa tiver, melhor. Os dados mostram claramente que o investidor médio compra na alta, vende na baixa e "gira o patrimônio", isto é, vende ativos para comprar outros, tendo que pagar impostos nesse processo. Tudo isso reduz muito o retorno. Você pode até pensar que é bom ter controle, mas não é. Esqueça isso.
"Não quero perder meu dinheiro suado por causa da minha falta de conhecimento/experiência no assunto."	Ironicamente, a cada dia que você não investe, está na verdade *perdendo* dinheiro – por causa da inflação. Você só vai perceber isso quando tiver uns 70 anos, mas será tarde demais (sim, sou uma pessoa de alto astral contagiante).

"As tarifas são o principal culpado por eu não investir. Quando se tem uma quantia pequena, as taxas de corretagem podem comer boa parte do retorno."	É impressionante como as pessoas pensam que investimentos se resumem a ações. Opa, espere aí, não é, não – toda propaganda idiota e todo aplicativo enfiam essa mensagem goela abaixo. Mas, se você seguir meus conselhos, pagará tarifas muito baixas.
"Agora eu peço o café pequeno em vez do grande, então estou economizando X reais por dia. Ser adulto é isso?"	Você precisa muito deste livro.

Por que tanta gente tem uma postura tão ruim em relação a dinheiro? Você poderia argumentar, com razão, que isso se deve a falhas na educação, excesso de informação, mensagens confusas da mídia ou a uma simples falta de interesse. Seja qual for o motivo, é fato que as pessoas não investem o bastante.

Uma coisa que aprendi no mercado de autodesenvolvimento foi: todo mundo tem muitas razões para não fazer algo que "deveria", seja investir, passar fio dental ou abrir um negócio – falta de tempo, falta de dinheiro, não saber por onde começar, etc. Às vezes, porém, a verdade é mais simples: não temos vontade.

Se você não tiver vontade de aprender como o dinheiro funciona, nada que eu diga aqui vai fazer diferença. Você pode contratar alguém para ajudá-lo nisso (o que tem um custo oculto altíssimo, somando-se as comissões e os fundos péssimos que esse profissional recomendaria); pode simplesmente fazer o que seus pais fizeram; ou pode seguir o padrão há muito sedimentado: ignorar o problema e esperar que ele desapareça. Não recomendo nada disso.

As instituições financeiras observaram um fenômeno interessante: ao chegar aos 40 anos, as pessoas de repente percebem que deveriam ter economizado a vida toda. Assim, a principal preocupação financeira em muitos países atualmente é não ter como se aposentar.

Para ter um exemplo prático, pergunte aos seus pais qual é a principal preocupação deles. Aposto que a resposta será simplesmente "dinheiro". Ainda assim, não prestamos atenção nas finanças mais que nossos pais.

Sem graça, mas verdadeiro

Embora seja fácil fazer "planos" de ganhar na loteria, o que realmente funciona para ficar rico é bem mais simples: dois terços dos milionários americanos enriqueceram por conta própria, isto é, seus pais não eram ricos. Eles acumularam sua riqueza considerável controlando gastos, investindo com regularidade e, em alguns casos, empreendendo. Não é tão fascinante quanto ganhar na loteria, mas é bem mais realista.

De acordo com uma pesquisa feita com milionários, conduzida pelo US Trust, "83% dos ricos dizem que seus maiores ganhos com investimentos vieram de pequenos retornos ao longo do tempo, e não de grandes riscos que correram". (Observação: isso não significa cortar o cafezinho, e sim adotar hábitos regulares e *significativos*, como poupar e investir com disciplina em vez de correr enormes riscos especulativos.)

A riqueza deles não é medida pela quantia que recebem no mês, mas pelo montante que guardaram e investiram ao longo do tempo. Em outras palavras, um gerente de projetos pode ganhar 10 mil e ter um patrimônio maior que um médico que ganhe 30 mil – se o gerente de projetos poupar e investir mais ano após ano.

Nossa cultura não nos ajuda a pensar em investir nosso dinheiro. Celebridades e publicações no Instagram nos mostram as maravilhas de ser rico, mas não como chegar lá. Não é surpresa que nossas atitudes tenham mudado à medida que esse tipo de entretenimento se tornava mais popular.

A Associação de Psicologia dos Estados Unidos relata que os americanos de hoje, comparados aos da década de 1950, parecem menos felizes, mesmo indo a restaurantes duas vezes mais e tendo o dobro de carros. Isso não proporciona uma vida mais satisfatória.

Apesar dessa preocupação com bens materiais e de uma infinidade enlouquecedora de fontes de informação (entre elas, canais com todo tipo de conteúdo sobre o mundo financeiro, inúmeros comentaristas e milhões de sites de finanças), não estamos administrando melhor nosso dinheiro. Estamos mais ansiosos, isso sim. Nem quem tem uma renda maior gerencia bem a quantia que recebe: cerca de uma em cada quatro pessoas que ganham mais de 100 mil dólares ao ano relata viver de salário em salário, de acordo com uma pesquisa do SunTrust.

UM QUINTO DOS JOVENS ADULTOS AMERICANOS ACHA QUE VAI FICAR RICO GANHANDO NA LOTERIA

Percentual de jovens	Como eles acreditam que ficarão ricos	Meu comentário para eles
21%	Ganhando na loteria	Odeio vocês
11%	Recebendo uma herança	Odeio vocês
3%	Recebendo indenização do seguro de vida por acidente pessoal	Que tal o seguro de trabalhar de verdade para aprender a lidar com dinheiro?

E o que fazemos? Nos culpamos e fazemos promessas de Ano-Novo. Baixamos novos aplicativos. Falamos sobre como a "educação" é a solução, como se muita gente já não soubesse que deveria poupar mais e investir em seu futuro.

A informação por si só não basta. O verdadeiro problema, assim como a solução, é você. Seu psicológico, suas emoções, suas crenças... tudo isso. Enquanto você não entender por que se comporta dessa maneira com seu dinheiro (e não decidir por que quer mudar), qualquer informação será pura baboseira.

Muita gente acredita que o sistema está contra nós. Quantas vezes você já ouviu alguém reclamar que não tem como guardar dinheiro, muito menos investir? "Investir? Fala sério! Impossível. Não sobra um centavo." Ah, é? Me dê sua agenda e seu extrato bancário e em 10 minutos lhe mostrarei quais são suas prioridades reais – e qual é a solução.

Mesmo que a maioria das pessoas tenha ideias ingênuas e até delirantes sobre dinheiro, você não precisa ser uma delas. Vou ajudá-lo a enfrentar a realidade, assumir o controle e perceber que você pode, sim, investir. Talvez com 50 reais por mês. Ou com 5 mil. Já estive nesses dois níveis e posso mostrar o que é necessário para alcançar tanto um quanto outro. Em 10 anos (ou até mesmo em apenas três meses), você verá uma conta de investimentos de longo prazo com uma grana que cresce sozinha todo mês. Vai ganhar dinheiro dormindo. E, em vez de esperar o milagre de ganhar na loteria, estará usando essa conta de forma consciente para enriquecer.

Investir é a forma mais eficiente de enriquecer

Ao abrir uma conta de investimentos de longo prazo, você ganha acesso ao maior veículo de geração de dinheiro da história mundial: o mercado de ações. No Brasil, o mercado acionário foi muito democratizado por plataformas como XP, BTG e Genial. Por meio delas é possível investir em fundos de ações e também acessar o ambiente de negociação (home broker), ou seja, o próprio cliente pode disparar as ordens de compra e venda das ações em tempo real. Vários bancos também passaram a oferecer esse acesso. Muitas vezes cobra-se uma taxa de corretagem, que varia de instituição para instituição.

Invista agora – você não vai ficar mais jovem

E se você tivesse começado a investir 50 reais por mês há cinco anos? Imagine quanto teria hoje. Pense nesses 50 reais mensais: onde foram parar? Se você for como a maioria das pessoas, é provável que tenham escorrido pelos dedos e sido gastos em coisas supérfluas como corridas de Uber e lanches. Apesar das altas e baixas do mercado de ações, o melhor que você pode fazer é pensar no longo prazo e começar a investir cedo.

Se você investir este valor por semana...	Depois de um ano, terá...	Depois de cinco anos, terá...	Depois de 10 anos, terá...
10	541	3.173	7.836
20	1.082	6.347	15.672
50	2.705	15.867	39.181

Rendimento presumido de 8% ao ano.

Isso não é apenas teoria. Veja como investir mudou a vida destes leitores:

Investi 70 mil dólares desde que li o livro, estou guardando para minha aposentadoria e não perco um segundo de sono pensando em quais ações comprar ou vender. Configuro a alocação do meu dinheiro uma vez por ano, esqueço o assunto e sigo a vida. É uma sensação incrível ter vencido minha ignorância a respeito de dinheiro, uma fonte de tamanho estresse e ansiedade para os outros. Como sei que estou no caminho certo, não preciso me preocupar, o que me permite dedicar minha atenção e meu tempo a ganhar mais dinheiro.

— Sam Hathaway, 29

Venho investindo há anos e finalmente cheguei a 100 mil dólares em economias. Tenho 28 anos. Nesse ritmo, vou conseguir me aposentar antes dos 60, talvez mais cedo. Se eu não cair na cilada de aumentar o custo do meu estilo de vida, posso parar de trabalhar antes dos 50. E não sinto que estou me privando de nada. Levo uma Vida Rica.

— Mike Kelly, 28

Seu livro me ajudou a estabelecer uma infraestrutura básica para as minhas finanças. Terminei a faculdade em 2010 e li o livro lá por 2010 ou 2011. Faço 31 anos em agosto e tenho 135 mil dólares em contas de previdência privada, uns 12 mil em investimentos de curto prazo e uns 60 mil em outros investimentos, como ações e criptomoedas. Estou amando fazer meu dinheiro trabalhar para mim em vez de ser escravo dele.

— Ross White, 30

A ESCADA DAS FINANÇAS PESSOAIS

Estes são os cinco passos sistemáticos para investir. Cada um deles incrementa o anterior em uma sequência; então, ao terminar o primeiro, vá para o segundo, e assim por diante. Se não conseguir chegar ao Degrau 5, não se preocupe, apenas faça o melhor que puder. No Capítulo 5 mostrarei como tornar o processo automático, para que o seu sistema funcione sozinho com algumas poucas horas de ajustes por ano. Mas não esqueça que abrir essas contas e começar é o passo mais importante.

Degrau 1: Se o seu empregador oferecer coparticipação em um plano de previdência complementar, invista para aproveitar isso e contribua com o suficiente para obter 100% da coparticipação. Isso significa que, a cada real que você colocar na sua conta, sua empresa vai "igualar" essa contribuição, até um valor máximo. Por exemplo, para fazermos uma conta simples, suponhamos que você ganhe 10 mil por mês e que sua empresa iguale 100% da sua contribuição até 5% do seu salário. Isso significa que você contribuirá com 500 e seu empregador igualará essa contribuição com mais 500 todo mês. É dinheiro de graça, e não existe negócio melhor.

Degrau 2: Quite seu cartão de crédito e qualquer outra dívida. A taxa de juros média dos cartões de crédito é altíssima. No entanto, seja qual for a taxa cobrada pelo seu cartão, quitar sua dívida lhe dará instantaneamente um retorno significativo. Já vimos as melhores formas de fazer isso no Capítulo 1.

Degrau 3: Mesmo que tenha o plano do Degrau 1, contrate um plano de previdência privada em um banco ou financeira e contribua com o maior valor possível.

Degrau 4: Se tiver sobrado algum dinheiro, volte ao seu plano de previdência do Degrau 1 e contribua com o maior valor possível (dessa vez, ultrapasse a coparticipação da sua empresa).

Degrau 5: Se sobrar algum dinheiro, abra uma conta de investimentos e transfira para ela a maior quantia possível. No Capítulo 7 veremos melhor esse assunto. Além disso, se tiver um financiamento imobiliário, adiante as parcelas. Por fim, pense em investir em si mesmo – seja abrindo uma empresa ou fazendo cursos de especialização, pós-graduação, etc. Muitas vezes o melhor investimento é na sua carreira.

Lembre-se: a Escada das Finanças Pessoais só mapeia quais contas abrir. No Capítulo 7, mostrarei no que investir.

DOMINANDO SUA 401(K)*

Se eu quisesse criar o pior nome para algo que tivesse o poder de mudar a vida de dezenas de milhões de pessoas, eis o que faria:

1. Procurar o documento mais entediante que já foi escrito. Digamos, o código de impostos da Receita Federal.

2. Abri-lo em uma página aleatória. Talvez... sei lá, na seção 401(k).

3. DAR UMA OLHADA EM TORNO DO ESCRITÓRIO UMA VEZ, DAR DE OMBROS E RESOLVER USAR ISSO COMO O NOME DESSA CONTA TRANSFORMADORA.

O nome é péssimo, mas a conta é incrível.

Um plano 401(k) é um tipo de conta de previdência que muitas empresas americanas oferecem aos funcionários, semelhante aos fundos de previdência complementar no Brasil. Trata-se de uma conta de "previdência" porque tem grandes benefícios fiscais se você concordar em não retirar seu dinheiro dela até chegar à idade de se aposentar, que nos Estados Unidos é aos 59 anos e meio. (Na verdade, você não precisa começar a resgatar o dinheiro até os 70 anos e meio. Ainda assim, há uma exceção se você ainda estiver trabalhando.)

Para abrir sua 401(k), você precisa preencher um formulário autorizando que parte de cada salário – o percentual exato fica a seu critério – seja enviada para a conta todo mês. O dinheiro vai diretamente do seu empregador para a 401(k). Ao abrir a conta, você escolhe entre algumas opções simples de investimento e, então, deixa o dinheiro se acumular.

Vamos esmiuçar alguns benefícios da 401(k).

Benefício 1: Usar dinheiro antes da incidência de impostos significa uma aceleração instantânea. Contas de aposentadoria oferecem um trato: você

---

* O trecho a seguir trata de um regime muito particular nos Estados Unidos. Veja na página 129 opções semelhantes disponíveis no Brasil.

promete investir a longo prazo e, em troca, elas lhe dão enormes vantagens fiscais. Como as suas contribuições não serão taxadas até que você as resgate muitos anos depois (é por isso que é "dinheiro antes da incidência de impostos"), você terá muito mais para investir com uma taxa de crescimento composta.

Primeiro vejamos uma conta de investimentos comum (que não é destinada à aposentadoria). Se você abrir uma dessas em qualquer corretora, não obterá muitas vantagens fiscais. A cada 100 dólares que ganhar, poderá investir apenas cerca de 75, porque, a depender da sua alíquota, cerca de 25% são destinados ao imposto de renda.

Uma 401(k) é diferente. Ela tem "imposto diferido", o que significa que você pode investir todos os 100 dólares e deixar que cresçam por 30 anos ou mais. Sim, você pagará impostos quando retirar seu dinheiro, mas aqueles 25% adicionais acabam fazendo uma diferença enorme, por causa dos juros compostos.

Benefício 2: A coparticipação do seu empregador significa dinheiro grátis.

Em muitos casos, sua empresa igualará sua contribuição, o que significa que você receberá dinheiro grátis automático para investir – o que é muito vantajoso. Para descobrir se seu empregador oferece coparticipação para a 401(k), é só perguntar ao RH qual é a política da empresa.

Como funciona exatamente a coparticipação? Aqui está um exemplo: mais uma vez, digamos que sua empresa ofereça uma coparticipação de 1:1 até 5%. Isso significa que ela depositará 1 dólar a cada dólar que você contribuir, até chegar a 5% do seu salário. Se você ganhar 5 mil por mês e contribuir com 250 (5% do salário), sua empresa também depositará 250. Portanto, na verdade seu investimento será de 500 por mês.

Se começar aos 25 anos e seu dinheiro render 8%, você terá mais de 1,6 milhão com a coparticipação na 401(k) quando se aposentar – ou pouco mais de 800 mil se não houver coparticipação. A cada ano que você investir, a diferença aumentará.

Benefício 3: Investimento automático.

Com um plano 401(k), seu dinheiro é enviado para a sua conta de investimentos sem que você tenha que tomar qualquer ação. Se não vir essa quantia quando o salário cair porque foi depositada diretamente na 401(k), você aprenderá a viver sem ela. Esse é um ótimo exemplo de um truque psicológico para investir. Na verdade, existem cada vez mais estudos sobre o poder desses efeitos.

Por exemplo, algumas empresas começaram a oferecer a opção de "desadesão" à 401(k) em vez de exigir que você opte pela adesão, o que significa que os funcionários são inscritos automaticamente para contribuir com determinada porcentagem do salário. É claro que continuam tendo a liberdade de não fazer isso, mas a inclusão automática aproveita o fato de que a maioria das pessoas não toma qualquer ação com o próprio dinheiro. Os resultados são impressionantes: no início, a participação em planos 401(k) nas empresas estudadas era de 40%. Após a adesão automática, subiu para mais de 90%.

Preocupações comuns com planos 401(k)

O que acontece se eu precisar muito do meu dinheiro? A 401(k) é uma conta de previdência para investimentos de longo prazo, e não uma conta-corrente ou poupança. Se você fizer saques antes de completar 59 anos e meio, sofrerá penalidades severas, entre elas imposto de renda e uma multa de 10% pelo resgate antecipado. Essas punições são propositais: o dinheiro é para a sua aposentadoria, e não para o seu retiro de ioga em Tulum. Dito isso, existem permissões para "saques emergenciais", como o pagamento de despesas médicas, a compra do primeiro imóvel, custos educacionais, etc. Eles são sujeitos ao imposto de renda e à multa de 10% pelo resgate antecipado, então não são uma boa opção (eu evitaria mexer na 401(k) a não ser que a situação seja de fato desesperadora), mas existem. Lembre-se de que o maior problema que as pessoas têm é não economizar nem investir, então não deixe que a preocupação com a retirada do dinheiro o paralise. Quando tiver guardado e investido dinheiro, você sempre conseguirá um jeito de sacá-lo em caso de necessidade.

Vou ter que pagar impostos quando sacar meu dinheiro? Sim. Embora sua 401(k) tenha imposto diferido, ela não é livre de taxação. Quando você começar a fazer saques, após completar 59 anos e meio, terá que pagar impostos. Mas não se sinta mal com isso, já que seu dinheiro terá rendido juros compostos em ritmo acelerado nos 30 ou 40 anos anteriores. Como concordou em investir em uma 401(k), você conseguiu alocar cerca de 25% mais dinheiro para crescer.

E se eu mudar de emprego? O dinheiro na 401(k) é seu. Portanto, se você trocar de empresa, não se preocupe, porque poderá levá-lo junto.

1. **Transfira o saldo para uma IRA.** Esta é a opção preferencial. Ela permite que você transfira o dinheiro da 401(k) para uma IRA (Individual Retirement Account, um fundo em que as pessoas podem investir para a aposentadoria). Isso é ótimo, porque a IRA lhe dá mais controle sobre onde investir, incluindo fundos de data-alvo e fundos de índice, sobre os quais falaremos no Capítulo 7.

2. **Transfira o dinheiro da 401(k) da empresa antiga para a 401(k) do novo empregador.** Não há qualquer problema com esta opção, mas, se você já teve uma 401(k), é provável que tenha percebido que as opções de investimentos são limitadas. Além disso, o principal motivo para contribuir para um plano 401(k) é aproveitar a coparticipação da sua empresa, o que não se aplicará a fundos que você transfira para a nova conta. Portanto, prefira transferir o dinheiro da 401(k) para uma IRA. Se realmente quiser passá-lo para uma nova 401(k), peça ajuda ao RH da sua nova empresa.

3. **Deixe o dinheiro na empresa atual.** Quase sempre, esta é uma estratégia ruim, porque você se esquecerá do assunto e com certeza não se manterá atualizado a respeito das opções de investimento e mudanças oferecidas através do plano.

4. **Saque o dinheiro e pague impostos e uma multa de 10% pelo resgate antecipado.** Esta é a pior coisa que você pode fazer. Apesar disso, aqui está um fato impressionante: 50% das pessoas na casa dos 20 anos sacam todo o dinheiro da 401(k) quando saem de um emprego, sofrendo um impacto enorme de impostos e tarifas. Não faça isso!

ANIQUILE SUAS DÍVIDAS

O segundo degrau da Escada das Finanças Pessoais é quitar as dívidas. Se você não deve nada no cartão, ótimo. Vá direto para a próxima seção. (Se estiver estranhando que eu ignore uma possível dívida de financiamento estudantil e oriente você a já começar a investir mesmo assim, o motivo é que esses financiamentos costumam ter taxas de juros infinitamente menores que as do cartão de crédito. No Brasil, a taxa do Fundo de Financiamento ao Estudante do Ensino Superior, programa do Ministério da Educação, é de 6,5% ao ano. Além disso, costumam ser vultosos e de longo prazo. Isso significa que você pode se programar para ir pagando aos poucos e investir ao mesmo tempo.)

Se você tiver dívidas que não sejam de financiamento estudantil, é hora de quitá-las. Sei que não é empolgante, tampouco fácil – ainda mais quando estamos falando de investimentos. É engraçado: depois que as pessoas sentem o gostinho de investir, é muito mais empolgante abrir novas contas e aprender expressões como "alocação de ativos" do que pagar dívidas velhas e desgastadas. Elas dizem: "Por que falar de dívidas? Vou ganhar mais investindo do que pagando o que devo!" Porque eu quero que você elimine todos os obstáculos para o enriquecimento. Assim, concentre-se em quitar empréstimos e outras dívidas, em especial as do cartão de crédito, que costumam vir acompanhadas de juros exorbitantes.

A BELEZA DAS ROTH IRAS

Quando tiver aberto sua conta 401(k) e quitado suas dívidas, é hora de subir para o Degrau 3 e começar a pôr dinheiro em uma Roth IRA, outro tipo de conta de aposentadoria com vantagens fiscais significativas, ou em uma conta de previdência privada. Não é patrocinada pelo empregador – você contribui por conta própria. Toda pessoa na casa dos 20 anos deveria ter uma Roth IRA, mesmo que também tenha uma 401(k). É simplesmente o melhor negócio que encontrei para investir no longo prazo.

Um dos benefícios é que ela permite que você invista no que quiser. Enquanto uma 401(k) tem uma variedade de fundos entre os quais é preciso escolher, uma Roth IRA deixa o titular investir no que desejar: fundos de índice, ações específicas, qualquer coisa. Outra diferença tem a ver com os impostos: lembra que a sua 401(k) usa dólares antes da incidência de impostos e você só é tributado quando saca o dinheiro depois de se aposentar? Bem, a Roth IRA usa dólares já descontados do imposto, oferecendo um negócio ainda melhor. Com uma Roth, você investe a renda que já foi tributada e não paga imposto ao fazer saques.

Darei um exemplo concreto: se a Roth IRA já existisse em 1972 e, depois de pagar o imposto de renda, você investisse 10 mil em ações da Southwest Airlines, teria dado um tiro certeiro. O dinheiro não apenas teria se transformado em 10 milhões, mas, ao sacá-lo cerca de 30 anos depois, você não pagaria imposto. Embora lá em 1972 você tivesse que pagar imposto sobre os 10 mil iniciais, os 9.990.000 que ganhou na Roth IRA não seriam tributados. É sem comparação.

Pense nisto: em uma Roth IRA, você paga imposto sobre as quantias com que contribui, mas não sobre os ganhos. E, se investir bem ao longo de 30 anos, é um negócio incrivelmente bom. Para investir bem, você precisará de uma corretora de baixo custo, como veremos adiante.

Como funciona no Brasil

No Brasil, há dois modelos de previdência privada em que qualquer pessoa pode investir. O PGBL, em que é possível pagar menos imposto de renda durante a fase de acumulação, é indicado para quem faz a declaração completa do imposto de renda. Isso porque o titular pode deduzir, da sua base de cálculo do IR, as contribuições feitas ao plano até o limite de 12% da renda tributável. Entretanto, no momento do resgate, o IR será cobrado de uma só vez sobre todo o patrimônio acumulado.

Já no resgate do VGBL, o IR incide apenas sobre o valor do rendimento da aplicação, e não sobre todo o patrimônio. Nesse caso, não é possível fazer deduções no imposto de renda, como acontece no PGBL. Por esse motivo, o VGBL é indicado para as pessoas que entregam a declaração simplificada do IR.

Além do aspecto fiscal, os planos se diferenciam pela forma de recebimento do benefício. Existe a modalidade em que é possível fazer o saque do valor total do patrimônio acumulado de uma só vez e a que prevê o recebimento em parcelas mensais que, a depender do que for estipulado em contrato, pode acabar se tornando uma renda vitalícia ou com prazo determinado.

Várias empresas, sobretudo as de grande porte, possuem planos próprios de previdência privada que seguem os mesmos princípios da 401(k). Procure o departamento de Recursos Humanos de sua empresa e informe-se sobre as opções disponíveis.

Crescimento vs. acesso

PERGUNTA: NÃO QUERO DEIXAR MEU DINHEIRO PRESO EM UMA PREVIDÊNCIA PRIVADA PORQUE POSSO PRECISAR DELE. O QUE DEVO FAZER?

RESPOSTA: Muita gente pensa que o dinheiro fica "preso" no fundo de previdência privada, mas isso não é totalmente verdade.

No caso brasileiro, se souber que precisará do dinheiro em menos de cinco anos, invista em CDBs ou no Tesouro Direto. Mas não cometa o erro de manter o dinheiro nesses investimentos limitados ou, o que é pior ainda, na poupança apenas por preguiça de dedicar um tempo a aprender como investir. Se você tivesse começado a investir há 10 anos, não estaria satisfeito por ter muito mais grana hoje? Bem, a segunda melhor hora para investir é agora.

FATORES A CONSIDERAR
AO ESCOLHER UMA CORRETORA

Vamos nos concentrar em corretoras de baixo custo, porque elas cobram taxas bem menores que empresas maiores – corretoras que oferecem o que chamam de "serviço completo", mas que, no fim das contas, só cobram muito dinheiro para vender pesquisas inúteis e deixar você falar com representantes de vendas. Corretoras de baixo custo, por outro lado, permitem que você faça suas próprias escolhas, cobram taxas baixas e disponibilizam acesso on-line. Não se deixe enganar pela lábia dos vendedores: você pode administrar seus investimentos sozinho com facilidade.

No Brasil, a alta concorrência entre corretoras e plataformas de investimento tem reduzido as taxas de corretagem para a alocação em ações. Já no caso do Tesouro Direto, que permite a aquisição de frações de títulos públicos federais, o cliente paga apenas a taxa de custódia exigida pela B3, equivalente a 0,20% ao ano sobre o valor investido (com exceção de valores até 10 mil reais no Tesouro Selic, que são isentos dessa taxa). Os brasileiros também podem investir no exterior. Para isso, é preciso preencher um cadastro no site da corretora desejada e enviar a documentação, que inclui comprovante de endereço, RG ou carteira de motorista e declaração de imposto de renda. Para começar a operar, será preciso fazer uma remessa de recursos para essa conta, o que constitui uma operação de remessa de câmbio, sobre a qual incide uma alíquota de 0,38% de Imposto sobre Operações Financeiras (IOF).

Sinceramente, a maioria das corretoras de baixo custo é bem parecida.

Mínimos. Antes de abrir sua conta de investimentos de longo prazo, compare os valores mínimos exigidos. Por exemplo, algumas firmas de corretagem com serviço completo requerem que você tenha um valor mínimo alto para abrir uma conta. Quando liguei para o Morgan Stanley há pouco tempo, a representante com quem falei recomendou um saldo mínimo de 50 mil dólares. "Tecnicamente, você pode abrir uma conta com 5 mil", disse ela, "mas as taxas o aniquilariam." É por isso que vale a pena usar corretoras de baixo custo. A maior parte exige, sim, uma contribuição mínima de 1 mil a 3 mil para abrir uma Roth IRA. No entanto, elas frequentemente abrem mão dessa exigência se você agendar transferências automáticas. Mesmo que isso não elimine qualquer requisito de saldo mínimo, recomendo que você estabeleça uma transferência automática mensal, para que seu dinheiro cresça sem que você precise pensar no assunto. Falaremos mais sobre isso no Capítulo 5.

Recursos. Você também pode investigar os recursos que sua corretora oferece. Mas, sinceramente, a maioria deles já virou padrão de mercado, então coisas que costumavam ser diferenciais (atendimento 24 horas, aplicativos, sites fáceis de usar) já não são mais.

E é isso. É claro que você pode gastar centenas de horas fazendo uma comparação detalhada da quantidade e variedade de produtos oferecidos, mas tem mais a perder com a indecisão que com uma decisão ruim. Como disse Benjamin Franklin: "Não deixe para amanhã o que você pode fazer hoje." E, como diz Ramit Sethi: "Deixe que os outros discutam os detalhes. Você só precisa abrir uma conta numa corretora de baixo custo. PRONTO."

O cadastro para abertura da conta deve levar no máximo uma hora. É possível fazer tudo pelo site ou aplicativo. Futuramente você vai poder transferir dinheiro de forma automática, com regularidade, da sua conta-corrente para sua conta na corretora (caso não utilize a corretora do próprio banco onde você tem a conta-corrente). No Capítulo 7, quando começarmos a investir pra valer, vou falar mais sobre como as empresas abrem mão de taxas mínimas se você concordar em investir 50 ou 100 por mês automaticamente. O ideal é que consiga aumentar esse valor mensal – depois de ler o próximo capítulo, você saberá exatamente quanto pode investir por mês.

E OS ROBÔS DE INVESTIMENTO?

Você talvez já tenha ouvido falar dos "robôs de investimento" – como Magnetis, Monetus e Warren. São plataformas que usam algoritmos para alocar seu dinheiro de acordo com critérios que você estabelece (o "robô" significa que um computador investe para você em vez de um consultor que pode cobrar caro).

Esses robôs pegaram os serviços de planejamento financeiro de alto padrão oferecidos a clientes de consultorias e de butiques de investimento e os tornaram acessíveis ao investidor comum. Pense na Uber, que tornou os carros particulares mais acessíveis e convenientes que os táxis – foi mais ou menos isso que os robôs consultores fizeram com o ramo dos investimentos.

Essas novas tecnologias oferecem recomendações de investimento a um custo baixo. As empresas melhoraram a interface do usuário para que você possa abrir contas on-line, tirar algumas dúvidas e saber exatamente onde investir seu dinheiro em questão de minutos. E personalizaram a experiência para que você possa definir seus objetivos (digamos, comprar uma casa) e alocar dinheiro neles automaticamente.

Tenho uma opinião radical a respeito dos robôs de investimento: embora sejam boas opções, acho que os custos não compensam e que existem opções melhores.

Vou lhe explicar os prós e os contras desses robôs para que você possa tomar sua decisão.

Nos últimos anos eles se tornaram cada vez mais populares por três motivos:

- **Facilidade de uso.** Têm belas interfaces tanto no computador quanto no celular. Oferecem valores mínimos baixos e facilitam o processo de transferir o dinheiro e começar a investir.

- **Tarifas baixas.** Em geral, as tarifas deles começavam mais baixas que as de firmas de investimento completas como a Fidelity e a Schwab. (Essas empresas logo notaram a concorrência e baixaram as tarifas, ao passo que as taxas em firmas de baixo custo sempre foram menores.)

- **Argumentos de marketing.** Robôs de investimento têm muitos argumentos de marketing. Alguns são verdadeiros, como a facilidade de uso. Outros beiram o absurdo, como a concentração na "colheita de prejuízos fiscais" (já vou voltar a esse assunto).

Como você já deve ter percebido, sou um grande defensor de qualquer coisa que amplie o acesso a investimentos de baixo custo por pessoas comuns. Investir a longo prazo é parte essencial de uma Vida Rica. Portanto, se as empresas puderem eliminar a complexidade e tornar mais fácil o pontapé inicial (mesmo cobrando uma pequena tarifa por isso), sou a favor. Esses robôs-consultores oferecem recursos incríveis que são realmente úteis, como o planejamento para objetivos de médio prazo (ex.: a compra de um imóvel) ou de longo prazo (ex.: aposentadoria).

Muitas vezes podemos descobrir a qualidade de uma coisa observando quem a detesta. Por exemplo, o Bank of America me odeia porque exponho os podres deles publicamente. Ótimo! No caso dos robôs de investimento, os consultores financeiros e agentes autônomos (que trabalham por comissão) costumam detestá-los porque eles usam tecnologia para fazer o que muitos desses profissionais fazem – mas com custo menor. A lógica dos consultores a respeito desse assunto não é lá muito convincente. Basicamente, dizem que todo mundo é diferente e que cada pessoa precisa de orientação individualizada, e não de conselhos genéricos (o que não é verdade; no que diz respeito às finanças, a maioria das pessoas é bem parecida). Os robôs de investimento reagiram acrescentando consultores financeiros com quem os clientes podem falar ao telefone. Os profissionais tradicionais afirmam que sua consultoria oferece um retorno que vai além dos rendimentos (minha resposta: certo, então cobrem por hora, e não um percentual sobre os ativos administrados).

Os robôs de investimento surgiram para atender a um público que até então era ignorado: os mais jovens, habituados ao universo digital, cada vez mais afluentes e que não querem ir a um escritório antiquado receber lições de um consultor financeiro qualquer. Pense em um funcionário do Google sem saber o que fazer com o próprio dinheiro, que está parado na conta-corrente. Os robôs conseguiram conquistar esse público.

Mas a verdadeira questão é: vale a pena? Minha resposta é não – o que eles oferecem não compensa as tarifas. Os robôs de investimento mais populares têm interfaces fantásticas, mas não estou disposto a pagar por isso.

Desde que foram lançados, as tarifas baixaram, mas há dois problemas aí: para manter um negócio sustentável com taxa de administração de cerca de 0,5%, eles precisam oferecer recursos novos e mais caros e administrar quantias enormes. Para você ter uma ideia, a corretora que uso, a Vanguard, administra um montante 9 vezes maior que a Betterment e 10 vezes mais ativos que a Wealthfront – duas conhecidas empresas que oferecem o serviço de robô de investimento nos Estados

Unidos. Essa simples escala é uma vantagem competitiva gigantesca para a Vanguard, que foi sendo construída ao longo de décadas para se sustentar com taxas abaixo de 1%. Os robôs investidores não conseguirão se manter com tarifas tão baixas a não ser que cresçam em alta velocidade, o que é improvável. Em vez disso, porém, eles levantaram dinheiro com investidores de capital de risco, que querem crescimento rápido.

Acompanhe todas as suas contas

Se tem uma coisa que me deixa louco é ter que procurar as informações de login de todas as minhas contas. Para me ajudar nisso, uso um gerenciador de senhas chamado LastPass. Essa ferramenta, disponível também em português, armazena com segurança os endereços dos sites, as senhas e os detalhes de cada conta, e funciona tanto no computador quanto no celular. Essa é uma parte importante do meu sistema financeiro, porque é essencial ter todas as informações em um só lugar para fazer login sem dificuldade quando necessário.

Para atrair mais clientes, os robôs de investimento começaram a usar truques de marketing, como destacar uma parte minúscula do mundo dos investimentos, a "colheita de prejuízos fiscais" (também conhecida pelo nome em inglês, "tax-loss harvesting"), que consiste basicamente em vender um investimento que está em baixa para compensar os ganhos fiscais, estratégia alardeada por eles como essencial. (Isso equivaleria a uma montadora de carros gastar milhões de dólares fazendo propaganda de uma camada tripla de tinta como uma das características mais importantes de um carro. É claro que a colheita de prejuízos fiscais pode gerar uma pequena economia de dinheiro ao longo do tempo... mas nada muito significativo. E, em muitos casos, é desnecessária. É um recurso "legal de ter", mas não deve ser um fator na importante escolha de uma empresa com a qual investir.)

Quando você tiver reduzido suas opções a ponto de precisar decidir apenas entre uma corretora de baixo custo e um robô de investimento, já terá feito a escolha mais importante de todas: começar a fazer seu dinheiro crescer com investimentos de longo prazo e baixo custo. A decisão final entre essas duas opções é um mero detalhe. Escolha uma delas e siga em frente.

ALIMENTE SUA CONTA DE INVESTIMENTOS

Certo, agora você tem uma conta de investimentos de longo prazo. Excelente! Seu dinheiro está lá esperando, paciente, até que você decida como investi-lo, o que veremos no Capítulo 7. Se não tiver programado transferências automáticas para sua conta na corretora, faça isso agora mesmo, ainda que sejam apenas 50 reais por mês. É um bom hábito a desenvolver.

PARA ALÉM DA PREVIDÊNCIA COMPLEMENTAR

Recebo muitas perguntas sobre investimentos alternativos, como criptomoedas. No Capítulo 7 falaremos sobre as melhores estratégias e escolhas, mas por enquanto quero que você compre um presente bem legal para alguém que ama, porque você tem muito dinheiro.

PARABÉNS!

Dê um tapinha no próprio ombro – você começou a subir a Escada das Finanças Pessoais. Agora tem um sistema para fazer seu dinheiro se multiplicar. Isso é muito importante. Ter contas de investimentos significa que você está começando a pensar em crescimento acelerado e diferenciando economias de curto prazo de investimentos de longo prazo. E aqueles 50 reais iniciais podem parecer um passo muito pequeno, mas acredito que sejam os 50 reais mais significativos da sua vida.

PASSO A PASSO

SEMANA TRÊS

1 Contrate um plano de previdência privada (três horas). Faça hoje mesmo a adesão ao plano de previdência oferecido pelo seu empregador ou procure algum produto no mercado, seja PGBL ou VGBL.

2 Trace um plano para pagar sua dívida (três horas). Leve a sério a ideia de se livrar das dívidas. Volte à página 80 (Capítulo 1) e veja a página 310 (Capítulo 9) para ter ideias de como quitar sua dívida do cartão e seu financiamento estudantil. Busque na internet uma boa calculadora on-line para calcular quanto você pode economizar se pagar um pouquinho mais por mês.

3 Abra uma conta de investimentos numa corretora de baixo custo (uma hora). Embora essas corretoras sejam muito parecidas, é importante checar os valores mínimos exigidos e a facilidade para acessar o site ou aplicativo.

No próximo capítulo, vou lhe mostrar como assumir o controle dos seus gastos para direcionar seu dinheiro para seus objetivos.

CAPÍTULO 4

GASTOS CONSCIENTES

*Como economizar muito e continuar comprando
as coisas que você adora*

Antigamente eu achava ridículo quando me diziam que podemos julgar alguém pelo cinto ou pelo sapato da pessoa. Só podia ser brincadeira. Por acaso eu consigo saber de que tipo de sopa você gosta pelos brincos que está usando?

Fala sério.

Só que recentemente eu descobri que estava errado. Na verdade, *existe* um atalho universal para descobrir a verdadeira personalidade de alguém: se ele come asinhas de frango como um imigrante.

Como não entendo de esportes nem faço questão de entender, no último Super Bowl resolvi sair em uma caça a asinhas de frango. Logo percebi que a parte mais interessante de comer asinhas com amigos é ver quanta carne eles deixam no osso. Algumas pessoas largam metade e partem para a próxima asinha. Nunca mais eu olho na cara desse tipo de gente.

No outro extremo, existem aquelas que limpam o osso com tanto zelo, removendo cada resquício de carne e cartilagem, que só se pode tirar duas conclusões: serão extremamente bem-sucedidas em todos os aspectos da vida e com certeza não são americanas. Imigrantes (como meus pais) nunca deixam nem um pedacinho de carne numa asinha de frango – e todo mundo pode aprender algo com eles.

Esse tipo de dedicação é raro hoje em dia. Gastamos rios de dinheiro com celulares, sapatos e bebida. E ainda temos a ousadia de não saber como esses gastos se acumulam. Quantas vezes você já pegou seu extrato, fez uma careta e, resignado, disse "Nossa, nem senti que tinha gastado tanto"? Com que frequência você sente culpa por comprar algo mas vai lá e compra assim mesmo? Neste capítulo, o antídoto para os gastos inconscientes, vamos criar com cuidado uma nova maneira, mais simples, de gastar. É hora de parar de se perguntar para onde vai seu dinheiro todo mês. Vou ajudar você a redirecioná-lo ao que quiser, como investir, guardar e até gastar *mais* com o que ama (e menos com o restante).

Espere! Antes de fugir, pensando que vou ensiná-lo a montar um orçamento, saiba que não vou mandar você criar uma planilha elaborada e usá-la todos os dias pelo resto da vida. Detesto controle de gastos. É a pior expressão da história da humanidade.

Tenho dificuldade em fazer um orçamento pessoal e em realmente não gastar mais do que o orçamento permite. Me sinto culpada, pois sou supercertinha em quase todas as outras esferas da vida, mas simplesmente não consigo me sentar e calcular minhas despesas.

– Sarah Robeson, 28

"Monte um orçamento!" é o tipo de conselho inútil que especialistas em finanças pessoais adoram dar. Mas quem quer controlar gastos? As poucas pessoas reais que chegam a tentar fazer isso acabam vendo seu orçamento ir por água abaixo dois dias depois, porque é um inferno registrar cada centavo que entra e que sai. Curiosamente, em um levantamento de 2018 feito pela Confederação Nacional de Dirigentes Lojistas (CNDL) e pelo Serviço de Proteção ao Crédito (SPC Brasil), em parceria com o Banco Central,

63% dos entrevistados disseram manter um orçamento para acompanhar e analisar seus ganhos e gastos – o que não faz o menor sentido. Não tem a menor chance de que 6 em cada 10 pessoas tenham um orçamento. Duvido até que 6 em cada 10 pessoas saibam dizer em que planeta estamos.

"É provável que haja muito pensamento positivo nessas respostas", afirma Jared Bernstein, assessor econômico da Casa Branca, referindo-se a um estudo americano de 2007 que chegou a resultados delirantes similares. "Provavelmente é mais correto dizer que as pessoas acham que deveriam fazer um orçamento."

Nos últimos 50 e tantos anos, o tal do orçamento pessoal tem sido o campo de batalha de autores esnobes que escrevem sobre finanças e tentam nos enfiar goela abaixo um sistema de acompanhamento diário simplesmente porque parece lógico. Só tem um problema: NINGUÉM FAZ ISSO.

A maioria das pessoas não saberia nem por onde começar se eu as mandasse parar de gastar e passar a poupar. Seria mais fácil convencer um anquilossauro a dançar ciranda.

Meus amigos simplesmente dão de ombros quando fazem alguma besteira com o dinheiro. Não aprendem com os erros. Vejo pessoas se livrarem de dívidas enormes só para começar a estourar o cartão de novo.
— Frank Wiles, 29

Como sabemos que orçamentos pessoais não funcionam, vou mostrar um caminho melhor, que já funcionou para dezenas de milhares de leitores.

Esqueça o controle de despesas. Em vez disso, vamos criar um Plano Consciente de Gastos. Imagine se você pudesse ficar tranquilo sabendo que está guardando e investindo dinheiro suficiente todo mês e se permitisse gastar o restante sem culpa no que bem entendesse? Pois você pode – com algum esforço. O único porém é que você precisa planejar *com antecedência* para onde quer que seu dinheiro vá (mesmo que anote isso num simples guardanapo). Valeria a pena se planejar por algumas horas para poder gastar com as coisas que você ama? Isso vai automatizar suas economias e seus investimentos e trará clareza às suas decisões.

A DIFERENÇA ENTRE SER PÃO-DURO E GASTAR COM CONSCIÊNCIA

Um tempo atrás, eu estava conversando com dois amigos sobre as viagens que desejamos fazer este ano e um deles disse algo que me surpreendeu: "Você provavelmente vai ser contra, mas eu quero ir ao Caribe."

Hein? Por que eu seria contra?

Às vezes eu ouço coisas assim. As pessoas descobrem que escrevo sobre finanças e, do nada, acham que vou julgá-las pela maneira como gastam seu dinheiro.

Perguntei a alguns amigos personal trainers se eles ouvem o mesmo tipo de comentário quando vão a restaurantes:

– As pessoas pedem desculpas pelo que comem na frente de vocês?

– Toda vez – respondeu um deles. – Mas pouco me importa o que elas estão comendo! Só quero almoçar.

Pelo visto, meu amigo do Caribe acha que eu sou um Juiz Financeiro Implacável, como se eu fosse reprová-lo por gastar com algo "supérfluo". Em outras palavras, um especialista em finanças pessoais é automaticamente "o cara que me diz que não posso fazer as coisas que custam muito caro".

Na verdade, adoro quando as pessoas não se desculpam por gastar com aquilo que amam. Você gosta muito de moda e quer comprar uma camiseta de 400 reais? Ótimo.

Veja bem, eu vou puxar sua orelha quando for preciso. Se você acredita que vai emagrecer gastando esses mesmos 400 reais num programa detox de sete dias tomando suco verde, então você é um idiota.

Mas eu *não sou* o chato que manda você cortar o cafezinho. Gasto bastante em restaurantes e viagens e nunca me sinto culpado. Em vez de ter uma visão simplista do tipo "Não desperdice dinheiro com coisas caras!!!", acredito em uma abordagem com mais nuances.

Em primeiro lugar, vamos parar de achar que eliminar certos gastos é ser pão-duro. Se você decidir que pagar 8 reais por uma Coca-Cola no restaurante não vale a pena (e que prefere usar esses 40 reais semanais para ir ao cinema), isso não é ser mão de vaca. É tomar uma decisão consciente sobre o que tem valor para você. O problema é que não se ensina a população a gastar de forma consciente, o que significa cortar sem dó despesas com aquilo que não amamos, mas gastar de maneira extravagante com aquilo que valorizamos.

Em vez disso, aprendemos a aplicar de modo genérico o princípio "Não gaste com isso!", o que significa que tentamos (sem muito afinco) cortar despesas, mas, como não conseguimos, nos sentimos culpados e nos repreendemos. E continuamos gastando demais com coisas que nem fazemos questão de ter.

Dizer não para aquilo que não amamos é uma demonstração de poder. Melhor ainda é dizer um grande SIM para o que amamos.

Ironicamente, a única lição que de fato nos transmitiram foi que devemos guardar dinheiro – em geral, com conselhos sobre cortar o cafezinho e comprar papel higiênico no atacado. Todo mundo fala sobre economizar, mas ninguém nos ensina a gastar.

Ano após ano, as pessoas gastam mais do que ganham, e nada parece mudar sua conduta. Até tentam apertar o cinto durante crises, mas logo voltam ao seu comportamento habitual. E, sinceramente, ninguém está interessado em mudar o status quo.

Gastar de forma consciente não envolve apenas nossas escolhas; existe também a pressão social para comprar. Podemos chamar isso de "efeito *Sex and the City*", em que os gastos dos seus amigos afetam diretamente os seus. É provável que eles usem o mesmo tipo de roupa, ainda que com rendas completamente diferentes. Acompanhar os amigos é um trabalho em tempo integral.

Nosso círculo social muitas vezes nos afasta, de maneira imperceptível, da prática do gasto consciente. Por exemplo, saí para jantar com duas amigas. Uma delas estava pensando em comprar o novo iPhone e tirou seu celular do bolso para nos mostrar por que queria trocá-lo. Minha outra amiga observou, incrédula: "Você não compra um telefone novo há quatro anos? Como assim?!? Compre logo esse iPhone." Embora tenham sido apenas três frases, a mensagem era clara: tem algo errado com você por não trocar de celular (mesmo não precisando).

GASTE COM O QUE AMA

Gastar de forma consciente não é cortar despesas em tudo. Você não aguentaria fazer isso nem por dois dias. Ser consciente com seu dinheiro é simplesmente escolher as coisas que você ama e com as quais gastaria de forma extravagante – e cortar sem dó os gastos com aquilo que não ama.

A mentalidade de quem gasta com consciência é determinante para ser rico. Na verdade, como descobriram os pesquisadores por trás do clássico livro *O milionário mora ao lado*, 50% dos mais de mil milionários que participaram do estudo nunca pagaram mais de 400 dólares por um terno, 140 por um par de sapatos ou 235 dólares por um relógio. Lembrando: gastar de forma consciente não é cortar despesas sem qualquer critério, e sim decidir o que merece altos gastos e o que não merece em vez de gastar de forma cega com *tudo*.

O PROBLEMA É QUE QUASE NINGUÉM DECIDE O QUE É IMPORTANTE E O QUE NÃO É! É aí que entra a ideia de gastar com consciência.

AS DIFERENÇAS ENTRE SER PÃO-DURO E SABER GASTAR COM CONSCIÊNCIA

Pão-duro	Consciente
Está sempre atento ao preço das coisas.	Está sempre atento ao *valor* das coisas.
Tenta obter o menor preço em tudo.	Tenta obter o menor preço na maioria das coisas, mas está disposto a gastar de forma extravagante em itens com os quais realmente se importa.
A avareza do pão-duro afeta as pessoas à sua volta.	A frugalidade da pessoa que gasta com consciência afeta apenas ela mesma.

O pão-duro não tem consideração pelos outros. Quando vai dividir a conta num restaurante, por exemplo, ele propõe o mesmo valor para todos, mesmo sabendo que pediu um prato bem mais caro.	A pessoa que gasta com consciência sabe que precisa escolher com que gastar. Se tiver apenas 20 reais para almoçar, não vai pedir bebida.
O pão-duro causa desconforto nas pessoas à sua volta porque trata mal os garçons e outros profissionais.	A pessoa que gasta com consciência causa desconforto nas pessoas à sua volta porque elas se dão conta de que poderiam lidar melhor com o próprio dinheiro.
O pão-duro anota detalhadamente quanto os amigos, a família e os colegas de trabalho lhe devem.	Algumas pessoas que gastam com consciência fazem isso também, é claro, mas não a maioria.
Por medo de que alguém comente que ele gastou demais em algum item, o pão-duro nem sempre é honesto sobre seus gastos.	A pessoa que gasta com consciência também não. Todo mundo mente sobre seus gastos.
O pão-duro não é racional e não consegue entender por que não lhe dão algo de graça. Às vezes é fingimento, às vezes não.	A pessoa que gasta com consciência tentará obter preços menores tanto quanto o pão-duro, mas entende que é tudo uma negociação e, no fim das contas, sabe que não *merece* um preço especial.
O pão-duro pensa a curto prazo.	A pessoa que gasta com consciência pensa a longo prazo.

COMO MEU AMIGO GASTA 21 MIL DÓLARES POR ANO EM EVENTOS SOCIAIS – SEM CULPA

Quero que você decida de forma consciente com o que vai gastar. Chega de levar susto com a fatura do cartão. Gastar com consciência significa decidir exatamente para onde vai o seu dinheiro (para sair, guardar, investir, pagar o aluguel) e se livrar da culpa. Além de proporcionar tranquilidade, ter um plano o mantém em movimento rumo aos seus objetivos, evitando que você fique à deriva.

É fato puro e simples que a maioria dos jovens adultos não gasta de forma consciente. Desperdiçamos nosso dinheiro com qualquer coisa e, em seguida, nos sentimos bem ou mal com isso. Toda vez que conheço alguém que tem um Plano Consciente de Gastos ("Transfiro dinheiro automaticamente para minha conta na corretora e só depois gasto quanto quero com as coisas que me fazem feliz"), fico tão encantado que meu amor se compara ao do Shah Jahan pela sua esposa, Mumtaz Mahal (dê um Google).

Agora vou lhe contar sobre três amigos que gastam muito com coisas que você talvez considere supérfluas (como sapatos ou restaurantes e bares), mas cujo comportamento é totalmente justificável.

A apaixonada por sapatos

Minha amiga Lisa gasta cerca de 5 mil dólares por ano com sapatos – o equivalente a 25 mil reais hoje. Como ela gosta de marcas que cobram mais de 300 por cada par, isso dá uns 15 pares por ano. Você talvez esteja dizendo "MAS QUE RIDÍCULO!!!". E, para quem vê de fora, realmente é um número grande. Mas, se você está lendo este livro, tem a oportunidade de observar com um pouco mais de profundidade: essa jovem ganha um salário de cinco dígitos, divide o apartamento com uma amiga, almoça no trabalho e não faz questão de aparelhos eletrônicos ultramodernos, academia cara ou restaurantes chiques.

Lisa ama sapatos. *Ama*. Ela paga previdência privada e tem investimentos. Guarda dinheiro todo mês para viajar e para outros objetivos, além de fazer doações para projetos sociais. E ainda sobra dinheiro. Agora vem a parte interessante. Você talvez diga: "Mas, Ramit, não importa. É ridículo gastar 25 mil reais em sapatos! Ninguém precisa de tantos sapatos assim!"

Antes de repreendê-la pela extravagância, pergunte a si mesmo: você tem investido regularmente? Tem plena consciência das suas despesas? E tomou a decisão estratégica de gastar com o que ama? Poucas pessoas decidem com antecedência o destino que querem dar ao seu dinheiro. Vão gastando aqui e ali, sem pensar, e veem seu dinheiro ir embora. Outro ponto importante: você já decidiu o que *não* ama? Por exemplo, Lisa não liga para casas grandes, então ocupa um quarto pequeno em um apartamento pequeno. A decisão pela moradia modesta a leva a gastar, mensalmente, 800 dólares a menos que a média de seus colegas de trabalho.

Após definir seus objetivos de longo e curto prazos, Lisa tem dinheiro sobrando para gastar com o que ama. Acho que ela está certíssima.

A mudança de atitude foi o que mais fez diferença para mim, em especial no que diz respeito a gastar com consciência (gastar luxuosamente com minhas prioridades e reduzir o resto) e automatizar minhas finanças, o que fiz. Transferi todo o meu dinheiro para uma conta que rende juros e coloquei todas as minhas despesas recorrentes em débito automático.

— Lisa Jantzen, 45

O festeiro

Meu amigo John gasta mais de 20 mil dólares por ano em jantares, bebida e eventos sociais, o equivalente a cerca de 100 mil reais. "MEU DEUS, ISSO É DINHEIRO PRA *#%#%#%!", você talvez diga. Bem, vamos analisar a situação. Digamos que ele saia quatro vezes por semana e gaste em média 120 dólares por noite. Estou sendo conservador nos números. Não estou incluindo o valor da entrada em boates e festas, que deve totalizar mais uns mil dólares (ele mora numa cidade grande).

John também tem um salário de cinco dígitos, então conseguiu elaborar um Plano Consciente de Gastos sem muita dificuldade. Mas ele também precisa decidir no que não quer gastar. Por exemplo, quando seus colegas de trabalho fizeram uma viagem de fim de semana à Europa (juro), ele recusou educadamente. Na verdade, por trabalhar tanto, John quase nunca tira férias. Da mesma forma, como está sempre no trabalho, não liga para a decoração do apartamento, então praticamente não gastou nada com isso – ainda usa aqueles cabides simples de arame para pendurar os poucos ternos baratos que usa e não tem nem uma espátula na cozinha.

Para John, o fator limitador é o *tempo*. Ele sabe que nunca mandaria dinheiro com regularidade a corretora alguma se precisasse fazer isso de forma ativa, então agendou transferências automáticas para suas contas de investimentos no instante em que o dinheiro bate na conta-corrente. O segredo de John é que ele se conhece e criou um sistema para compensar suas fraquezas. Em termos de gastos, ele trabalha muito e se diverte muito, saindo duas vezes durante a semana e mais duas nos fins de semana, mas, apesar de gastar quantias insanas em restaurantes e bares, em dois anos John guardou mais do que quase todos os meus amigos. E, embora 100 mil reais em eventos sociais pareça um valor ultrajante, é preciso analisar o contexto do salário e das prioridades dele. Enquanto outros gastam dezenas de milhares com o apartamento e viagens, John, depois de alcançar seus objetivos de investimento, escolhe gastar em sua vida social.

Dinheiro traz felicidade?

Sim!

Eu sei, eu sei. Tem aquele estudo que descobriu que o dinheiro nos faz felizes até determinado valor (75 mil dólares anuais, ou aproximadamente 375 mil reais) e que, acima disso, não faz muita diferença. Na verdade, a pesquisa de 2010 de Deaton e Kahneman concluiu que o "bem-estar emocional" chega ao ápice com esses 375 mil. Mas, se você considerar o medidor "satisfação com a vida", não vai encontrar um platô – seja com 375 mil, 500 mil ou 1 milhão.

Como observa Dylan Matthews em uma excelente matéria para a *Vox*, dados contundentes indicam que quanto mais a pessoa ganha, mais satisfeita fica com a vida. "Tanto em países desenvolvidos quanto naqueles em desenvolvimento, ser mais rico está relacionado a maior satisfação com a vida."

E se você quiser saber como usar o dinheiro para ter uma vida mais feliz? Whillans e sua equipe de pesquisadores disseram ao *The New York Times* que "Pessoas que gastam dinheiro para ter

> mais tempo para si mesmas, delegando tarefas de que não gostam, por exemplo, relataram maior satisfação geral com a vida".
> Resumindo: não acredite nas manchetes. O dinheiro é uma parte pequena porém importante de uma Vida Rica. E você pode usá-lo de forma estratégica para obter mais satisfação.

O essencial a se extrair do exemplo de John é que, concorde você ou não com o estilo de vida dele, foram escolhas pensadas. John refletiu sobre o destino que queria dar ao seu dinheiro e está executando o plano que elaborou. Ele está fazendo mais do que 99% dos jovens adultos com quem conversei. Que gaste esses 20 mil em fantasias de burro e ovos Fabergé, se quiser. Pelo menos ele tem um plano.

Ao longo dos últimos três anos, passei a sentir menos culpa em tomar café e almoçar fora algumas vezes por semana, porque agora tenho consciência do destino do meu dinheiro. Separo 300 dólares por mês para essas coisas. Quando essa quantia acaba, passo a fazer café em casa e levar comida para o trabalho.

— James Cavallo, 27

Minha Vida Rica é gastar sem culpa. Não digo mais que não tenho dinheiro para isso ou aquilo. Digo que escolho não gastar nessas coisas.

— Donna Eade, 36

A funcionária de ONG

Você não precisa ter um salário de cinco dígitos para gastar com consciência. Minha amiga Julie trabalha para uma organização sem fins lucrativos em São Francisco, ganhando cerca de 3 mil dólares por mês, mas guarda mais de 6 mil por ano – bem mais que a maioria dos americanos.

Ela consegue isso graças a uma disciplina extrema: faz a própria comida, divide um apartamento pequeno e aproveita ao máximo todos os benefícios da empresa. Sempre que a convidam para sair, Julie verifica se tem dinheiro em seus envelopes (vou explicar esse sistema na página 169). Se não tiver, ela recusa o convite educadamente. Quando sai, nunca se sente culpada por gastar, porque sabe que pode. Julie também escolhe poupar com afinco, colocando o máximo que pode no fundo de aposentadoria e poupando também para viajar. Todo mês esse dinheiro é o primeiro a ser transferido de forma automática de sua conta-corrente.

Se conversasse com Julie em uma festa ou um jantar, você nunca imaginaria que ela guarda mais dinheiro que a maioria. Não hesitamos em tirar conclusões precipitadas sobre a vida financeira das pessoas com base nas informações mais superficiais: o emprego e as roupas nos mostram quase tudo que precisamos saber. Mas Julie é uma prova de que esses elementos nem sempre bastam. Mesmo em uma situação não muito favorável, ela escolheu priorizar seus investimentos e suas economias.

Use a psicologia contra si mesmo para poupar

Uma leitora minha que ganha 4 mil por mês percebeu, depois de refletir sobre algumas das sugestões deste livro, que 30% de seu salário líquido ia para assinaturas – aqueles serviços que vão de Netflix a TV a cabo, passando pelo plano do celular. Assinaturas são as melhores amigas de uma empresa, pois representam uma receita previsível – automaticamente. Quando foi a última vez que você passou um pente-fino nas suas assinaturas e cancelou alguma? É provável que nunca. Ofereço-lhe o Método À La Carte.

O MÉTODO À LA CARTE usa da psicologia para reduzir gastos. Funciona assim: cancele todas as assinaturas que puder (revistas, canais de TV, etc.) e passe a consumir de acordo com o que tiver vontade. Em vez de pagar por um monte de canais que você nem lembra que estão disponíveis, alugue cada filme separadamente;

cancele os outros *streamings* enquanto assiste ao conteúdo de apenas um por determinado tempo.

O Método À La Carte funciona por três motivos:

1. VOCÊ PROVAVELMENTE JÁ ESTÁ PAGANDO DEMAIS. A maioria das pessoas superestima quanto aproveita suas assinaturas.

2. VOCÊ É FORÇADO A TER CONSCIÊNCIA DOS SEUS GASTOS. Uma coisa é olhar passivamente para a fatura do cartão e dizer "Ah, sim, estou lembrado dessa assinatura". Outra é gastar 7,99 toda vez que você quiser assistir a um filme. Quando pensamos ativamente em cada cobrança, nosso consumo se reduz.

3. VOCÊ VALORIZA O SERVIÇO PELO QUAL ESTÁ PAGANDO. Quando o dinheiro sai do bolso na hora, você sente mais do que se tiver cobranças automáticas.

A DESVANTAGEM DO MÉTODO À LA CARTE. Ele implica "desautomatizar" sua vida. É o preço a pagar pela economia. Experimente esse método por dois meses e veja como se sente e até mesmo se valeu a pena financeiramente. Se não gostar, volte às assinaturas. Use este exercício para dar uma limpada nos seus contratos de serviços e seja cuidadoso na hora de escolher o que retomar.

Como implementar o Método À La Carte:

1. Calcule quanto você gastou no último mês com todas as assinaturas opcionais que tiver (Spotify, Netflix, etc.).

2. Cancele as assinaturas e comece a comprar essas coisas na hora em que for consumir.

3. Exatamente um mês depois, calcule quanto você gastou nesses itens ao longo dos últimos 30 dias. Essa é a parte descritiva.

4. Agora vem a parte *prescritiva*: se você gastou 100 reais, tente diminuir para 90; depois, para 75. Não reduza demais – o ideal é que seus gastos sejam sustentáveis, e você não quer perder totalmente o contato com o que está acontecendo no mundo. Mas é possível controlar exatamente quantos filmes aluga ou quantas revistas compra, porque você paga na hora.

Lembre que o objetivo não é se privar. O ideal é que você perceba que estava gastando, digamos, 150 reais em conteúdos e serviços que não queria de verdade e agora pode remanejar esse dinheiro, de forma consciente, para algo que ama.

Antes de ler o livro, minha maior barreira mental era negociar descontos. Eu achava que o preço das coisas era aquele e pronto. Minha primeira atitude após ler o livro foi fazer uma lista das minhas assinaturas e contas, telefonar para as empresas e renegociar cada uma delas. Hoje vejo que essa foi a primeira vez que realmente tomei as rédeas das minhas finanças.

– **Matt Abbott, 34**

Sabendo administrar meu dinheiro, consigo satisfazer meu gosto por moda sem culpa e morar em um apartamento seguro e confortável. Posso comprar os alimentos mais saudáveis e seguir as melhores rotinas de exercícios. Pude sair de um emprego formal e arriscar ter meu próprio negócio. E minha saúde mental está muito melhor – assim como meu casamento, pois já não vivemos estressados por causa de dinheiro.

– **Hilary Buuck, 34**

O que eles estão fazendo certo

Os amigos sobre os quais escrevi anteriormente são exceções.

Eles têm um plano. Em vez de ficarem presos ao circuito de celulares novos, carros, viagens e tudo mais, se planejam para gastar com as coisas que são importantes para eles e economizam em todo o resto. Minha amiga apaixonada por sapatos mora em um quarto minúsculo porque quase não para em casa, o que lhe permite economizar centenas de dólares por mês. Meu amigo festeiro usa transporte público e tem o mínimo do mínimo em casa. E minha amiga da ONG é minuciosa com todos os seus gastos.

Cada um deles se paga primeiro, seja com 500 ou com 2 mil dólares por mês. Eles criaram uma infraestrutura para fazer isso de forma automática. Assim, quando o dinheiro está na conta, sabem que podem gastá-lo sem culpa. Passam menos tempo se preocupando com dinheiro que a maioria das pessoas! Já conhecem as contas-correntes que não cobram tarifas, os benefícios dos cartões de crédito e a alocação básica de ativos. Não são especialistas – só estão no caminho certo.

Para mim, essa é uma situação invejável, e é uma grande parte do objetivo do meu método: permitir que você poupe, invista e gaste automaticamente – com prazer e sem culpa pela calça nova, porque só está gastando o dinheiro que tem.

Você consegue. Só precisa de um sistema. É simples assim, sério.

Então você quer julgar os gastos dos seus amigos?

Quando fazemos isso, geralmente só vemos características superficiais e tiramos conclusões precipitadas. "Você gastou tudo isso numa calça jeans!", "Por que você faz compras no supermercado mais caro?", "Por que você cismou de morar na área mais nobre da cidade?".

E, na verdade, a maioria dos nossos julgamentos está correta: como grande parte das pessoas não reflete com cuidado sobre suas escolhas financeiras à luz de seus objetivos de longo prazo (não nos pagamos primeiro e não estabelecemos um plano de economias/investimentos), é provável que você tenha razão ao pensar que seu amigo não tem dinheiro para aquela calça cara.

Tenho tentado julgar menos. Nem sempre consigo, mas agora me concentro no fato de que o preço na etiqueta não importa – e sim o contexto. Quer se esbaldar com um menu degustação especial ou uma garrafa de vinho caro? E já tem 20 mil guardados aos 25 anos? Ótimo! No entanto, se seus amigos estiverem saindo quatro vezes por semana com um salário de 2 mil, aposto que não estão sendo conscientes.

Então, embora seja divertido julgar, lembre que o contexto é importante.

O PLANO CONSCIENTE DE GASTOS

Topa fazer um exercício comigo? Não vai levar nem um minuto.

Imagine um gráfico de pizza que representa o dinheiro que você ganha todo ano. Se tivesse uma varinha mágica e pudesse dividir essa pizza entre as coisas de que você precisa e nas quais quer gastar seu dinheiro, como ela ficaria? Não se preocupe com percentuais exatos, apenas pense nas principais categorias: moradia, alimentação, transporte, educação. E quanto a poupar e investir? Lembre-se: neste exercício você tem uma varinha mágica. E aquela viagem imperdível que você sempre quis fazer? Inclua isso também.

Alguns leitores me disseram que essa foi a parte mais desafiadora do livro para eles. Mas acredito que seja também a mais recompensadora, porque você pode decidir de forma consciente como deseja gastar seu dinheiro – e, portanto, como quer levar sua Vida Rica.

Então vamos ver em detalhes como elaborar seu Plano Consciente de Gastos. Não se sinta intimidado pela ideia de criar um sistema complexo. Hoje você só precisa fazer uma versão simples, e com o tempo vai aprimorando.

Um Plano Consciente de Gastos abarca quatro grandes cestos para onde seu dinheiro irá. São os custos fixos, os investimentos para a aposentadoria, os investimentos diversos e os gastos livres sem culpa.

CATEGORIAS DE GASTOS

Custos fixos Aluguel, luz, gás, dívidas, etc.	50%-60% da sua renda líquida
Investimentos para a aposentadoria Previdência privada, ações, etc.	10%
Investimentos diversos Viagens, presentes, entrada para a compra de um imóvel, reserva de emergência, etc.	5%-10%
Gastos livres sem culpa Restaurantes, eventos, cinema, roupas, sapatos, etc.	20%-35%

Custos fixos mensais

Custos fixos são tudo que você paga todo mês: seu aluguel/financiamento, contas de luz e gás, plano de celular, condomínio, etc. Uma boa regra geral é que os custos fixos devem representar entre 50% e 60% da sua renda líquida. Antes de qualquer outra coisa, você precisa descobrir o total desses custos. Fácil, certo?

Rá! Na verdade, essa é uma das perguntas mais difíceis das finanças pessoais. Vamos ver, passo a passo, como descobrir a resposta. Veja a seguir uma tabela com as despesas básicas mais comuns. Elimine ou acrescente categorias de acordo com a sua realidade. Observe que não incluí "comer fora" ou "lazer", pois estes fazem parte dos gastos sem culpa. Para simplificar, também não incluí impostos. Estou considerando sua renda líquida, isto é, após os descontos em folha. Caso você seja autônomo ou PJ (pessoa jurídica), basta acrescentar a categoria "impostos" (taxa do microempreendedor individual, imposto de renda, etc.).

Despesas	Valor mensal
Moradia (aluguel/financiamento, IPTU, seguro e condomínio)	
Contas básicas (luz, gás, água, internet, etc.)	
Saúde (remédios, plano de saúde e outras despesas médicas)	
Carro (IPVA, combustível, financiamento, etc.)	
Transporte	
Pagamento de dívidas	
Alimentação	
Vestuário	

Comece preenchendo as quantias que você sabe de cabeça.

Para o restante, será preciso ir um pouco mais a fundo. Você terá que conferir suas contas anteriores e verificar se incluiu todos os seus gastos essenciais recorrentes. Para simplificar, limite-se aos últimos três meses. O jeito mais fácil de saber quanto você gastou em cada coisa é olhar a fatura do seu cartão de crédito e seu extrato bancário. É claro que você não vai conseguir rastrear cada centavo, mas deve cobrir uns 85% das despesas, o que é suficiente por enquanto.

Por fim, depois de preencher todas as categorias, acrescente 15% para despesas que ainda não considerou. É isso mesmo. Por exemplo, você provavelmente não incluiu "conserto do carro", cujo preço pode variar bastante, nem o seguro ou a revisão anual. Ou gastos com lavanderia, emergências, doações a igrejas ou a projetos sociais... Esses 15% fixos provavelmente cobrirão os custos inesperados, esquecidos ou ocasionais, e é possível ter mais precisão com o tempo.

(Eu tenho até uma categoria "erros bobos" no meu sistema financeiro. Quando comecei, guardava 50 dólares por mês para imprevistos. Após dois meses, tive que ir a um médico que custou 600 e levei uma multa de trânsito de mais de mil. Isso mudou as coisas rapidamente e hoje em dia guardo

200 dólares mensais para despesas inesperadas. No fim do ano, se sobrar parte desse dinheiro, guardo metade e gasto a outra.)

Quando tiver um número relativamente preciso, subtraia-o do seu salário líquido. Agora você sabe quanto tem para as outras categorias: investimentos para a aposentadoria, investimentos diversos e gastos livres sem culpa. E também tem uma ideia de algumas áreas em que pode reduzir as despesas para guardar e investir mais.

Investimentos para a aposentadoria

Este cesto inclui a quantia que você vai guardar para sua aposentadoria todo mês. Uma boa regra geral é investir 10% da sua renda líquida para o longo prazo. As contribuições para a previdência complementar descontadas em folha contam para esses 10%; então, se você tiver esse tipo de plano, acrescente esse valor à sua renda mensal.

Se não souber quanto alocar no seu cesto de investimentos, abra uma calculadora de investimentos on-line (uma rápida pesquisa no Google vai lhe indicar diversos sites que disponibilizam esse recurso) e experimente com alguns números – contribuições de 50, 200, 500 reais ou até mais por mês. Considere um rendimento de 8%. Você verá diferenças dramáticas no período de 40 anos.

Entenda que, no fim das contas, os impostos tomarão parte dos seus rendimentos. Lembre-se: quanto mais focado você for agora, na fase de poupar para acumular patrimônio, mais terá futuramente.

Investimentos diversos

Este cesto inclui metas específicas para as quais você vai poupar dinheiro, sejam de curto prazo (como presentes de Natal e férias), de médio prazo (como uma festa de casamento daqui a alguns anos) e objetivos maiores com prazo mais longo (como dar entrada em um imóvel).

A Solução dos 60%

Já falei da Solução dos 85%, que consiste em obter um resultado satisfatório ("bom o suficiente") em vez de tentar chegar aos 100% ou ficar sobrecarregado e acabar não fazendo nada. Bem, Richard Jenkins, ex-editor-chefe do portal MSN Money, escreveu um artigo intitulado "A Solução dos 60%" (no original, "The 60 Percent Solution"), em que sugeria dividir o dinheiro em cestos simples, com as despesas básicas maiores (alimentação, contas, impostos) correspondendo a 60% da renda bruta, enquanto os 40% restantes seriam divididos em quatro partes:

1. Poupar para a aposentadoria (10%)
2. Poupar para metas de longo prazo (10%)
3. Poupar para despesas imprevistas de curto prazo (10%)
4. Gastar em lazer (10%)

O artigo alcançou grande circulação, ainda que, curiosamente, nenhum dos meus amigos tenha lido. Meu Plano Consciente de Gastos é inspirado na Solução dos 60% de Jenkins, só que mais voltado para jovens adultos como eu. Gastamos muito em restaurantes e eventos sociais, porém nossos custos de moradia são mais baixos, porque, como ainda não temos família, podemos dividir apartamento.

Para definir quanto guardar todo mês, dê uma olhada nos exemplos a seguir. Você vai ficar chocado.

Presentes para amigos e parentes. A vida já foi simples um dia: o Natal significava presentes apenas para meus pais e irmãos. Então minha família cresceu, agregando sobrinhos e cunhados. De repente, passei a ter que comprar muito mais presentes no fim do ano.

Não deixe que coisas assim o surpreendam. Se você tem o 13º para dar conta disso, ótimo, mas e o restante? Você já sabe os presentes que com certeza vai comprar: de aniversário e de Natal, talvez de Dia dos Pais e Dia das Mães. E aniversário de casamento? Ou presentes especiais, como de formatura?

Para mim, uma Vida Rica inclui me preparar para despesas ocasionais previsíveis, para que elas não me peguem num momento ruim. Planejar-se não é exagero, é ser inteligente. Você já sabe que vai comprar presentes de Dia das Crianças em outubro! Programe-se para isso desde janeiro.

Agora vamos ver como aplicar esse princípio a despesas ainda maiores.

Como parar de sentir culpa em relação ao dinheiro

Se existe uma coisa que os autores de livros de finanças pessoais e influenciadores adoram fazer, é gerar culpa por gastar dinheiro. Sério, você já leu o que eles escrevem?

"Comprar bebida quando for sair com os amigos? Por que não tomar água?"

"Viajar nas férias? Que tal dar uma caminhada em um parque público?"

"Por que alguém precisaria de uma calça jeans nova? Manchas são uma demonstração de personalidade."

Se dependesse deles, todos nós seríamos agricultores de subsistência cultivando grãos em nossos jardins. Veja bem, eu adoro *As vinhas da ira*, mas não é esse tipo de vida que quero para mim.

A nova tendência hilária entre os especialistas em finanças pessoais da internet é calcular quanto uma única despesa valeria se você investisse aquele dinheiro por 40 anos, para tentar fazer você sentir culpa.

Por exemplo, se em vez de gastar 2 mil reais em uma viagem de férias você investisse esse valor, após 40 anos você teria mais de 40 mil.

Tudo bem, é verdade. Assim como é verdade que, da próxima vez que eu for à praia, posso coletar água do mar em uma garrafa térmica, carregá-la por 800 quilômetros até uma usina de dessalinização e implorar ao cara da recepção para me fazer um favor e torná-la potável para mim. Por que não?

Acha que estou brincando? Um jornalista do *USA Today* escreveu uma matéria intitulada "Quanto custa um sanduíche? Noventa mil dólares em rendimentos perdidos".

Quando falamos de uma Vida Rica, se você contar moedas ou calcular que um sanduíche vale 90 mil, isso significa que você fez alguma coisa muito errada em algum momento.

Ler esses artigos por décadas a fio tem consequências reais. Você passa a acreditar. Começa a pensar que a única forma de administrar seu dinheiro é acumular e criar uma lista cada vez maior de nãos. Não demora para que a culpa venha, não apenas de especialistas financeiros e do mundo exterior – passa a vir de você mesmo.

Conheço VÁRIOS leitores meus que ganham em torno de 20 mil por mês e não conseguem se permitir gastar consigo. Acham um "desperdício" ir a um bom restaurante, mesmo que seja uma vez a cada seis meses.

ELES CRIARAM UMA PRISÃO DE FRUGALIDADE. Você não quer terminar que nem esta pessoa do subreddit de independência financeira: "Observando os últimos anos da minha vida e minha conta bancária, eu abriria mão de uma boa quantia em troca de ter vivido mais experiências e tido mais paixões. Fiz minha poupança, mas nunca aproveitei a vida."

Já percebeu que muitos especialistas financeiros usam palavras como "preocupação", "medo" e "culpa"? E que eles começam os conselhos falando sobre tudo que você não pode fazer com seu dinheiro? Estão todos jogando na defensiva.

Tenho uma abordagem diferente.

Eu acredito que, se você acertar nos Grandes Ganhos da vida, nunca vai precisar se preocupar com o preço do almoço. Melhor ainda, nem terá que usar "preocupação" e "culpa" na mesma frase que "gastos". Terá dinheiro livre de culpa que poderá gastar no que quiser. E não apenas em um sanduíche. Em férias inesquecíveis, presentes incríveis para os parentes, segurança para sua família – o que bem entender. *Sem culpa.*

Sua festa de casamento (esteja você noivo ou não). Um casamento médio nos Estados Unidos custa mais de 30 mil dólares – e, na minha experiência, depois de somar todas as despesas envolvidas, o valor é mais próximo de 40 mil.

Do ponto de vista financeiro, sempre espero o pior, para poder fazer um planejamento conservador. E, como alguém que deu uma grande festa de casamento, sei como despesas-fantasmas podem facilmente fazer esse número subir mais do que você imagina.

Mas vamos usar 30 mil como custo médio, para facilitar os cálculos.

Como sabemos a idade média em que as pessoas se casam, podemos descobrir exatamente quanto você precisa guardar, presumindo que queira pagar a festa sem receber ajuda e sem se endividar: se tiver 25 anos, tem que economizar mais de 1 mil por mês para o seu casamento; se tiver 26, mais de 2.500.

> *O melhor conselho que coloquei em prática foi cortar sem dó o que não é importante para mim e não sentir culpa por gastar com o que é importante, porque me planejei para isso. Não gasto com TV a cabo, carro novo e roupas da moda, mas gasto, sim, com viagens. Além disso, guardei uma boa quantia para fazer uma festa de casamento e dar entrada em uma casa, quando eu estiver pronta para dar esses passos.*
> – Jessica Fitzer, 28

Comprar um imóvel. Se estiver pensando em comprar uma casa ou um apartamento daqui a cinco anos, antes de tudo verifique os preços dos imóveis na região desejada. Digamos que a média naquele bairro seja 300 mil e você queira dar uma entrada de 20%. Isso seria 60 mil, então você deve guardar 1 mil por mês – isso sem considerar os juros compostos.

Que loucura, hein? Planejar nossos gastos nos próximos anos abre nossos olhos, ainda que pouca gente faça isso. Pode parecer quase impossível, mas veja pelo lado bom: quanto mais tempo você tiver para economizar para essas grandes aquisições, menos precisará poupar por mês. Se, em vez de cinco anos, você decidir esperar 10 anos para comprar um imóvel, vai precisar poupar 500 por mês para a entrada. Mas o tempo também pode atrapalhar: se você começasse a guardar dinheiro para uma festa de casamento de 30 mil aos 20 anos, teria que poupar cerca de 333 por mês, mas, se começasse aos 26, esse valor mensal subiria para 2.333. Além disso, o marido, a esposa ou os pais talvez possam contribuir – só não conte com isso. Por fim, você pode usar seu FGTS (caso tenha) para a compra do imóvel e também parte dos seus investimentos (não é o ideal, mas é uma possibilidade).

Sejam quais forem seus objetivos, uma boa regra geral é guardar 5% a 10% da sua renda líquida para alcançá-los.

Gastos livres sem culpa

Depois de direcionar as quantias certas para despesas, metas e investimentos, este cesto contém o dinheiro que você pode usar à vontade para o que quiser, sem culpa. Isso inclui restaurantes, bares, cinema, viagens e por aí vai.

A depender de como você estruturou seus outros cestos, a recomendação geral é usar entre 20% e 35% da sua renda líquida para gastar sem culpa.

OTIMIZANDO SEU PLANO CONSCIENTE DE GASTOS

Agora que elaborou as linhas gerais do seu plano, você pode fazer algumas melhorias específicas para ajustar seus gastos e direcionar seu dinheiro para onde você quer. Em vez de ficar com uma nuvem cinzenta de preocupação sobre a cabeça – "Sei que estou gastando demais" –, seu plano servirá como um sistema vivo que sinaliza quando algo não vai bem. Se o alarme soar, você não vai precisar perder tempo se preocupando.

Concentre-se nos Grandes Ganhos

Otimizar seus gastos pode ser intimidador, mas não precisa ser assim. Você pode fazer uma análise 80/20 e acabar descobrindo que 80% do que gasta em excesso é usado em apenas 20% das despesas. É por isso que prefiro me concentrar em uma ou duas grandes áreas problemáticas para solucionar, em vez de tentar cortar 5% em um monte de áreas menores.

Vou dizer como faço. Com o tempo, descobri que a maioria das minhas despesas é previsível. Gasto a mesma quantia para aluguel, transporte e até para presentes todo mês (somando todos do ano e tirando a média).

Como tenho essa média anual, não preciso perder tempo me preocupando com um ingresso de cinema ocasional.

Mas olho mais a fundo duas ou três áreas que variam muito – e que desejo controlar.

Para mim, elas são: restaurantes, viagens e roupas. Dependendo da época do ano (ou do suéter de caxemira incrível que eu encontrar), esses números podem variar em milhares de dólares por mês.

Minhas ferramentas

Sempre me perguntam quais ferramentas eu uso para administrar minhas finanças.

O jeito mais fácil de começar é utilizar a Mint (mint.com), que se sincroniza automaticamente com o cartão de crédito e os bancos para categorizar seus gastos e mostrar tendências. A Mint é uma ótima forma de ter uma ideia dos seus gastos sem muito esforço, mas você logo verá que ela tem algumas limitações.

Para ter um detalhamento melhor dos gastos, recomendo

usar um software chamado YNAB – You Need a Budget (Você Precisa de um Orçamento, em tradução livre). Eu sei, o nome é irônico neste capítulo em que falo sobre como detesto orçamentos. O YNAB permite que você dê uma "tarefa" a cada dólar, como "conta de telefone" ou "gastos livres sem culpa". Use-o por duas semanas (apenas duas) e terá uma ótima ideia das suas despesas.

Por fim, em determinado momento você terá investimentos. O ideal é que de alguma forma você tenha um panorama geral de todo o seu dinheiro aplicado e veja sua alocação de ativos.

Algumas pessoas usam o sistema de gestão financeira pessoal da Personal Capital (personalcapital.com), mas recorro apenas aos recursos da minha conta Vanguard. Várias corretoras grandes têm algum tipo de painel que permite que você inclua investimentos externos para ter uma visão geral das suas finanças.

Eu também costumava registrar à mão meus gastos em dinheiro vivo. Como hoje em dia raramente uso dinheiro vivo (apenas para gorjetas), não faço mais isso. Olhei quanto tinha gastado em espécie ao longo de seis meses, tirei uma média, incluí esse valor no meu Plano Consciente de Gastos e não precisei mais fazer esse acompanhamento. Sei que no geral fico dentro da margem.

Por fim, à medida que fui ganhando experiência, notei que existem apenas algumas áreas dos meus gastos que têm uma flutuação significativa: restaurantes, viagens e roupas, como já mencionei. Essas são "áreas cruciais" nas quais fico de olho. Mostrarei como fazer isso nas próximas páginas.

Para investir – especificamente, para alocar meus ativos –, uso a Vanguard. Conforme minhas posses foram aumentando, passei a contar com a ajuda de um consultor pessoal, que me fornece um relatório com os valores principais uma vez por mês.

Uso o myfico.com para verificar meu relatório e minha nota de crédito todo ano. Sim, eu poderia obter essas informações de graça, mas acho esse jeito mais conveniente. No Brasil, a Serasa per-

> mite o acompanhamento dos relatórios de crédito gratuitamente. Em relação às ferramentas de gestão financeira, as mais populares entre os usuários brasileiros são Mobills e Organizze, disponíveis nas lojas de aplicativos.
>
> Por fim, não sei você, mas eu odeio contas em papel. Todas as minhas contas e faturas vêm por e-mail.

Para fazer sua análise 80/20, busque no Google "análise de Pareto".

Vejamos um exemplo: Marcos ganha um salário líquido de 4 mil. Seu Plano Consciente de Gastos deve ser assim:

- Custos fixos mensais (60%): 2.400

- Investimentos para a aposentadoria (10%): 400

- Investimentos diversos (10%): 400

- Gastos livres sem culpa (20%): 800

O problema é que esses 800 não são suficientes. Ao analisar o que gastou nos últimos três meses, Marcos descobre que precisa de 1.050 para gastar sem culpa. O que deve fazer?

Resposta errada: A maioria das pessoas diz "Sei lá" enquanto se entope de bolo e reclama do governo no X (antigo Twitter). Nunca pensaram na possibilidade de planejar sua vida financeira, então esse é um conceito totalmente estranho para elas.

Resposta um pouco melhor, mas ainda errada: Marcos pode diminuir o valor que poupa para a aposentadoria e outros objetivos. É claro que ele pode fazer isso, mas terá um custo mais à frente.

Uma estratégia melhor é lidar com as duas áreas mais problemáticas de suas despesas mensais: custos fixos e gastos livres sem culpa.

Resposta certa: Marcos resolve otimizar suas três maiores despesas. Primeiro ele observa seus custos fixos mensais e percebe que vem atrasando o pagamento do cartão com frequência e várias vezes não pagou o total da fatura. Tudo isso lhe rendeu um gasto desnecessário de 3 mil reais nos últimos 12 meses, além de uma dívida a pagar parcelada de 600 reais. Mas ele pode ligar para o banco que emitiu o cartão e negociar. Ele consegue uma redução de 70% na anuidade e renegocia o parcelamento da dívida do cartão.

Em seguida, ele verifica suas assinaturas e percebe que vem pagando a Netflix e que é membro de um site de apaixonados por Star Wars, mesmo usando os dois raramente. Então Marcos cancela ambos, economizando 60 reais por mês e aumentando suas chances de arranjar uma namorada.

Por fim, ele acessa seu aplicativo de controle financeiro e se dá conta de que está gastando 350 reais comendo fora todo mês, além de 250 em bares – 600 no total. Marcos então resolve que nos próximos três meses reduzirá esse valor para 400, economizando 200 por mês.

Total economizado por mês: 260. Ao ajustar seus gastos, Marcos conseguiu criar um Plano Consciente de Gastos que funciona.

Ele foi inteligente ao se concentrar em mudar as coisas que fazem diferença. Em vez de prometer a si mesmo que pararia de tomar Coca-Cola toda vez que comesse fora, escolheu os Grandes Ganhos, que teriam um impacto verdadeiro no seu orçamento. É comum ver pessoas que ficam muito inspiradas a seguir um controle de gastos e decidem cortar coisas como a entrada num jantar ou comprar uma marca genérica de biscoito. Isso é legal (e com certeza incentivo que você faça), mas essas pequenas mudanças têm pouco efeito. Elas servem mais para aliviar a consciência, mas isso dura apenas algumas semanas, pois as pessoas logo percebem que não adiantou muito.

Tente se concentrar nos pontos que levarão a Grandes Ganhos, aqueles que vão gerar mudanças significativas e mensuráveis. Todo mês volto minha atenção para dois ou três Grandes Ganhos potenciais: restaurantes, roupas e viagens. Você provavelmente sabe quais são seus pontos fracos. São aquelas despesas que fazem você se contorcer por dentro, para as quais dá de ombros e diz: "É, acho que eu gasto demais com _____."

Estabeleça objetivos realistas

Na minha empresa, criamos cursos em vídeo sobre autodesenvolvimento em áreas como finanças pessoais, empreendedorismo e psicologia. Há algum tempo estávamos testando um programa de exercícios físicos. Inscrevemos dezenas de alunos para testar o produto e trabalhamos para ajudá-los a perder peso.

Esta era uma situação comum: John estava 20 quilos acima do peso, comia mal e não se exercitava havia anos, mas estava disposto a mudar – tão disposto que se prontificou a reduzir em 50% sua ingestão diária de calorias e a começar a praticar atividade física cinco vezes por semana.

"Opa, vamos com calma", falamos. Mas ele insistiu em ir de zero a cinco sessões de exercícios da noite para o dia.

Como é de imaginar, desistiu em três semanas.

Você conhece pessoas que ficam tão obcecadas em algo novo que acabam exagerando e se exaurindo? Pois eu prefiro fazer menos, mas de forma sustentável.

Certa vez, uma mulher me mandou um e-mail relatando o seguinte: "Sempre digo a mim mesma que quero correr três vezes por semana, mas nunca faço isso." Minha sugestão foi fazer apenas uma corrida. A resposta dela: "Só uma vez por semana? Para quê?"

Grande Ganho: chega de taxas

Um dia desses tomei café da manhã com um rapaz que me contou uma história muito interessante. Ele estava em um relacionamento sério fazia dois anos quando foi conversar sobre dinheiro com a namorada pela primeira vez. "Levei esse tempo todo para ganhar a confiança dela", disse o rapaz. A namorada dele era professora do fundamental e ganhava um salário modesto. Ao observar as finanças dela, ele percebeu que havia muitas cobranças por entrar no cheque especial. O rapaz pediu a ela que estimasse quanto tinha gastado com aquelas taxas. "Uns 100, talvez 200 dólares?", foi o palpite dela.

Na verdade, o valor chegara a 1.300, somando todas as cobranças no ano anterior.

O que você acha que ele fez? Surtou ou começou a gritar que ela deveria negociar para não pagar mais tarifas? Não, simplesmente sugeriu, com muita delicadeza: "Que tal você se concentrar no cheque especial? Se eliminar essas taxas, sua situação já vai melhorar bastante." Isso já foi um Grande Ganho para ela.

Ela preferia *sonhar* em correr três vezes por semana a *realmente* correr uma vez.

A ideia de realizar mudanças sustentáveis é central nas finanças pessoais. Às vezes recebo e-mails de gente dizendo coisas como "Ramit, comecei a administrar meu dinheiro! Antes eu gastava 500 dólares por semana! Agora gasto só 5 e guardo o resto!". Quando leio isso, apenas suspiro. Você talvez achasse que eu ficaria muito animado com o fato de alguém economizar 495 por semana, mas com o tempo percebi que, quando uma pessoa vai de um extremo a outro em seu comportamento, a transformação raramente é duradoura.

É por isso que só lamento quando vejo supostos especialistas em finanças pessoais aconselhando famílias que poupam 0% de sua renda a passar a poupar 25% ("Vocês conseguem!!!"). Esse tipo de conselho é um desserviço. Hábitos não se transformam da noite para o dia. E, mesmo que se transformassem, dificilmente se sustentariam.

Quando mudo algo em meu comportamento, sempre faço uma mudança pequena em uma área importante. Além disso, vou aos poucos. Por exemplo, se começasse a monitorar minhas despesas e descobrisse que todo mês fico 1 mil no vermelho (isso acontece mais do que você pensa), eu me concentraria em dois Grandes Ganhos potenciais (dois itens nos quais gasto muito mas que sei que posso reduzir se me esforçar). Digamos que eu estivesse gastando cerca de 500 dólares mensais comendo fora. Eis o que eu faria:

Mês 1: 475 comendo fora
Mês 2: 450 comendo fora

Mês 3: 400 comendo fora
Mês 4: 350 comendo fora
Mês 5: 300 comendo fora
Mês 6: 250 comendo fora

Não é uma corrida, mas em seis meses eu teria cortado minhas despesas com restaurantes *pela metade*. Se aplicasse essa mesma estratégia para um segundo Grande Ganho, seriam centenas de dólares economizados todo mês. E a probabilidade de a mudança ser sustentável seria muito maior.

A outra forma de fazer isso é observar seus gastos atuais, surtar e cortá-los pela metade. Nesse caso, você de repente é forçado a gastar de maneira totalmente diferente, sem os meios para lidar com isso. Quanto tempo você acha que esse seu ambicioso projeto duraria?

Quantas vezes já ouvimos amigos dizendo coisas como "Vou ficar um mês sem beber"? Não entendo o motivo de arroubos como esse. Depois de um mês, tudo bem, você gastou 50% a menos do que o habitual. Mas e aí? Se não conseguir manter a redução e voltar ao seu comportamento de antes, aonde você chegou? Prefiro que as pessoas reduzam os gastos em 10% e sustentem isso por 30 anos a reduzirem em 50% por apenas um mês.

Esteja você tentando mudar algum comportamento relacionado às suas finanças pessoais, à sua alimentação, à sua rotina de exercícios, etc., tente fazer uma pequena mudança hoje. Algo que você quase não perceba. E siga seu plano para aumentá-la pouco a pouco. Assim o tempo será seu amigo, porque cada mês será melhor que o anterior e, de pouquinho em pouquinho, você chegará a grandes resultados.

Use o sistema de envelopes para se concentrar nos Grandes Ganhos

Toda essa história de gastar de forma consciente e otimizar as finanças parece ótima na teoria, mas como fazer na prática? Recomendo o sistema de envelopes, no qual você reserva valores para certas categorias como restaurantes, compras, aluguel, etc. Depois que usar o dinheiro daquele mês, acabou: você não pode gastar mais um centavo. Se for uma verdadeira emergência, é possível recorrer a outros envelopes (como o de "restaurantes"), mas você terá que apertar o cinto até repor aquele valor. Esses "envelopes" podem ser simbólicos (como uma categoria no aplicativo da sua preferência ou até uma coluna na tabela do Excel) ou literalmente envelopes de papel nos quais você guarde dinheiro vivo. Esse é o melhor sistema que encontrei para manter os gastos simples e sustentáveis.

Uma amiga minha tem observado suas despesas atentamente nos últimos meses. Quando começou, ela percebeu que estava gastando uma quantia inacreditável em festas toda semana. Então chegou a uma solução inteligente para controlar os gastos opcionais: abriu uma conta bancária só para isso. No início de cada mês ela transfere, digamos, 200 dólares para essa conta. Quando sai, ela usa o dinheiro dessa conta. Quando o dinheiro acaba, acabou e pronto.

A ideia é a mesma de uma bicicleta com rodinhas. Adquira o hábito primeiro, sistematize-o depois.

Dica: se for fazer como minha amiga e abrir uma conta separada, exija do seu banco que não disponibilize cheque especial, para que você não gaste além do seu saldo. Fale: "Se eu tiver apenas 30 reais na conta e tentar fazer uma compra de 35 no cartão de débito, não quero que o sistema permita a transação." Todos os bancos conseguem atender a esse pedido. Senão, é provável que você acabe cheio de cobranças do cheque especial.

O sistema de envelopes

1. Decida quanto quer gastar por mês nas principais categorias. (Não sabe por onde começar? Uma sugestão: comer fora.)

2. Coloque dinheiro em cada envelope (categoria).

$400	$250	$120
Supermercado	Comer fora	Lazer

3. Você pode transferir de um envelope para outro...

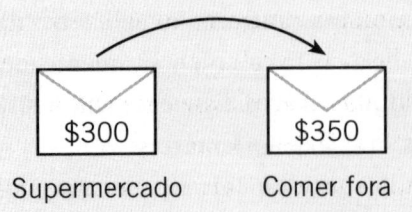

$300 Supermercado → $350 Comer fora

... mas, quando os envelopes estiverem vazios, seu dinheiro do mês acabou.

Qualquer sistema que você quiser usar para dividir o dinheiro é válido. Apenas decida quanto quer gastar por mês nas principais categorias (comece pelos Grandes Ganhos). Coloque em cada "envelope" o valor reservado àquela categoria. Quando os envelopes estiverem vazios, seu dinheiro do mês acabou. Você pode fazer transferências de um envelope para outro... mas esse dinheiro está saindo de outra categoria, então seus gastos totais não aumentam.

Alguns dos meus amigos mais nerds criam sistemas ainda mais detalhados. Um dos meus leitores criou esta tabela:

	Comer fora	Corridas de táxi	Cinema
Vezes por mês	8	8	5
Valor unitário	63	19	27

"Todo mês tento cortar a quantidade e o valor que gasto em algo", ele me disse. Em menos de oito meses, esse leitor reduziu os gastos em 43% (claro que ele sabia a porcentagem exata). Na minha opinião, esse nível de análise é exagerado para a maioria das pessoas, mas mostra como um Plano Consciente de Gastos permite avançar para um nível mais detalhado.

E SE EU NÃO GANHAR O SUFICIENTE?

Dependendo da sua situação financeira, elaborar um Plano Consciente de Gastos pode parecer inalcançável. Algumas pessoas já cortaram as despesas ao máximo e ainda não sobra dinheiro. Sugerir que elas guardem 10% para a aposentadoria é, sinceramente, um insulto. Como esperar que separem um décimo de sua renda para economias de longo prazo quando não têm dinheiro nem para pagar o aluguel direito?

Às vezes a realidade é essa. Outras vezes, é apenas uma questão de percepção. Muitas das pessoas que me escreveram dizendo que vivem com dinheiro contado na verdade têm mais espaço de manobra do que pensam (cozinhar em vez de comer fora, por exemplo, ou não trocar de celular todo ano). Elas só *não querem* mudar seu padrão de vida.

No entanto, é verdade que muita gente não pode cortar mais despesas e de fato vive com o dinheiro contado. Se esse for seu caso, o plano que proponho é até útil como guia teórico, mas existem preocupações mais urgentes: ganhar mais. Quando aumentar sua renda, você pode usar o Plano Consciente de Gastos como guia. Até lá, vamos ver três estratégias que você pode utilizar para ganhar mais.

Negocie um aumento

A Society for Human Resource Management relata que o custo médio por contratação nos Estados Unidos é de 4.425 dólares. Se a empresa já gastou quase 5 mil para recrutar o funcionário e milhares para treiná-lo, por que iria querer perdê-lo?

Pedir um aumento exige um planejamento cuidadoso. Não faça como meu amigo Jamie: depois que percebeu que estava recebendo muito pouco por suas contribuições, ele ficou fervilhando sem tomar qualquer atitude por mais de dois meses. Quando enfim teve coragem de falar com o chefe, ele foi muito tímido: "Você acha que talvez seja possível eu perguntar sobre um aumento?" A primeira coisa que um gerente pensa nesse momento é: "Ai, meu Deus, mais uma coisa para eu resolver." O chefe de Jamie o ignorou, deixando-o frustrado e ganhando pouco.

Lembre-se de que a argumentação para um aumento não deve se concentrar em você, e sim no seu valor para a empresa. Não dá para falar com seu empregador que você precisa de mais dinheiro porque suas despesas aumentaram. Ninguém se importa. O que você *pode* fazer é mostrar como seu trabalho vem contribuindo para os resultados da empresa e pedir uma recompensa justa por isso. Aqui está o que fazer:

Três a seis meses antes da avaliação de desempenho anual: Tenha um ótimo desempenho, estabelecendo expectativas em conjunto com seu chefe e superando-as de todas as formas possíveis.

Um a dois meses antes da avaliação de desempenho anual: Prepare um "dossiê" de evidências que comprovem exatamente por que você deve receber um aumento.

Uma a duas semanas antes da avaliação de desempenho anual: Treine bastante a conversa que terá com seu chefe, praticando as táticas e os roteiros corretos.

Três a seis meses antes de pedir um aumento, sente-se com seu chefe e pergunte o que é preciso para ser um dos destaques da empresa. Saiba com clareza o que precisa entregar. E pergunte qual seria o impacto de um bom desempenho sobre o seu salário.

Marque a reunião:

Oi, chefe!

Tudo bem? Espero que seu Ano-Novo tenha sido ótimo! Estou muito empolgado para começar as atividades este ano, principalmente com os nossos novos projetos X e Y.

Quero muito fazer um trabalho excepcional e gostaria de conversar com você sobre como posso me destacar. Tenho algumas ideias, mas adoraria receber também suas orientações. Poderíamos conversar por uns 15 minutos semana que vem? Se for possível, que tal eu passar na sua sala na segunda-feira às 10h?

Obrigado,
Seu Nome

Perceba que é um processo gradual. Você não chega e pede logo um aumento. Nem pergunta o que é necessário para se destacar. Você só tenta marcar uma reunião.

Na reunião:

Você: Oi, chefe, obrigado por tirar um tempo para conversar comigo. Como eu disse, tenho pensado bastante sobre o meu cargo e sobre o que posso fazer para me destacar este ano e gostaria de falar sobre isso. Tudo bem para você?

Chefe: *Claro.*

Você: Então, do meu ponto de vista, meu papel no cargo pode ser dividido em três áreas principais: A, B e C. Acho que estou indo bem em A e aprendendo B bem rápido. E preciso de um pouco de ajuda com C, como já discutimos. Você concorda?

Chefe: *Concordo, sim.*

Você: Venho pensando bastante sobre essas três áreas e como posso evoluir nelas. Tenho algumas ideias iniciais, mas queria saber sua opinião primeiro. Para você, quais seriam as coisas mais significativas que posso fazer nessas três áreas para que meu desempenho se destaque?

Chefe: *Humm... Não sei bem. Talvez blá, blá e blá.*

Você: Concordo. Vejo que estamos em sintonia quanto a isso. Então, eu estava pensando o seguinte: especificamente, gostaria de alcançar os objetivos A, B e C em seis meses. É um pouco ambicioso, mas acredito que seja possível. Você gostaria que eu fizesse isso? E seria algo que me ajudaria também a ter um desempenho de destaque?

Chefe: *Seria, sim. Parece perfeito.*

Você: Ótimo. Muito obrigado, chefe. Então vou trabalhar nisso e mantê-lo informado com uma atualização a cada quatro semanas, como de costume. O último assunto que eu queria abordar é o seguinte: se eu fizer um trabalho excepcional, tudo que peço ao fim dos seis meses é que conversemos sobre um possível reajuste salarial. Mas falamos disso quando chegarmos lá, tudo bem?

Chefe: *Tudo bem. Estou ansioso para ver o que você consegue fazer.*

Você: Ótimo. Vou registrar o que falamos e lhe mandar por e-mail. Mais uma vez, obrigado!

Você deixou claro o que deseja: ter um desempenho de destaque. Pediu a ajuda do seu chefe para especificar o que seria isso. Também tomou a iniciativa de deixar esses objetivos claros por escrito.

Agora é hora de entregar. Comece a monitorar tudo que faz no trabalho e seus resultados. Se estiver em uma equipe que vendeu 25 mil ferramentas, analise o que você fez para que isso acontecesse e, até onde for possível, quantifique sua contribuição. Se não conseguir descobrir os resultados exatos que está obtendo, peça a alguém que é mais experiente na empresa e sabe como relacionar seu trabalho com os resultados da organização.

Mantenha seu chefe sempre a par dos seus progressos. Gerentes não são grandes fãs de surpresas; eles adoram receber breves atualizações a cada duas semanas mais ou menos.

Cerca de dois meses antes de pedir um aumento, faça outra reunião com seu chefe e apresente seu monitoramento do mês anterior. Pergunte em que poderia melhorar. Você quer saber se está no caminho certo, e é importante relatar seu progresso de tempos em tempos.

Um mês antes do grande evento, mencione ao seu chefe que, por estar indo tão bem, você gostaria de falar sobre seu salário em uma reunião no próximo mês. Pergunte o que precisa apresentar para que a discussão seja produtiva. Ouça com muito cuidado o que ele tem a dizer.

Nessa época, seria bom pedir a alguns colegas que façam comentários positivos a seu respeito para o chefe. Presumindo, é claro, que você esteja de fato superando as expectativas e entregando resultados concretos. Aprendi isso com um professor que tive em Stanford que fez comentários positivos sobre mim para uma banca. Esse e-mail pode ser assim:

> Olá, chefe!
>
> Queria que você soubesse o impacto que [Seu Nome] vem tendo no projeto X. Ela convenceu nosso fornecedor a reduzir o preço em 15%, o que nos gerou uma economia de 8 mil reais. E está duas semanas adiantada no cronograma, o que demonstra sua capacidade de organização e eficiência.
>
> Obrigado,
> Colega Incrível

Agora você já preparou o terreno.

Duas semanas antes de pedir um aumento, chame alguns amigos para ensaiar com você a negociação. Sei que parece muito estranho, mas é que negociar *não é* um comportamento natural. Será muito esquisito e desconfortável das primeiras vezes. É melhor praticar antes com amigos. Mas escolha bons amigos – pessoas experientes no mundo corporativo e capazes de lhe dar feedback sobre seu desempenho na negociação.

Embora eu torça para que seu chefe reconheça de imediato seu trabalho e concorde com o aumento, nem sempre é tão fácil. Prepare-se para ouvir alguma destas respostas:

- **"Você não atingiu as metas."** Se você de fato não tiver atingido suas metas, deveria ter comunicado isso antes e traçado um plano de ação com seu chefe. Mas, se ele estiver simplesmente usando isso como desculpa (para ofuscar as metas ou alterar os objetivos previamente acertados), responda assim: "Se existem áreas em que posso melhorar, estou totalmente aberto a discuti-las. Mas em [data] nós dois concordamos com essas metas. E desde então venho enviando uma atualização semanal. Sou totalmente a favor de superar as metas – o que fiz, como você pode ver no [Projeto Específico] –, mas quero ser recompensado de boa-fé."

- **"Eu não concordei com um aumento."** Sua resposta: "É verdade. Mas, como discutimos em [data], concordamos que, se eu atingisse essas metas, seria considerado um desempenho excelente... e que discutiríamos sobre um reajuste salarial no futuro." (Mencione a troca de e-mails.)

- **"Vamos discutir isso em outro momento."** Sua resposta: "Entendo se houver uma data-limite para reajustes salariais e estivermos fora do prazo, mas é que trabalhei por seis meses para atingir essas metas e atualizei você ao longo do processo. Pretendo continuar superando minhas metas, mas gostaria de saber se estou no caminho certo para ter um reajuste aprovado quando for o momento certo."

Dica rápida: descubra o valor da sua hora

Se você tem salário fixo, é interessante saber quanto ganha por hora. Assim, quando estiver decidindo se deve ou não comprar algo, você vai pensar: "Se essa calça vai me custar oito horas de trabalho, será que vale a pena?"

No dia da negociação, tenha em mãos (ou na ponta da língua) sua lista de realizações na empresa, quanto você ganha e alguns salários da concorrência (que você vai encontrar em Glassdoor.com.br ou em Salario.com.br). Esteja preparado para discutir uma remuneração justa. Lembre-se de que você não está pedindo uma limonada para sua avó; você é um profissional reivindicando uma compensação razoável pelo seu trabalho. O ideal é que vocês ajam como parceiros, ambos buscando "Como podemos fazer isso funcionar?".

Esse é o culminar de toda a sua preparação e seu empenho. Você consegue!

Se conseguir o aumento, parabéns! Foi um primeiro passo importante para aumentar sua renda. Se não deu certo, pergunte ao seu chefe o que pode fazer para que seu desempenho seja considerado excelente ou então considere a possibilidade de encontrar outra empresa que lhe dê mais espaço para crescer.

Arrume um emprego que pague mais

Isso nos leva à segunda forma de aumentar sua renda. Se perceber que sua empresa atual não oferece potencial de crescimento ou se já estiver procurando um novo emprego, esse é o melhor momento para negociar seu salário. Não existe maior poder de barganha do que no momento da contratação.

Falarei mais detalhadamente sobre como negociar um novo salário no Capítulo 9.

Faça trabalho freelance

Uma das melhores formas de ganhar mais é fazer trabalhos freelance. Um exemplo simples é se tornar motorista da Uber, mas não pense só no óbvio. Reflita sobre as habilidades e os interesses que você tem e que podem ser úteis para os outros. Não é necessário ter uma capacidade técnica. Tomar conta de crianças ocasionalmente é um exemplo de trabalho freelance.

Ao abraçar a ideia de que pode ganhar mais, uma das maiores surpresas que você terá é que já possui habilidades pelas quais os outros pagariam. Na minha empresa, oferecemos um curso inteiro sobre isso, chamado Earn1k, em que adoro destacar as ideias que meus alunos já transformaram em negócios lucrativos.

Por exemplo, um dos meus leitores, Ben, adora dançar. No nosso curso

Earn1k, ele conseguiu "monetizar" esse dom abrindo uma escola em que ensinava dança a outros homens. Pouco após a inauguração, ele foi convidado a participar do programa de TV *Good Morning America* para falar sobre sua escola.

Tem também a Julia, uma caricaturista que estava cobrando 8 dólares por hora para desenhar rostos. Mostramos a ela como transformar aquilo em um negócio, que hoje rende mais de 100 mil por ano.

Existem milhares de outras possibilidades, que podem ser tão simples quanto dar aulas particulares de reforço ou passear com cachorros. Lembre-se: pessoas ocupadas pagam por ajuda.

Se for especializado em algo, entre em contato com empresas que talvez precisem de alguém como você. Por exemplo, quando eu estava no ensino médio, mandei e-mails para 50 sites de diferentes setores que pareciam interessantes mas tinham texto ruim ou pouco atrativo e me ofereci para reescrever. Recebi resposta de uns 15. Acabei me tornando redator de um deles e, após um tempo, passei a chefiar o departamento de vendas dessa empresa.

Mais tarde, na faculdade, ensinava e-mail marketing e publicidade por redes sociais a investidores de capital de risco. São coisas que você e eu sabemos como a palma da mão, mas que eram novas para aqueles profissionais – e valiosas o bastante para que eles pagassem muito bem.

MANTENDO SEU PLANO DE GASTOS

Após fazer o possível para elaborar e implementar um Plano Consciente de Gastos com o qual você se sinta confortável, dê a si mesmo algum tempo para se habituar a ele. É claro que futuramente você pode passar a considerar decisões estratégicas ("Devo guardar 10% ou 12% da minha renda para meus investimentos diversos?"), mas antes disso é preciso que o básico esteja bem solidificado. À medida que for seguindo o sistema mês a mês, você terá algumas surpresas.

Você sempre terá despesas inesperadas – vai precisar pegar um táxi, comprar um guarda-chuva. E não se desespere se não registrar alguns trocados aqui e ali – quando seu sistema se torna opressivo demais para você é o momento em que você deixa de usá-lo. Tento fazer o máximo possível de compras no cartão de crédito, para que a despesa seja registrada automaticamente no meu software (você pode usar um aplicativo ou outra ferramenta). Tento não usar dinheiro vivo. Após anos monitorando minhas transações, sei quanto gasto em dinheiro vivo por mês. Registro essa média no meu Plano Consciente de Gastos e sigo minha vida.

Assim como qualquer outra adaptação, isso leva tempo no começo, mas depois fica bem mais fácil. Torne o monitoramento das suas despesas uma prioridade semanal: separe, digamos, meia hora do seu domingo para isso.

Como lidar com despesas inesperadas e irregulares

Pode ser frustrante ter um plano de gastos que vive sendo interrompido por despesas inesperadas como presentes de casamento, consertos de carro e multas por atraso. Portanto, outro fator crucial de um plano é contabilizar o inesperado e incluir um pouco de flexibilidade.

Eventos irregulares previsíveis (IPVA, seguro do carro, presentes de Natal, viagens). Há uma forma fácil de contabilizar esse tipo de evento que não se repete todo mês. Na verdade, isso já está incluído no seu plano de gastos: na linha de investimentos diversos, reserve dinheiro todo mês para metas que você tenha uma ideia geral de quanto vão custar. Não precisa ser um valor exato. Por exemplo, se souber que gastará cerca de 500 reais com presentes de aniversário para sua família, comece a guardar 42 mensalmente (500 divididos por 12) em janeiro. Quando chegar dezembro, você não terá um rombo no orçamento.

Eventos irregulares imprevisíveis (despesas médicas inesperadas ou multas de trânsito). Esses tipos de surpresa caem na categoria de despesas fixas mensais, porque, por mais que você tente evitá-las, elas sempre acontecerão. Mais cedo sugeri acrescentar cerca de 15% à sua estimativa de custos fixos para acomodar essas surpresas. Além disso, recomendo que você comece reservando 50 reais por mês para gastos inesperados. Você logo vai perceber que essa quantia não é suficiente. Mas, após algum tempo, terá uma ideia melhor de qual deve ser o valor e poderá mudar a alocação de acordo com essa informação. Como um incentivo para mim mesmo, se ainda tivesse dinheiro na conta no fim do ano, eu guardava metade e gastava a outra com algo divertido.

	Regular	Irregular
Previsível	• Aluguel • Pagamento de empréstimos • Contas de luz, gás, etc.	• Presentes de Natal • Seguro do carro
Imprevisível	• Bem, se você for viciado em jogos de azar, pode incluir aqui suas perdas.	• Presente de casamento • Despesas médicas • Multas de trânsito

Felizmente, a cada mês que passar você terá um panorama mais preciso dos seus gastos. Após um ou dois anos (lembre-se de pensar a longo prazo), entenderá com clareza como fazer previsões. O começo é difícil, mas o tempo torna tudo mais fácil.

O "problema" da renda extra

Assim como há despesas inesperadas, existe a renda-surpresa. É tentador pegar uma grana que surge de repente e torrar tudo em algo divertido, mas recomendo que você não ceda a esse ímpeto. Siga seu Plano Consciente de Gastos.

Renda inesperada não recorrente. Às vezes cai um dinheiro no nosso colo – um presente, a restituição do imposto de renda, um bônus no trabalho. Para sua surpresa, eu não incentivo que você guarde todo esse dinheiro. Sempre que recebo uma grana que não estava esperando, gasto metade no que me der na telha – geralmente compro alguma coisa em que eu esteja de olho faz tempo. Sempre faço isso! Assim continuo me motivando a correr atrás de ideias estranhas e excêntricas que possam dar em algum tipo de recompensa. A outra metade eu invisto. Compare isso a não ter um plano e deixar o dinheiro ser "meio que" gasto. Dar esse destino (uma escolha consciente) a um dinheiro com o qual você não contava é muito mais significativo tanto no curto quanto no longo prazo.

Aumentos. Um aumento de salário é diferente de um dinheiro que você recebe apenas uma vez, portanto é muito mais importante usá-lo do jeito certo. Ao receber um aumento, lembre-se de algo fundamental: tudo bem melhorar um pouco seu estilo de vida, mas guarde o restante. Se tiver, por exemplo, um aumento de 2 mil, pegue 500 e gaste, mas poupe ou invista o restante. É uma armadilha extremamente comum pensar que um aumento vai lhe permitir chegar a um patamar financeiro totalmente diferente em um único passo.

Se seu salário aumentar, seja realista: você mereceu e tem todo o direito de aproveitar os resultados do seu esforço, portanto se dê de presente algo legal que esteja querendo há muito tempo e seja inesquecível, mas, depois disso, guarde e invista o maior valor que conseguir. Isso porque, uma vez que nos acostumamos a determinado estilo de vida, é muito difícil dar um passo para trás.

Ao longo de cinco anos trabalhando no varejo, tive como meta guardar 10 mil dólares para investir em ações. Decidi que tudo que eu economizasse antes de completar 28 anos estaria disponível para experimentar com ações e tudo após os 28 seria alocado a salvo das minhas parcas habilidades de investidor amador. Consegui guardar 10 mil com meu salário baixo de vendedor ao colocar metade de todo aumento que obtinha no meu plano de previdência. Cada aumento de salário eram 2% a mais no meu plano de previdência.
— **Jason Henry, 33**

A BELEZA DE UM
PLANO CONSCIENTE DE GASTOS

A melhor parte de elaborar um Plano Consciente de Gastos estratégico é que *ele* guia suas decisões, permitindo que você diga não com muito mais facilidade ("Desculpe, não está no meu plano este mês") e deixando-o livre para aproveitar as coisas com as quais gasta. Isso é gastar sem culpa.

Ainda vai haver decisões difíceis, é claro. Dispor-se a mudar a forma como você gasta é a parte mais desafiadora deste livro, pois envolve fazer escolhas e dizer não a determinadas coisas. Mas seu sistema tornará isso muito menos doloroso. Se um amigo convidar você para jantar fora e você não tiver dinheiro para isso, será mais fácil recusar educadamente. Afinal, não é pessoal – é apenas seu *sistema*. Lembre-se de que a maioria das pessoas é, por definição, comum. Elas vivem com a sensação de que "deveriam" fazer algo a respeito do dinheiro... um dia. Quase ninguém pensa em economizar antes dos 40 anos. Mas agora você é fora do comum, porque entende que estabelecer um sistema simples permitirá que tome decisões difíceis com antecedência e gaste seu dinheiro sem culpa.

PASSO A PASSO

SEMANA QUATRO

1. **Pegue seu contracheque e seu extrato bancário, faça um levantamento de quanto tem gastado e defina como será seu Plano Consciente de Gastos (duas horas).** Faça isso agora, mas sem complicar demais. Divida o valor da sua renda líquida em custos fixos (50%-60%), investimentos para aposentadoria (10%), investimentos diversos (5%-10%) e gastos livres sem culpa (20%-35%).

2. **Otimize seus gastos (duas horas).** Pense em suas metas para investimentos e seus custos fixos mensais. Experimente o Método À La Carte. Quanto você realmente paga em assinaturas e serviços? É possível trocar por planos mais em conta? Quanto você gastará com presentes e viagens este ano? Divida o total dessas despesas em valores mensais e recalcule seu plano de gastos.

3. **Concentre-se nos Grandes Ganhos (três a cinco horas).** Experimente alguns aplicativos de orçamento pessoal em que você consiga atribuir um destino a cada real recebido. Esse tipo de controle pode estar disponível no próprio aplicativo do seu banco. Supondo que queira reduzir seus gastos em 200 reais por mês, qual Grande Ganho (escolha no máximo dois) entrará na sua mira? Experimente o sistema de envelopes.

4. **Faça a manutenção do seu Plano Consciente de Gastos (uma hora por semana).** Uma vez por semana, registre todos os recibos de despesas em dinheiro no seu sistema. Ajuste as porcentagens que dedica a cada "cesto" do seu plano de gastos (veremos isso detalhadamente no próximo capítulo). E, o mais importante, certifique-se de que seu sistema seja realista, para que você não desista no meio do caminho.

Muito bem, respire fundo. Você conseguiu! Concluiu a parte mais difícil do livro. Agora tem um plano estratégico de gastos. Não precisa mais se preocupar constantemente com suas despesas. Frases como "Será que tenho como pagar por isso?" e "Sei que vou me arrepender depois, mas..." serão apagadas do seu repertório. Agora vamos automatizar esse sistema, para que todo o dinheiro que entrar seja enviado de imediato para onde deve ir – custos fixos, aposentadoria, investimentos diversos ou gastos livres.

CAPÍTULO 5

ECONOMIZE DORMINDO

*Faça suas contas trabalharem em conjunto –
automaticamente*

Sabe aquele jeito que as pessoas olham para bebês fofinhos, com suas mãozinhas minúsculas e seus olhos grandes, dando espirros delicados e sorrisos puros e inocentes?

É assim que eu olho para sistemas. Vejo sua beleza, como a daquele que planejei com carinho para me candidatar a 65 bolsas de estudos e pagar meus estudos em Stanford. Ou o sistema que bolei para ler dois mil e-mails por dia, ou para que minhas plantas sejam regadas quando saio de férias.

Você talvez não se identifique com um amor tão intenso por sistemas – ainda. Mas, ao fim deste capítulo, isso vai acontecer.

Vai acontecer porque automatizar seu dinheiro será o sistema mais lucrativo da sua vida. Eu configurei o meu sistema financeiro pessoal automatizado há mais de 15 anos e desde então ele funciona por conta própria todos os dias, gerando mais e mais dinheiro, quase sem necessidade de manutenção.

Você também pode fazer isso e mudar completamente sua forma de pensar sobre economias, investimentos e até gastos. Muitas pessoas dizem "Acho que preciso economizar mais" (mas raramente o fazem). Isso é jogar na defesa.

Nós vamos partir para o ataque. Vamos construir um sistema que leva em conta o comportamento humano normal (ficamos entediados, distraídos e desmotivados) e usa a tecnologia para garantir o crescimento do seu patrimônio.

Em outras palavras, faça um esforço agora e colha os frutos para sempre – automaticamente! O controle está nas suas mãos.

Você talvez diga: "Isso tudo parece ótimo para quem tem salário fixo." Mas e se a sua renda for imprevisível? Conheço freelancers que ganham 12 mil em um único mês... e depois passam três meses sem trabalho. Como automatizar suas finanças se sua remuneração variar tanto assim? (Resolvo esse problema para você na página 200.)

No capítulo anterior você criou um Plano Consciente de Gastos para determinar quanto vai usar em cada categoria (custos fixos, investimentos para a aposentadoria, investimentos diversos e dinheiro para gastar sem culpa). Você não pensou que ia ter que fazer transferências manuais todo mês, ou pensou? De forma alguma. Neste capítulo, vamos criar um Fluxo Automático de Dinheiro para gerenciar sua grana para você: vamos criar transferências automáticas entre suas contas para que seu dinheiro vá para onde deve ir.

Automatizei a maior parte das minhas finanças para não precisar me preocupar com orçamentos todo mês. A maior conquista, para mim, é não ter que pensar sobre dinheiro com tanta frequência. Hoje em dia, reviso meus investimentos e repenso meus hábitos de consumo muito menos do que antes.

— Jenna Christensen, 26

Faça mais antes de fazer menos

Não sei você, mas eu pretendo trabalhar cada vez menos à medida que envelhecer. Sempre fico intrigado quando conheço pessoas cuja carreira as faz trabalhar mais, e não o contrário. É como uma versão do *Super Mario*, em que a cada nível vencido fica tudo mais difícil. Quem quer viver assim?

É por isso que eu amo sistemas: você adianta o trabalho agora e, depois, aproveita os benefícios por anos e anos. Se investirmos um pouquinho agora, não teremos que investir muito depois. Claro, é mais fácil falar do que fazer. Por algum motivo, não conseguimos administrar o nosso dinheiro com regularidade. E sejamos sinceros: isso nunca vai mudar. Afinal, quem gosta de gerenciar suas finanças? É quase tão empolgante quanto fazer faxina todos os dias, pelo resto da vida. Nosso maior sonho é ter um sistema automático que dê conta da maior parte dos nossos afazeres em nosso lugar, algo que simplesmente funcione.

Você pode tornar esse sonho realidade se seguir meus conselhos sobre automação. Isso tudo é orientado por um princípio que chamo de A Curva de Fazer Mais Antes de Fazer Menos:

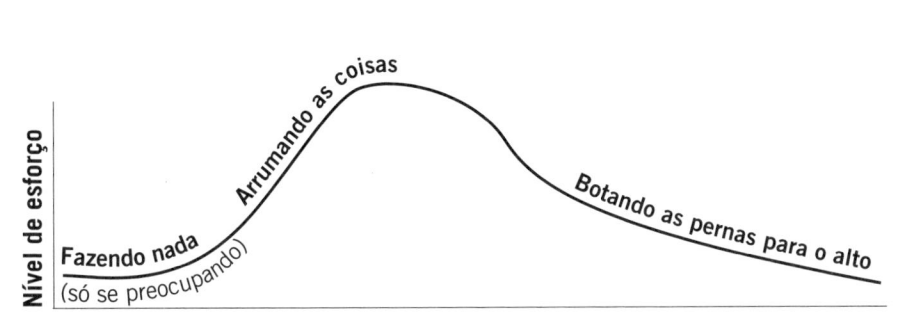

[Gráfico: eixo vertical "Nível de esforço", eixo horizontal "Próximas semanas". Curva mostra: "Fazendo nada (só se preocupando)" → "Arrumando as coisas" (pico) → "Botando as pernas para o alto"]

Essa é uma questão tanto de como usar o tempo quanto de como investir o dinheiro. Claro, configurar um Fluxo Automático de Dinheiro vai levar algumas horas. Seria mais fácil não fazer nada – mas isso significaria ter que administrar as finanças o tempo todo para o resto da vida. Se gastar algumas horas agora, você pode economizar uma quantidade gigantesca de tempo no longo prazo. Seu fluxo de dinheiro será automatizado e cada real que entrar será direcionado à conta certa em seu Plano Consciente de Gastos do Capítulo 4, sem que você precise pensar.

A recompensa por essas poucas horas de trabalho é enorme, porque esse sistema permitirá que você se concentre nas partes divertidas da vida. Chega de se perguntar se aquele boleto foi mesmo pago ou se entrou no cheque especial de novo. Você vai começar a ver o dinheiro como um instrumento para obter o que deseja, sem precisar do trabalho manual de registrar categorias e transferir dinheiro de uma conta para outra.

Li o livro aos 23 anos, quando já tinha juntado 17 mil. Criei um sistema sólido de guardar dinheiro automaticamente para metas de longo prazo (aposentadoria, emergências) e metas de curto a médio prazos (consertos do carro, férias e até presentes de Natal). Dez anos depois, tenho 170 mil em economias. O livro também me ensinou a conseguir os melhores preços ao comprar carros e a negociar contas de telefone, o que me gerou uma economia de centenas de dólares.

– Lisa Lunsford, 33

O poder dos padrões

Todo mundo conhece alguém muito preguiçoso, que sempre faz o que exige menos trabalho – muitas vezes às custas do próprio bolso. Pense em quantas pessoas perdem uma grana todo ano apenas por não tirarem proveito do plano de previdência empresarial. Quanto mais perdemos por culpa da inação?

O segredo para tomar uma atitude é bem simples: fazer com que suas decisões sejam automáticas. Você acha mesmo que vai se esforçar toda semana? Não, não vai. Você não se importa o bastante para isso. Claro, talvez se importe agora, mas em duas semanas estará de volta às redes sociais e à Netflix. Ninguém liga de verdade para as finanças pessoais. Nem eu. Fiquem longe de mim, propostas de bancos e cartões e sei lá mais o quê.

O seu gerenciamento do dinheiro deve acontecer por padrão. Vamos aplicar esse princípio a cada real que você ganhar. Faremos com que suas contribuições para as contas de investimentos cresçam de forma passiva – sem que você precise agir. Na verdade, se configurar um plano de pagamento automático, você faz com que seja difícil interromper até as contribuições à sua conta de aposentadoria! Não porque não tenha esse poder (é possível ajustar seu sistema a qualquer momento), mas porque não vai fazê-lo por pura preguiça. Ei, eu sou preguiçoso também. Você só tem que saber como tirar vantagem disso. Assim que estiver funcionando, o sistema será tão automatizado que, se você for devorado vivo por um dragão-de-komodo, seu dinheiro continuará sendo transferido de uma conta para outra por padrão, um lembrete fantasmagórico da sua cautela financeira. Assustador, mas legal.

Se você quer acumular riqueza ao longo da vida, a única forma segura é botar o seu plano no piloto automático e automatizar tudo que é financeiramente importante. Recomendo que as pessoas automatizem um bocado de coisas. Você pode fazer isso em pouco mais de uma hora e seguir sua vida.

— David Bach, autor de *O milionário automático*

COMO GASTAR APENAS 90 MINUTOS POR MÊS ADMINISTRANDO SEU DINHEIRO

A esta altura, espero ter convencido você de que a automação é o caminho certo. No Capítulo 4 você configurou um sistema básico (o Plano Consciente de Gastos), que lhe deu uma ideia de como distribuir seu dinheiro. Vamos rever as porcentagens aproximadas destinadas às quatro categorias na tabela a seguir.

Categorias de despesas

Use-as como guias para seus gastos e ajuste conforme necessário.

Custos fixos Aluguel, contas, pagamento de dívidas, etc.	50%-60% da sua renda líquida
Investimentos para a aposentadoria Previdência privada e outros.	10%
Investimentos diversos Férias, presentes, entrada para a compra de um imóvel, reserva para despesas inesperadas, etc.	5%-10%
Gastos livres sem culpa Jantar fora, beber, ir ao cinema, comprar roupas e sapatos, etc.	20%-35%

Agora vamos pegar o seu Plano Consciente de Gastos e automatizá-lo. Para isso, uso um conceito chamado de Os Próximos 100. A ideia é simples: para onde vão os próximos 100 reais que você ganhar? Vão todos para sua conta de investimentos? Você vai destinar 10% à aposentadoria? A maioria das pessoas nem pensa sobre isso – então acaba gastando sem critério, o que me faz ter crises de choro.

Mas existe um jeito melhor! Coloque em prática as diretrizes que você definiu em seu Plano Consciente de Gastos. Se tiver seguido as instruções do Capítulo 4, você já sabe quanto tem para seus custos fixos e quanto sobra para a aposentadoria, os investimentos gerais e os gastos livres. Então, se tiver ganhado 100 reais e seu plano for parecido com o exemplo da tabela que acabamos de ver, você pode usar 60 para custos fixos, 10 para a aposentadoria, 10 para investimentos diversos e 20 para qualquer coisa que quiser. Bem legal, não é? Mas fica melhor ainda, porque, assim que tudo estiver automatizado, esse dinheiro será transferido da sua conta-corrente para as devidas contas sem que você nem precise pensar no assunto.

Para ver como isso funciona, vamos usar minha amiga Michelle como exemplo.

Michelle é funcionária de uma empresa que deduz automaticamente 5% do seu salário (ela estabeleceu essa quantia em acordo com o departamento de RH) para o fundo de previdência 401(k). O restante é depositado mensalmente em sua conta bancária (para simplificar, não estou considerando os descontos, mas é importante que você entenda quanto seu empregador retém em impostos sobre o seu salário).

Mais ou menos um dia depois, o Fluxo Automático de Dinheiro de Michelle começa a transferir os fundos de sua conta-corrente. A aplicação automática do fundo de previdência privada é de 5% do seu salário (somada à contribuição para a 401(k), esse valor completa os 10% da remuneração líquida reservada para a aposentadoria). Um por cento ela poupa para o casamento; 2%, para a compra de uma casa e 2%, para a reserva de emergência. (Essas são suas metas mensais de investimentos gerais, o que dá um total de 5% da remuneração líquida indo para uma aplicação que, no Brasil, equivaleria a um Tesouro Direto.)

Passo cerca de uma hora por mês administrando meu dinheiro – pagando contas, conferindo a fatura do cartão de crédito e os extratos bancários e observando a cotação de algumas ações na minha carteira (mas não estou investindo ativamente, apenas monitorando a situação). Uma vez por mês, talvez avalie meu plano de investimentos para ver se posso planejar umas férias ou fazer uma compra maior.
— **Jennifer Chang, 32**

O sistema de Michelle também paga os custos fixos automaticamente. Ela colocou a maioria das assinaturas no cartão de crédito e os boletos em débito automático. É possível pagar boletos no crédito, mas só vale a pena fazer isso como estratégia recorrente se não houver taxas, o que é raro hoje em dia; algumas fintechs até dizem não cobrar taxas, mas só para valores reduzidos (até 500 reais, por exemplo). Por fim, ela recebe por e-mail a fatura do cartão para uma verificação rápida e a fatura também é paga automaticamente.

O dinheiro que sobra pode ser usado para gastar sem culpa. Michelle sabe que, não importa o que aconteça, já atingiu suas metas de aposentadoria e investimento antes de gastar um centavo sequer – então pode aproveitar essa quantia e comprar o que quiser.

Para não acabar gastando em excesso, ela se concentrou em dois focos que a levariam a Grandes Ganhos: restaurantes e roupas. Configurou alertas no You Need a Budget (YNAB) para notificá-la se ela ultrapassar os limites de gastos e mantém uma reserva de 500 dólares na conta-corrente, por segurança. (Nas poucas vezes que passou do limite, compensou com o dinheiro reservado para "despesas inesperadas".) Para acompanhar os gastos com mais facilidade, Michelle usa o cartão de crédito para pagar todas as despesas de lazer sempre que possível. Ela conhece os próprios hábitos e sabe que tende a gastar 200 dólares por mês em itens do dia a dia, valor que inclui em seus gastos livres sem culpa. Nada de verificar notinhas ou inserir dados manualmente.

Na metade do mês, a agenda de Michelle envia um lembrete para que ela confira em seu aplicativo de acompanhamento financeiro se está dentro do seu limite de gastos. Se estiver tudo certo, ela segue com a vida. Caso contrário, decide o que terá que cortar naquele mês. Por sorte, ela tem 15 dias para resolver o problema e, após rejeitar educadamente um convite para comer fora, volta aos trilhos.

No fim do mês, ela gastou menos de duas horas monitorando suas finanças, mas investiu 10% para a aposentadoria, economizou 5% para o casamento, a compra de uma casa e a reserva de emergência, pagou as contas em dia, quitou o cartão e gastou exatamente quanto queria. Só teve que dizer "não" uma vez, e nem foi tão difícil. Na verdade, nada foi difícil.

Crenças comuns sobre automação

Quando falamos de automação, todo mundo comenta que "parece" uma ideia ótima – mas quase ninguém coloca em prática. Veja por quê.

Crença	O que significa
"Sinto que tenho mais controle quando sei que posso aproveitar os momentos de baixa do mercado para investir."	Entendo que as pessoas se sintam nervosas com a ideia de automatizar suas finanças. Mas você não deixa de estar no controle. A qualquer momento você pode consultar, suspender ou alterar qualquer transação agendada. Acima de tudo, seja sincero: você investe todo mês? Seu dinheiro vai todo para onde deve ir? Você faz rebalanceamento automático? Se a resposta for não, você está perdendo dinheiro. Vamos dar um jeito nisso.
"Tenho pouco dinheiro para começar. Acho que não vale a pena."	Comece agora para criar o hábito. Conforme sua renda aumentar, você já terá os hábitos certos e seu sistema vai crescer junto automaticamente.
"Minha renda varia, por isso invisto manualmente. É difícil automatizar minhas finanças por terem oscilações grandes."	O sistema que proponho inclui adaptações para quem não tem salário fixo. Veremos isso adiante.
"A resposta sincera é que não sei como fazer isso."	Finalmente alguém que dá uma resposta real, e não essa besteira de que quer ter "controle" sobre seus investimentos. Estamos falando de rentabilidade, gente! Não tem nada errado em não entender essas coisas. Continue lendo.
"Quando eu mesmo faço, consigo controlar melhor para onde vai meu dinheiro (ou pelo menos é a sensação que tenho). Além do mais, isso me força a conferir minhas metas e meu progresso."	Ai, ai. A "sensação" que você tem? Às vezes suas sensações são instintos apurados e você realmente deve dar ouvidos a elas. Outras vezes, são caprichos insensatos que vão atrapalhar seu caminho – e nesse caso você deveria seguir os fatos concretos. Este é um desses casos. Resumindo: automatizar suas finanças vai lhe dar mais tempo, mais dinheiro e retornos maiores.

CRIE O SEU FLUXO AUTOMÁTICO DE DINHEIRO

Agora que você já viu como funciona, está na hora de implementar o seu Fluxo Automático de Dinheiro. Você vai começar conectando todas as suas contas umas às outras. Depois, vai agendar transferências automáticas que ocorrerão em dias variados. Nas orientações a seguir, parto do pressuposto de que você recebe um salário mensal, mas apresentarei também alguns ajustes que você pode fazer caso receba quinzenalmente ou seja autônomo.

Para começar, você vai precisar reunir num mesmo lugar as informações sobre todas as suas contas bancárias. Como mencionei, uso o LastPass para guardá-las de forma segura. Seja qual for o método escolhido, vale muito a pena tirar meia hora para reunir os números de agências e contas, os logins e as senhas em um só lugar para nunca mais precisar fazer isso.

Dica: se você ainda não recebe por depósito direto, fale com o RH e peça para que o seu salário vá para a conta-corrente. (Isso é fácil. É só dar o número da conta para a sua empresa.) Além disso, você precisa deixar tudo resolvido com sua contribuição previdenciária de coparticipação, caso tenha. O ideal é que já tenha feito isso lá no Capítulo 3. Se não fez, FAÇA AGORA! E caso já possua um plano de aposentadoria, com ou sem participação do empregador, pode ser que você precise ajustar a quantia com que contribui todo mês de acordo com seu novíssimo Plano Consciente de Gastos.

Automatizei minhas finanças e estou poupando para a aposentadoria, para meu casamento e para emergências, sem ter trabalho com isso. Foi revolucionário. Agora me sinto livre para gastar com coisas diferentes todo mês, sem me preocupar em registrar detalhes no orçamento. Quando li o livro, não pensava em juntar dinheiro para o casamento, mas, agora que estou prestes a noivar e sei como uma festa dessas sai caro, entendo a importância de se planejar para isso! Meu namorado só começou a se dar conta disso agora, mas já estou economizando há anos. Este livro com certeza fez com que eu saísse na frente.

— Julia Wagner, 28

Organize o fluxo do seu dinheiro

Agora é hora de conectar suas contas e agendar os pagamentos e as transferências automáticas. Quando entrar no aplicativo, site ou mesmo no caixa eletrônico do seu banco, você deve encontrar as opções de "transferências" e "pagamentos".

Uma coisa que você deve fazer com atenção é escolher as melhores datas para o vencimento das suas contas. É um passo muito importante, mas com frequência negligenciado. Se você agendar pagamentos para datas aleatórias, vai acabar tendo mais trabalho e pode se confundir. Por exemplo, se sua conta de gás vence dia 2, a de energia vence dia 20 e seu salário entra dia 30, como vai ser?

A forma mais fácil de evitar isso é colocar todas as contas para vencerem no mesmo dia ou em dias próximos. Para isso, liste tudo que você tem a pagar e ligue para as empresas. Algumas oferecem esse serviço também pelo site ou aplicativo. A maioria vai levar só cinco minutos para resolver. Pode haver alguns meses de cobranças irregulares enquanto as coisas estiverem se ajustando, mas tudo vai ficar mais tranquilo depois disso. Se você receber no início do mês, sugiro pedir que todas as suas contas tenham vencimento nesse período também. Ligue e diga o seguinte: "Olá, minha conta está com vencimento para o dia 17 e eu gostaria de trocar para o dia tal." (Peça o dia que for mais conveniente para você.)

Agora que todos os vencimentos estão juntos, é hora de configurar as transferências. Aqui está o método para organizar seu Fluxo Automático de Dinheiro, supondo que você receba seu salário no primeiro dia útil do mês.

- No 1º dia útil de cada mês, sua remuneração líquida é depositada na sua conta-corrente ou conta-salário. Caso você tenha plano de previdência empresarial, esse valor já foi descontado em folha e direcionado para o fundo. Lembre-se: você está tratando a conta-corrente como a caixa de entrada do e-mail – tudo passa por ali antes de ser redirecionado para o local adequado. Observação: na primeira vez que fizer isso, deixe certa quantia de folga na conta-corrente, por precaução. Você pode sacar esse dinheiro após alguns meses se não usá-lo.

- Registre uma chave pix em cada conta, incluindo a de investimentos caso seja em outra instituição, e favorite-as na sua conta-corrente.

- Agende transferências automáticas da sua conta-corrente para sua conta de investimentos (caso seja em outra instituição) no dia 5 de cada mês. Esperar até essa data lhe dará um pouco de flexibilidade. Se, por algum motivo, não receber o salário no primeiro dia útil do mês, você tem quatro dias para corrigir as coisas ou suspender a transferência daquele mês. Para definir a quantia a ser transferida, use a porcentagem de seu salário que você separou para investimentos diversos no Plano Consciente de Gastos – em geral, entre 5% e 10%. Se não puder investir isso tudo agora, não se preocupe. Configure uma transferência automática de 5 reais, apenas para provar que funciona. Quando vir que está tudo funcionando, será bem fácil aumentar o valor.

- Ao agendar as transferências automáticas para a conta de investimentos, lembre-se de incluir o valor a investir para sua aposentadoria. Recorra ao Plano Consciente de Gastos para calcular a quantia. O ideal é que seja cerca de 10% da sua remuneração líquida menos o valor que você paga ao plano de previdência privada empresarial.

- Coloque a fatura (integral) do cartão de crédito e quaisquer outras contas em débito automático para o dia 7 de cada mês ou para o mais próximo disso que a administradora do cartão permitir. Algumas, como de gás e luz, talvez precisem de algum número de registro, que você encontrará em qualquer conta daquele serviço. (Se você anda pagando contas com cheque, por favor, entenda que o homem já descobriu o fogo e os motores a combustão.)

- Se tiver dívidas no cartão e não puder pagar as faturas por inteiro, não se preocupe. Você ainda pode configurar um pagamento automático para o mínimo mensal ou qualquer outra quantia de sua escolha.

- Se houver algum pagamento que você possa fazer no cartão de crédito sem pagar taxas, faça para obter pontos.

- Nesse caso, você pode criar um lembrete recorrente em aplicativos ou sites de gerenciamento de tarefas. No Brasil, é possível recorrer ao boleto eletrônico (DDA). O aplicativo avisa quando o boleto for gerado e então basta agendar o pagamento.

É possível que algum pagamento não possa ser feito sequer por conta-corrente. Por exemplo, se a proprietária do seu apartamento for uma velhinha que só aceita dinheiro vivo, ela talvez não esteja muito aberta a mudanças. Se liga, hein, dona Gertrudes.

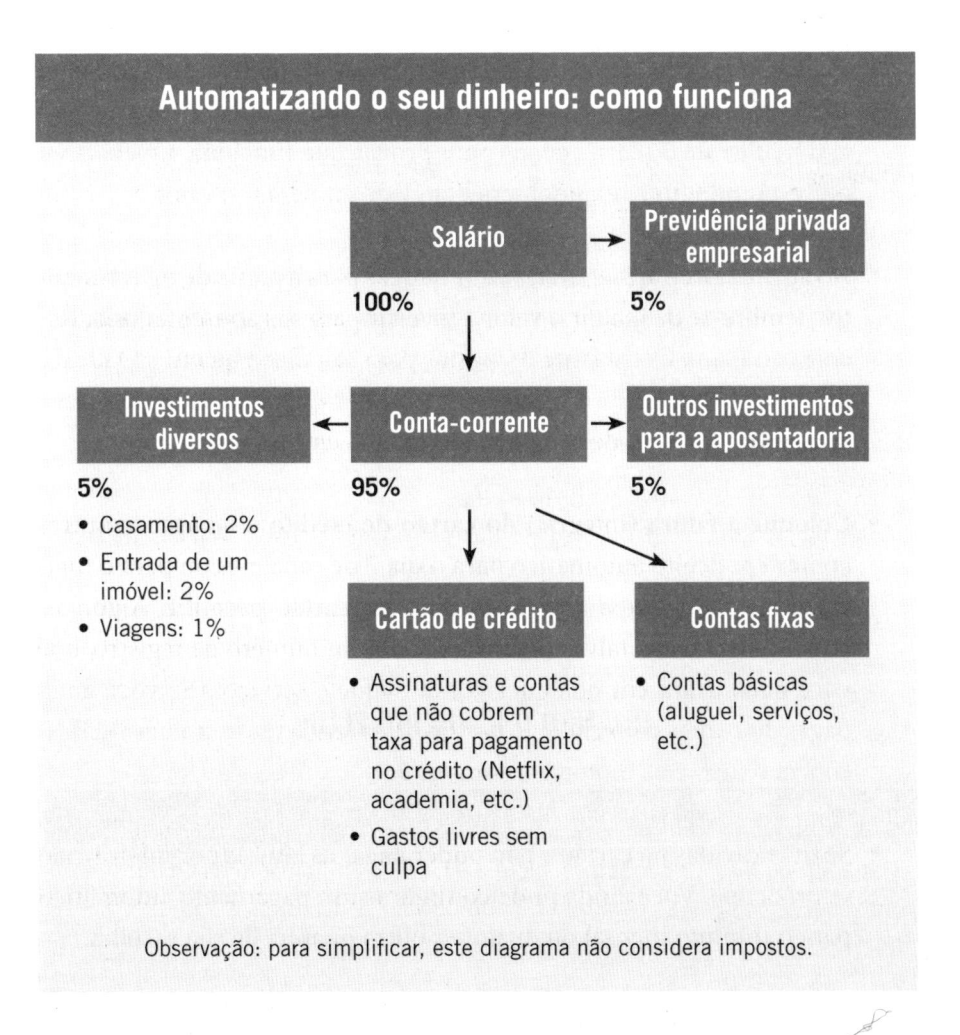

Automatizando o seu dinheiro: como funciona

Salário (100%) → **Previdência privada empresarial** (5%)

Salário → **Conta-corrente** (95%)

Conta-corrente → **Investimentos diversos** (5%)
- Casamento: 2%
- Entrada de um imóvel: 2%
- Viagens: 1%

Conta-corrente → **Outros investimentos para a aposentadoria** (5%)

Conta-corrente → **Cartão de crédito**
- Assinaturas e contas que não cobrem taxa para pagamento no crédito (Netflix, academia, etc.)
- Gastos livres sem culpa

Conta-corrente → **Contas fixas**
- Contas básicas (aluguel, serviços, etc.)

Observação: para simplificar, este diagrama não considera impostos.

Se for preciso, você pode automatizar pagamentos (aqueles que não puder pagar no cartão ou diretamente na conta-corrente) usando o recurso de transferências automáticas, desde que seja gratuito. A maioria das instituições já permite também o pix recorrente. Mas lembre-se de agendar isso com antecedência.

FLUXO DO DINHEIRO

O dinheiro daqui...	... vem para cá
Salário	• Previdência privada empresarial (descontado em folha) • Conta-corrente ou conta-salário
Conta-corrente	• Previdência privada ou investimentos de longo prazo para aposentadoria • Conta de investimentos • Fatura do cartão • Custos fixos que não permitem pagamento no crédito ou cobram taxa para isso (gás, luz, aluguel...) • Dinheiro para gastos ocasionais
Conta de investimentos	• Investimentos diversos (casamento, entrada de um imóvel...)
Cartão de crédito	• Custos fixos que permitem pagamento no crédito sem taxa (Netflix, academia...) • Gastos livres sem culpa

QUANDO O DINHEIRO FLUI

Nesta data...	... acontece isto
1º dia útil do mês	• Seu salário é depositado diretamente na conta-corrente. Parte do valor é descontada para a previdência privada empresarial.
2º dia útil do mês	• A parcela destinada à sua aposentadoria será automaticamente transferida para o produto escolhido.

5º dia útil do mês	• Transferência automática da conta-corrente para a conta de investimentos.
7º dia útil do mês	• Pagamento automático de contas e faturas na conta- -corrente e do cartão de crédito.

A propósito, não se esqueça de dar uma olhada na fatura do seu cartão quando recebê-la, antes de o pagamento ser feito automaticamente. Isso pode ser útil caso em algum mês a fatura seja maior que o valor que você tiver na conta – assim você pode alterar a quantia a ser paga naquele mês.

Com os princípios de investimento automatizado ficou muito mais fácil juntar dinheiro. Antes eu ficava pensando quais ações comprar, em que quantidade, a que preço, etc. Gastava muita energia mental nisso e mesmo assim ficava para trás. Sem falar que nos últimos oito anos a rentabilidade da conta automática deu de dez a zero em outra conta que administro manualmente.

— Ryan Lett, 38

Ajustando o sistema para sua situação

Essa é a agenda básica do Fluxo Automático de Dinheiro. "Ótimo para quem tem salário", você talvez esteja pensando, "mas eu não recebo mensalmente." Isso não é problema. É possível ajustar o sistema para o seu tipo de remuneração.

Se você recebe duas vezes ao mês: Aplique o sistema para os dias 1º e 15, usando metade do salário a cada vez. O essencial é pagar as contas e faturas no prazo, daí a importância de transferir os vencimentos para o início do mês. Explicando de modo simplificado, você pagará os boletos com a primeira parte do salário e abastecerá seus investimentos com a segunda.

Tenho duas outras opções para você usar esse sistema se receber duas vezes ao mês:

- Faça metade dos pagamentos com a primeira parte do salário (aposentadoria, custos fixos) e a outra metade com a segunda (investimentos, gastos livres). Mas pode ser confuso se organizar assim.

- Poupe uma quantia adicional "de segurança", que você pode usar para simular um único pagamento mensal. Basicamente, você utiliza essa quantia para pagar suas contas e abastecer seus investimentos e seus gastos e depois é "reembolsado" pela segunda metade do seu salário todo mês. Por exemplo, se sua remuneração líquida for de 4 mil mensais (ou 2 mil quinzenais), você pode deixar 6 mil na conta-corrente e seguir meu sistema de automação como descrito. É como se você adiantasse os 2 mil que só vai receber na segunda quinzena do mês. Mas por que 6 mil? Porque você quer ter um pouquinho a mais caso algo dê errado (seu salário pode atrasar, por exemplo). Se tiver o suficiente para fazer isso, é uma ótima maneira de simplificar o sistema simulando um pagamento mensal – mesmo que, na realidade, você receba por quinzena.

Se você não tiver salário fixo: Conheço muitos profissionais autônomos que ganham 12 mil em um mês e depois passam dois meses sem receber mais nada. Como lidar com isso?

Tenho boas notícias: você pode seguir o sistema que proponho mesmo sem um salário fixo – só precisa de uma medida adicional. Em resumo, você vai fazer o seguinte: nos meses em que ganhar bem, vai economizar para criar uma camada de segurança para os meses mais parados. Com o tempo, terá uma camada grossa o suficiente para poder simular uma remuneração regular e usar o sistema normalmente. Mesmo em meses ruins, você poderá se manter usando essa reserva como área de manobra.

O método é o seguinte:

Primeiro (e isto é bem diferente do Plano Consciente de Gastos) você precisa descobrir de quanto precisa para passar o mês. Isso inclui apenas aluguel, contas, alimentação, parcelas de empréstimo... Apenas o básico. Essas são as suas necessidades mensais mínimas. Anote todas elas.

Agora voltemos ao Plano Consciente de Gastos. Antes de investir em qualquer coisa, inclua em seu plano a meta de poupar o valor correspondente a três meses dessa quantia mínima. Se você precisa de pelo menos 3.500 por mês, por exemplo, precisa ter 10.500 guardados para os meses em que ganhar menos. Essa reserva deve ser armazenada idealmente num produto de renda fixa, como CDB, num fundo de investimento (em ambos os casos, que tenham liquidez diária, ou seja, que você possa resgatar seu dinheiro no mesmo dia que solicitar) ou ainda num título público do Tesouro Direto, pois você vai mexer nela com frequência e provavelmente vai precisar de acesso imediato para pagamento de contas.

De onde vai vir o dinheiro para formar essa reserva? Primeiro, como falei, nem pense em investir enquanto estiver formando essa reserva. Pegue qualquer quantia que investiria e aplique nesse produto de renda fixa. Além disso, nos meses bons qualquer valor extra que entrar deve ser destinado a essa reserva em vez de ser considerado disponível para gastos livres.

Poupou o suficiente para três meses de reserva? Parabéns! (Se quiser ir além, tente criar uma reserva para seis meses.) Agora você pode simular uma remuneração fixa.

Pense comigo: se tiver um mês ruim (ou até um mês péssimo, em que receba um total de 0 real), você poderá cobrir suas despesas com tranquilidade. E, quando tiver um mês muito bom, poderá repor ou voltar a construir sua reserva para três ou seis meses. Automatizando suas economias, você comprou tempo e estabilidade para sua vida.

Agora, com sua reserva de seis meses completa, adote um Plano Consciente de Gastos normal, no qual você manda dinheiro para seus investimentos.

Confira sua fatura do cartão

Pago tudo que posso com o cartão de crédito, porque, como já expliquei, consigo fazer download das minhas transações e categorizar as despesas com a ajuda do software YNAB. Além disso, ganho milhas, *cashback*, desconto em compras e outros benefícios.

COMO EU CONFERIA MEU SISTEMA NO INÍCIO: Fazia uma revisão semanal de cinco minutos de todas as cobranças no meu cartão. Se estivesse tudo certo, a fatura era paga integralmente por débito automático na minha conta. Sem multa, sem preocupação. Se eu visse um erro, era só ligar para a operadora.

Vamos falar um pouco sobre essas conferências semanais. Eu gostava de ficar de olho nas cobranças do cartão que envolviam gorjetas. Toda vez que ia a um restaurante, pedia o comprovante de pagamento e guardava em uma pasta na minha escrivaninha. No domingo à noite, conferia a pasta e passava cerca de cinco minutos comparando os valores nos comprovantes com os da fatura parcial. Ia em "Localizar", buscava a quantia (digamos, 63,35) e confirmava se estava correta. Se o valor não batesse, eu sabia que alguém estava tentando me passar a perna. E, em casos assim, você deve se fazer uma pergunta: **OQUIF?** (O que um indiano faria?)

Resposta: um telefonema rápido à operadora resolve o problema.

COMO CONFIRO MEU SISTEMA HOJE EM DIA: Não faço mais essas revisões semanais para encontrar divergências de 10 dólares. Quanto mais experiência a gente tem, mais fácil é encontrar irregularidades nas nossas despesas – e, mesmo que alguém nos cobre 10 dólares ou reais a mais, isso não importa tanto assim.

Sei que parece estranho. Desenvolvi esse sistema prestando muita atenção em cada transação que fazia, mas chega uma hora em que você percebe que ele existe para ajudar você a se concentrar no quadro geral. Em qualquer sistema significativo, sempre haverá algum desperdício. Se alguém me cobra 6 dólares a mais do que deveria (ou se a própria administradora do cartão comete algum erro desses), é a vida.

Criei um sistema com as salvaguardas e conferências adequadas, mas sei que certas coisas vão acabar passando. Não faz mal, contanto que eu não perca de vista o quadro geral.

Quando vou poder gastar meu dinheiro?

Muito bem. Seu sistema automatizado está funcionando. Todo mês seu dinheiro é direcionado automaticamente para a conta de investimentos, a aposentadoria e os pagamentos. Você até cortou seus gastos para se concentrar em alguns Grandes Ganhos. Mas, afinal, quando vai poder gastar essa grana toda?

Excelente pergunta. As únicas pessoas de quem já ouvi isso tinham medo de estar poupando demais.

A resposta é simples: assim que tiver seu dinheiro sob controle e estiver atingindo suas metas, você obviamente deve gastar o que sobrar. Relembre suas metas, aqueles objetivos para os quais vem poupando dinheiro. Caso não haja ali "viagem" ou "prancha de surfe nova", talvez você deva acrescentar esses itens. Porque, se não for para isso, por que economizar tanto?

O dinheiro tem uma função: permitir que você faça o que quiser. Sim, é verdade que cada real que você gasta hoje valeria mais depois, mas não é saudável viver pensando apenas no amanhã. Inclua em seu planejamento um investimento que a maioria das pessoas negligencia: você mesmo. Viagens, por exemplo – quanto essa experiência vai valer futuramente? Ou aquele congresso em que você vai poder conhecer os maiores especialistas da sua área de atuação? Meu amigo Paul reserva parte do seu orçamento especificamente para "networking": ele a usa para viajar e conhecer pessoas interessantes todo ano. Se você investir em si mesmo, o retorno potencial é ilimitado.

Se estiver atingindo suas metas com tranquilidade, o que você pode fazer também é economizar menos e aumentar a quantia reservada para gastos livres sem culpa.

Uma última observação: espero que não pareça cafona dizer isto, mas os melhores retornos que já tive foram da filantropia. Ajudar o próximo é de uma importância imensa, seja doando dinheiro ou tempo, seja para sua vizinhança ou para a comunidade

> global. Torne-se voluntário de uma escola local ou uma organização de apoio a jovens (eu participo da New York Cares) ou doe para uma instituição dedicada a uma causa com a qual você se importe (costumo doar para a Pencils of Promise, organização que promove a educação em países mais pobres). Falarei mais sobre ajudar o próximo no Capítulo 9.
> Que sorte a sua em ter o problema de economizar demais. Felizmente, existem ótimas soluções para isso.

Depois que automatizei minhas finanças, economizei cerca de 400 mil dólares em sete anos. E ganhei o suficiente para planejar minha aposentadoria com tranquilidade.

– Dan Shultz, 35

Uma última ressalva sobre impostos: como autônomo, você é responsável por eles – que seriam pagos por seu empregador, caso você fosse um funcionário tradicional. Impostos sobre o trabalho autônomo podem se complicar bem rápido; então, primeiro, vou contar qual é minha regra geral e, depois, incentivar você a conversar com um profissional.

Como não conhecem as regras sobre esses impostos, muitos autônomos podem se surpreender quando chega a hora da cobrança. Conheci muitos profissionais liberais que ficavam perplexos ao ver quanto deveriam pagar. Como regra geral, você deve reservar 40% da sua renda para impostos. Algumas pessoas reservam apenas 30%, mas prefiro ser conservador: é melhor poupar em excesso do que chegar ao fim do ano endividado. No Brasil, um profissional autônomo que tenha receita anual de até 81 mil reais pode optar pelas regras do regime MEI (Microempreendedor Individual). Nesse caso, a carga tributária é fixa em 71 reais (valores de 2023). Para os que têm faturamento acima desse valor, até 4,8 milhões de reais por ano, vale a regra do Simples Nacional. Nesse caso, a carga tributária pode variar de 4% a 17,42%, dependendo do setor em que o profissional atua.

AGORA SEU DINHEIRO ESTÁ AUTOMATIZADO

Parabéns! Sua gestão financeira está no piloto automático. Suas contas são pagas em dia e você ainda está poupando e investindo todo mês. A beleza desse sistema é que ele funciona sem o seu envolvimento e tem flexibilidade para que você acrescente ou remova contas a qualquer momento. Sua configuração-padrão agora é acumular patrimônio.

Adoro esse sistema por três motivos:

Seu Fluxo Automático de Dinheiro tira vantagem da psicologia humana. No momento, você está motivado a administrar seu dinheiro. Mas imagine sua vida daqui a três meses, ou mesmo três anos. Você estará ocupado, distraído e concentrado em outras coisas. É normal. No entanto, seu sistema vai continuar multiplicando seu dinheiro. Ele já funciona para centenas de milhares de pessoas e vai funcionar para você também.

Seu sistema crescerá com você. Você pode contribuir com 100 reais por mês e o sistema vai funcionar. Agora imagine que você obtenha uma série de aumentos de salário, bons retornos de seus investimentos e outras fontes inesperadas de renda (como um reembolso polpudo do imposto de renda). Na verdade, imagine contribuir com 10 mil por mês – até 50 mil! Seu sistema vai continuar funcionando lindamente.

Seu sistema permite que você vá de "quente" a "frio". Uma coisa que amo nesse sistema é que ele tira das suas mãos as decisões emocionais "quentes" e cotidianas, permitindo que você se concentre nas decisões "frias" de longo prazo. Pense, por exemplo, em como as pessoas descrevem suas compras diárias: elas "lutam" para "resistir" às sobremesas, sentem "culpa" por tomar um café na rua, admitem ter "agido mal" ao comprar uma bolsa cara.

Odeio essas palavras. Deveríamos ver o dinheiro pelo prisma de todas as coisas boas que ele pode trazer. Para isso, você não pode se angustiar com milhares de microdecisões por mês – deve se concentrar no quadro geral.

Esse sistema permite que você concretize a sua visão de uma Vida Rica. Acredito que é possível descobrir muita coisa sobre os seus valores pessoais analisando seus gastos. Como sempre digo: "Me mostre a agenda e as despesas de alguém e eu lhe mostrarei suas prioridades." Agora você tem uma resposta para a pergunta: O que suas despesas dizem sobre você?

Eu, por exemplo, gasto muito dinheiro em roupas. Sem culpa! Tenho uma calça de caxemira que me custou um rim. A sensação ao usá-la é de que estou vestindo uma nuvem. Um amigo meu ficou chocado quando descobriu quanto custou. E se pensarmos nesse valor fora de contexto, como uma compra única, é verdade: foi um preço "absurdo". Porém, no contexto de um sistema financeiro de automação completo, que inclui investimentos, planos de previdência e contribuições a instituições de caridade, essa calça é apenas uma compra sem culpa que amei. Chega de falar "insano" e "absurdo" e palavras do tipo. Eu queria e podia comprar, então fui lá e comprei.

O dinheiro não se reduz a esbanjar. Também podemos usá-lo para criar lembranças e ter a experiência da verdadeira alegria. Logo que me casei, minha esposa e eu decidimos as coisas que mais queríamos, que eram importantes para nós. Temos sorte de ambos termos pais vivos e saudáveis, e um dos nossos sonhos era levá-los em nossa viagem de lua de mel – parte dela! – para criarmos memórias incríveis juntos. Fizemos isso. Fomos todos à Itália e os levamos em passeios gastronômicos, aulas de culinária e degustações de vinho, tratando-os quase como membros da realeza.

Sabíamos que queríamos criar essas lembranças. Para fazer acontecer, realizamos algumas mudanças no nosso Fluxo Automático de Dinheiro e os fundos foram redirecionados automaticamente.

Nunca esqueceremos como foi ver os quatro conosco, saboreando queijos exóticos pela primeira vez na vida. É a isso que me refiro quando falo que o dinheiro é uma parte pequena porém importante de uma Vida Rica.

No próximo capítulo vamos conversar sobre como você pode se tornar o seu próprio especialista em investimentos e como obter o melhor retorno sobre eles.

PASSO A PASSO

SEMANA CINCO

1 **Reúna em um só lugar as informações de todas as suas contas bancárias (meia hora).** Para facilitar sua vida, tenha as informações de login e senha em um lugar que você possa acessar tanto de casa quanto do trabalho.

2 **Conecte as suas contas bancárias (duas horas).** Para configurar o seu Fluxo Automático de Dinheiro, conecte sua conta-corrente, sua conta de investimentos e quaisquer outras que você use. Isso é grátis e fácil de fazer, mas efetue algumas transferências de valores para verificar se está tudo certo.

3 **Configure o seu Fluxo Automático de Dinheiro (duas horas).** Assim que suas contas estiverem conectadas, prepare a base do seu Fluxo Automático de Dinheiro: pagamentos automatizados. O sistema vai, sozinho, mandar dinheiro para sua conta de investimentos, sua aposentadoria e seus custos fixos, deixando apenas o dinheiro para gastos livres sem culpa. Lembre-se de alterar as datas de vencimento das suas contas para poder criar um Fluxo Automático conveniente.

CAPÍTULO 6

O MITO DO ESPECIALISTA EM FINANÇAS

Por que sommeliers e analistas financeiros não sabem de nada – e como superá-los

Se eu pedisse a você que adivinhasse só pelo gosto qual vinho custa 20 reais e qual custa 2 mil, você conseguiria?

Em 2001, Frédéric Brochet, pesquisador da Universidade de Bordeaux, fez um estudo que chocou a indústria do vinho. Determinado a entender como os consumidores decidiam de quais vinhos gostavam, ele convidou 57 especialistas renomados para avaliar dois rótulos, um de vinho branco e um de tinto.

Após provarem os dois, os sommeliers descreveram o tinto como "intenso", "profundo" e "picante" – palavras de uso corrente nessa área. O branco foi descrito em termos igualmente recorrentes: "vívido", "fresco" e "floral". Mas o que nenhum dos experts percebeu foi que os dois vinhos eram *o mesmo*. Pior: *ambos* eram brancos – o vinho "tinto" havia sido tingido com corante alimentício.

Pense nisso por um momento. Cinquenta e sete sommeliers nem perceberam que estavam bebendo o mesmo vinho duas vezes.

Precisamos falar uma coisa sobre esse assunto.

Nós amamos especialistas. Ficamos reconfortados em ver um piloto alto e uniformizado na cabine de um avião. Acreditamos que os médicos vão receitar os remédios certos, que os advogados vão nos guiar através de emaranhados legais. Devoramos as palavras dos comentaristas nos telejornais. Aprendemos que os experts merecem ser recompensados por seu treinamento e sua experiência. Afinal, não contrataríamos qualquer um na rua para construir nossa casa ou tirar nossos sisos, não é mesmo?

Durante a vida inteira fomos ensinados a venerar especialistas – professores, médicos, "profissionais" dos investimentos –, mas, no fim das contas, a competência se vê nos resultados. Você pode ter os melhores diplomas das universidades mais renomadas, mas, se não conseguir fazer o trabalho para o qual foi contratado, ser um "expert" não vale de nada. E quais são os resultados da nossa cultura de reverência a especialistas? Nos Estados Unidos, em se tratando de finanças, bem deploráveis. Números recentes mostram que estudantes do ensino médio só acertaram 61% das questões no Teste Nacional de Alfabetização Financeira, enquanto estudantes universitários acertaram 69%. E estamos falando do básico.

Muita gente acha que "investir" é adivinhar qual ação vai estourar na bolsa (não é). Em vez de enriquecer poupando e investindo, as famílias estão endividadas. Tem algo errado aí.

É fácil se perder em todas as opções de investimento: ações ON, PN, Unit, PNA, PNB; títulos prefixados e pós-fixados; fundos de índice, multimercado, cambial... Isso sem falar em metas de alocação, diversificação, derivativos e por aí vai. É por isso que tanta gente diz: "Não é melhor contratar alguém para fazer isso por mim?" Essa pergunta me dá nos nervos, porque, na verdade, a grande maioria das pessoas pode ganhar mais do que esses tais "especialistas" se investir por conta própria. Sem consultor financeiro, sem gestor de fundos. Apenas com investimentos automatizados em fundos de baixo custo (que abordarei no próximo capítulo). Então, para o investidor médio, o valor dos especialistas em finanças é um mito. Há vários fatores que comprovam isso e que detalharei a seguir, mas imploro a você que pense sobre como enxerga os especialistas. Eles merecem mesmo ser louvados? Merecem dezenas de milhares de reais em taxas, tarifas e honorários? Se a resposta for sim, qual é o desempenho que você exige deles em retorno?

Na realidade, ser rico está nas *suas* mãos. Seu patrimônio depende de quanto você consegue poupar e do seu plano de investimentos. Reconhecer isso exige coragem, porque significa admitir que não há mais ninguém a culpar pelo fato de você não ser rico – nenhum consultor, nenhuma estratégia complicada, nenhuma "condição de mercado". Por outro lado, significa que você controla exatamente o que acontece com seu dinheiro e sua vida no longo prazo.

Sabe qual é a parte mais divertida deste livro para mim? Não, não são os gritos de guerra sobre finanças pessoais que eu gostaria de ouvir toda vez que saísse na rua ("Uma salva de palmas para a A-LO-CA-ÇÃO DE A-TI--VOS!"). São os e-mails incrédulos que recebo sobre este capítulo. Quando falo que as pessoas desperdiçam dinheiro ao investir em fundos caros ou ao depender de um assessor financeiro que gera retornos abaixo da média do mercado, me acusam de mentiroso. Ou dizem: "Isso é impossível... é só ver quanto meus investimentos rendem." Essas pessoas em geral nem sabem quanto ganharam de fato, descontados impostos e taxas. Mas com certeza devem estar obtendo ótimos retornos. Caso contrário, não continuariam investindo... não é?

Neste capítulo vou lhe mostrar como superar os especialistas em finanças desviando da "expertise" deles (e dos honorários que cobram) e investindo da forma mais simples possível. Não é fácil assimilar que essa nossa dependência em relação aos supostos especialistas é altamente ineficaz, mas confie em mim. Tenho dados para provar isso e vou ensinar você a investir por conta própria.

OS ANALISTAS NÃO CONSEGUEM PREVER O MERCADO

Antes de falar sobre como superar os analistas, vamos entender como eles operam e por que erram tanto em suas orientações.

Os especialistas em finanças que vemos com mais frequência são os analistas e os gestores de carteira (as pessoas que escolhem as ações a serem compradas por fundos mútuos). Eles adoram nos presentear com suas previsões sobre o desempenho do mercado. Vai subir! Vai despencar! Não param de tagarelar sobre como as taxas de juros e a produção de petróleo e uma borboleta batendo as asas na China vão afetar a bolsa de valores. Esse tipo de previsão é chamado de *market timing* (acertar o momento de compra e venda). Mas a verdade é que eles simplesmente não são capazes de prever quanto as ações vão se valorizar ou desvalorizar, ou mesmo qual será o comportamento do mercado. Todo santo dia eu recebo e-mails perguntando o que acho do setor de energia, do mercado de câmbio ou do Google. Quem é que sabe essas coisas? Eu não sei, ainda mais a curto prazo. Infelizmente, a verdade é que ninguém consegue prever o mercado. Mas mesmo assim os figurões na TV, na internet e nos jornais fazem previsões grandiosas o tempo todo e, estejam certas ou erradas, nunca são responsabilizados por isso.

A mídia se alimenta de cada mínima oscilação que acontece na bolsa. Um dia os comentaristas estão espalhando melancolia e desgraça a respeito de uma queda vertiginosa, aí três dias depois vemos a primeira página cheia de imagens de esperança e unicórnios porque a bolsa subiu 5 mil pontos. É fascinante acompanhar, mas pare um pouco e se pergunte: "Será que estou aprendendo alguma coisa com isso? Ou apenas sendo sobrecarregado de informações sobre os altos e baixos incessantes do mercado?" Mais informação nem sempre é bom, em especial quando não é acompanhada de orientações e faz você cometer erros em seus investimentos. A lição crucial aqui é ignorar por completo qualquer previsão feita por comentaristas. Eles não sabem o que vai acontecer no futuro.

Talvez você ache que os gestores de fundo sejam imunes a essas coisas, mas eles também caem nas modinhas financeiras. Isso pode ser visto nos padrões de compra e venda: fundos mútuos muitas vezes têm uma taxa de *turnover* alta, o que significa que compram e vendem com frequência (gerando taxas e impostos que corroem seus rendimentos). Os gestores correm atrás da ação da moda, confiantes de que vão ver algo que milhões de outras pessoas não viram. E cobram caro por isso. Mas em 75% do tempo não conseguem superar o desempenho geral do mercado.

"Mas, Ramit, o meu fundo é diferente", você pode dizer. "Tive retornos de 80% nos últimos dois anos!" Ótimo, mas o simples fato de alguém ter superado o mercado por alguns anos não quer dizer que isso vai continuar acontecendo. Segundo um estudo de 16 anos de duração iniciado em 2000, realizado pela S&P Dow Jones Indices, os gestores de fundos que se saíram melhor que a média em um ano tiveram muita dificuldade de obter retornos similares no ano seguinte. "Se você tem um gestor ativo que bate o índice em determinado ano, as chances de ele conseguir repetir o feito no ano seguinte são inferiores a 50%", afirmou Ryan Poirier, analista sênior da S&P Dow Jones.

Um exemplo alarmante de como os "especialistas" não conseguem prever os movimentos do mercado

Os comentaristas e a mídia sabem exatamente como atrair nossa atenção: gráficos chamativos, figurões falando com propriedade e previsões audaciosas sobre o mercado que quase nunca se realizam. Isso pode até ser divertido, mas eu tenho alguns dados reais que vão deixar você boquiaberto.

A Putnam Investments estudou o desempenho do índice S&P 500 por 15 anos e verificou que o retorno anualizado foi de 7,7% nesse período. Eles então descobriram algo impressionante: durante esses anos, se você tivesse vendido suas ações e ficado de fora do mercado nos 10 dias em que a bolsa mais subiu, seu retorno teria caído de 7,7% para 2,96%. E, se você tivesse perdido os 30 melhores dias, o retorno teria caído para -2,47% – *retorno negativo*!

Em números reais, se investisse 10 mil dólares (cerca de 50 mil reais na cotação de hoje) e não mexesse no seu dinheiro, ao fim desses 15 anos você teria 30.711 (aproximadamente 153.200 reais). Se perdesse os 10 melhores dias da bolsa, teria 15.481. E, se perdesse os 30 melhores dias, teria apenas 6.873 dólares – menos que a quantia inicial.

Esses números são alarmantes. Pode ser divertido tentar prever as cotações e ficar entrando e saindo do mercado de ações, mas, para ser sincero, quando se trata de investimentos e juros compostos, seus sentimentos vão levar você para o caminho errado.

A única solução é investir com regularidade, colocando a maior quantia possível em fundos diversificados e com taxas de administração baixas, mesmo em momentos de crise econômica. É por isso que o lema dos investidores de longo prazo é: "O importante é o seu *tempo* no mercado, não o *timing* do mercado."

Se eu lhe perguntasse qual foi a melhor ação do período de 2008 a 2018, seu palpite talvez fosse o Google. Mas e se eu dissesse que foi a Domino's Pizza? Se você tivesse investido 1 mil dólares no Google em janeiro de 2008, 10 anos depois você teria pouco mais de 3 mil. Ok, triplicar o seu dinheiro em 10 anos é fantástico, mas se tivesse aplicado a mesma quantia na Domino's, seu dinheiro teria chegado a quase *18 mil dólares*.

O problema é que ninguém é capaz de prever quais fundos ou ações vão superar ou mesmo igualar o desempenho do mercado ao longo do tempo. Qualquer um que diga que consegue fazer isso está mentindo.

Portanto ignore as previsões dos comentaristas. Ignore resultados excepcionais que nunca se repetirão. E ignore os últimos dois anos de desempenho de um fundo. Um gestor pode se dar muito bem a curto prazo, mas no longo prazo ele dificilmente vai superar o desempenho geral da bolsa – por causa de despesas, taxas e da crescente dificuldade matemática de escolher ações vencedoras (falaremos mais sobre isso ainda neste capítulo). A única forma confiável de se avaliar um fundo é olhando o histórico dos últimos 10 anos ou mais.

COMO OS ESPECIALISTAS ESCONDEM O MAU DESEMPENHO

Como mostrei, os "especialistas" erram bastante. Mas o que mais irrita é que eles sabem ocultar seus rastros para que a gente não perceba isso. Na verdade, o setor financeiro (incluindo tanto empresas que administram fundos mútuos quanto os chamados analistas) é mais sorrateiro do que você imagina.

Um dos maiores truques que ele usa é nunca admitir erros. Daniel Solin, autor de *The Smartest Investment Book You'll Ever Read* [O livro de investimentos mais inteligente que você vai ler], descreve um estudo que ilustra como agências de classificação de risco de crédito como a Morningstar, que oferecem análises para dar aos investidores uma visão rápida do desempenho de várias ações, continuam dando avaliações positivas mesmo quando as empresas que elas dizem estar avaliando vão ladeira abaixo e perdem bilhões de seus acionistas. O estudo descobriu o seguinte:

> *Das 50 firmas [de consultoria], 47 continuaram recomendando comprar ou manter ações até o dia em que essas empresas foram à falência.*
>
> *Das 19 empresas, 12 continuaram recebendo recomendações de comprar ou de manter no exato dia em que faliram.*

Agências como a Morningstar oferecem avaliações de fundos que supostamente são simples reflexos de seu valor, mas a própria ideia das avaliações em uma escala de uma a cinco estrelas (da Morningstar) não faz sentido. Por quê? Por dois motivos:

Primeiro porque receber cinco estrelas douradas não é garantia de sucesso. Um estudo realizado pelos pesquisadores Christopher Blake e Matthew Morey mostrou que, apesar de as avaliações baixas preverem corretamente ações com desempenho ruim, as avaliações altas não eram precisas. Eles apontaram: "Em geral, não há muita evidência estatística de que os fundos com avaliações altas da Morningstar tenham desempenho melhor que aqueles com avaliações médio-altas ou médias." Só porque uma empresa dá cinco estrelas brilhantes para um fundo não quer dizer que ele irá bem no futuro.

Em segundo lugar, quando se trata de avaliações de fundos, as empresas dependem de algo chamado *viés de sobrevivência* para ofuscar sua situação real. O viés de sobrevivência existe porque fundos que vão à falência não são incluídos em estudos futuros pelo simples motivo de não existirem mais. Por exemplo, uma empresa pode abrir 100 fundos mas só ter 50 ainda ativos alguns anos depois. Ela pode muito bem se gabar de que seus 50 fundos são rentáveis e ignorar os outros 50 que fracassaram e foram apagados da história. Em outras palavras, ao ver páginas sobre os "Dez melhores fundos!" em sites e revistas, é importante pensar sobre o que você *não* está enxergando: os fundos citados ali são os que não foram extintos. Nesse grupo de fundos que já tiveram sucesso, é *claro* que vai haver alguns cinco estrelas.

Um monte de complexos de gestão de fundos mútuos usa a prática de abrir fundos "incubadores". Um complexo pode abrir 10 pequenos fundos patrimoniais com diferentes gestores internos e esperar para ver quais deles têm sucesso. Suponhamos que, após alguns anos, apenas três fundos tenham rentabilidade melhor que a média do mercado. O complexo começa a comercializá-los agressivamente, fechando os outros sete e enterrando os registros.
— Burton G. Malkiel, autor de *Um passeio aleatório por Wall Street*

Três investidores lendários que realmente venceram o mercado

Dito isso, existem investidores que conseguiram vencer o mercado por anos. Warren Buffett, por exemplo, teve um retorno anualizado de 20,9% durante mais de meio século. Peter Lynch, da Fidelity, obteve um retorno de 29% por 13 anos. E David Swensen, da Yale, conseguiu retornos de 13,5% por mais de 30 anos. Eles têm habilidades fenomenais e merecem ser conhecidos como alguns dos melhores investidores do mundo. Mas só porque esses caras conseguem não quer dizer que você ou eu sejamos capazes dos mesmos feitos.

Sim, em tese é possível vencer o mercado repetidamente (o que costuma gerar retornos de cerca de 8% descontada a inflação), da mesma forma que é *possível* eu me tornar um cam-

> peão de boxe peso-pesado. Com milhões de pessoas no planeta tentando superar o desempenho do mercado, é claro que, estatisticamente, vai haver alguns destaques extremos. Como saber se o sucesso deles se deve a estatísticas ou habilidade? Até os especialistas concordam que investidores individuais não devem esperar igualar esses retornos. Swensen, por exemplo, explicou que obtinha altos rendimentos por ter recursos profissionais de primeira, mas também acesso a investimentos que você e eu nunca teremos – como os melhores dos melhores capitais de risco e fundos especulativos, que ele usava para reforçar sua alocação de ativos. Esses profissionais passam o tempo todo estudando investimentos e têm acesso a informações e negócios confidenciais. Investidores comuns não têm a menor chance de competir com eles.

As empresas conhecem muito bem o viés de sobrevivência, mas estão mais interessadas em exibir uma longa lista de fundos com ótimos resultados do que em revelar a verdade completa. Assim, criaram deliberadamente várias formas de testar fundos com rapidez e comercializar apenas aqueles com melhor desempenho e, por consequência, assegurar sua reputação de ter os "melhores" fundos.

Esses truques são especialmente pérfidos porque você não tem como percebê-los se não souber dessa possibilidade previamente. Ao ver um monte de fundos alardeando 15% de retorno, é natural supor que eles continuarão dando retornos de 15% no futuro. Ainda mais se avaliados com cinco estrelas por uma agência confiável como a Morningstar. Mas, agora que conhecemos o viés de sobrevivência e sabemos que a maioria das avaliações não significa nada, é fácil ver que esses "especialistas" e essas empresas de serviços financeiros só querem engordar os próprios bolsos, e não ajudá-lo a obter o melhor retorno possível.

Como forjar um histórico perfeito de seleção de ações

Agora que sabemos que é quase impossível superar o mercado no longo prazo, vamos usar a probabilidade e a sorte para explicar por que alguns fundos parecem irresistíveis. Embora um gestor possa dar sorte por um, dois, até três anos, é matematicamente improvável que ele continue superando o desempenho geral do mercado. Para examinar a teoria da probabilidade, vamos ver como exemplo o caso hipotético de um golpista sem escrúpulos que quer vender seus serviços a alguns investidores ingênuos.

Ele manda e-mails para 10 mil pessoas, dizendo para metade delas que a ação A vai subir e, para a outra, que é a ação B que vai subir. "Isto é apenas uma amostra grátis para demonstrar meu conhecimento", ele talvez diga. Após algumas semanas, o golpista vê que por acaso a ação A subiu mesmo.

Ele então descarta o grupo da ação B e manda um segundo e-mail para o grupo da ação A, dizendo "Viu só?". O golpista mais uma vez divide a lista (agora com 5 mil pessoas) em dois grupos. Em seguida, envia um e-mail a metade das pessoas avisando que a ação C vai subir e um outro avisando à outra metade das pessoas que a ação D vai subir. Se C ou D de fato subir, pelo menos 1.250 indivíduos poderão dizer que ele selecionou duas ações com sucesso. E a cada vez que ele repetir a tática algumas pessoas ficarão mais e mais admiradas com a "competência" dele.

Como gostamos de criar ordem no caos, atribuímos habilidades mágicas ao golpista (apesar de ser tudo obra do mais puro acaso) e seguimos qualquer "carteira recomendada" que ele indicar ou compramos seu curso de "jornada do investidor". Moral da história: não acredite em analistas só por causa de alguns acertos.

APOSTO QUE VOCÊ NÃO PRECISA DE UM CONSULTOR FINANCEIRO

Já reclamei bastante dos exageros da mídia em torno de investimentos e do desempenho ruim da maioria dos especialistas. Mas ainda preciso fazer um último alerta sobre mais uma categoria de profissional das finanças: os consultores.

Alguns de vocês podem dizer: "Mas, Ramit, eu não tenho tempo para investir! Por que não recorrer a um consultor financeiro?" Ah, sim, o velho argumento da terceirização. Terceirizamos a limpeza do carro, das roupas e da casa. Por que não fazer o mesmo com a administração do nosso dinheiro?

A maioria dos jovens adultos não precisa de um analista. Temos necessidades tão simples que, com um pouquinho de tempo (algumas horas por semana ao longo de, digamos, um mês e meio), podemos criar uma boa infraestrutura automática de finanças pessoais.

Além disso, consultores financeiros devem ajudá-lo a tomar as decisões certas sobre o seu dinheiro, mas lembre-se de que muitos representam uma instituição financeira e têm metas de desempenho. Alguns dão ótimas orientações, mas outros não servem para nada. Se forem pagos por comissão, é provável que o direcionem a fundos caros para ganharem mais.

Meu amigo percebeu que estava sendo enganado por seu analista financeiro

Anos atrás, meu amigo Joe me mandou um e-mail me pedindo para dar uma olhada em seus investimentos. Ele suspeitava que seu analista financeiro estivesse lhe dando maus conselhos. Em cinco minutos de conversa, eu já sabia que meu amigo estava em maus lençóis. Joe é um jovem empreendedor de renda alta, então esse analista viu nele sua mina de ouro.

Eu disse a Joe o seguinte:

- Em se tratando de investimentos, existem algumas expressões e palavras-chave que são gigantescos sinais de alerta, entre elas "seguro de vida", "renda vitalícia", "título de capitalização" e "consórcio". Qualquer um desses termos indica que, na melhor das hipóteses, você quase com certeza está pagando de mais e, na pior, está levando um golpe.

- Você está pagando de mais e, considerando sua renda, pagará centenas de milhares de dólares em taxas ao longo da vida (o valor pode passar de 1 milhão).

- Transfira tudo para uma corretora que não cobre taxas. Assim você vai pagar menos e ganhar mais. Seu analista vai ficar maluco e fazer de tudo para tentar impedir, portanto se comunique por escrito.

O show estava prestes a começar. Me reclinei e esfreguei as mãos. Adoro esse tipo de coisa.

Ao longo da semana seguinte, Joe e o analista trocaram uma série de e-mails. Como previ, o analista ficou chocado – chocado! – em saber que seu cliente não queria mais seus serviços. Algumas das coisas que ele disse a Joe:

"[Estou chocado] porque conversamos várias vezes nos últimos meses e não houve nenhuma reclamação ou preocupação..."

"... assumir a tarefa enorme de fazer todo o seu planejamento financeiro e a gestão dos seus investimentos por conta própria não me parece uma boa ideia..."

Minha parte favorita foi: "Mas, se você realmente quiser encerrar nossa colaboração, posso orientá-lo sobre como fechar suas contas."

A parte mais hilária foi que o meu amigo se recusou a cair na manipulação emocional. Ele respondeu:

"Não estou confiante de que algumas das decisões que tomamos juntos tenham sido realmente benéficas para mim. Seja essa perda de confiança justificada ou não, seria difícil manter nossa relação profissional."

Nota 10 para Joe. Ele não apenas vai deixar de gastar centenas de milhares de dólares em honorários como também mostrou como cuidar do próprio dinheiro.

Se você vai realmente contratar ou já contratou um consultor financeiro, recomendo perguntar se ele é fiduciário (isto é, remunerado pelo cliente, e não pela venda do produto). O analista de Joe não era; ele era um vendedor. Isso ficou óbvio no momento em que recomendou a meu amigo (um homem solteiro de 20 e poucos anos) que "investisse" em seguro de vida. A única razão para alguém como ele contratar um seguro de vida seria se tivesse dependentes – e não para encher o bolso do analista.

Se você descobrir que seu consultor não é fiduciário, procure outro profissional. Não se preocupe com a variedade de chantagens emocionais que ele usará para tentar impedi-lo. Seja firme.

Já consultores que cobram honorários fixos são muito mais confiáveis (nenhum deles é necessariamente melhor em obter bons retornos sobre os investimentos, apenas o método de cobrança é diferente, o que afeta seus retornos).

Em resumo, a maioria das pessoas não precisa de um assessor financeiro – você pode lucrar mais fazendo tudo por conta própria –, mas, se a sua escolha for entre recorrer a um consultor e não investir, então tudo bem, contrate um. Pessoas com situação financeira bastante complexa, como aquelas que herdaram ou acumularam quantias substanciais (mais de 10 milhões de reais) ou que são *realmente* ocupadas demais para aprender a investir por conta própria, também devem considerar esse tipo de ajuda. É melhor pagar um pouco e começar a investir do que não começar. Se você estiver determinado a contratar um profissional, comece sua busca pelo site da CVM, a Comissão de Valores Mobiliários (sistemas.cvm.gov.br/?CadGeral). Esses conselheiros cobram honorários fixos (por hora, normalmente) e não recebem comissões, o que significa que querem ajudá-lo, e não lucrar com as recomendações que fazem.

Lembre-se, no entanto, de que muitas pessoas usam analistas financeiros como bengala e acabam pagando caro – seja em comissões, seja em escolhas erradas de produtos – porque não pararam por algumas horinhas para aprender sobre investimentos. Se você não adquirir conhecimento para gerenciar o que tem aos 20 anos, vai acabar tendo um prejuízo enorme de uma forma ou de outra – ou por não fazer nada, ou por pagar honorários exorbitantes a alguém para "administrar" o seu dinheiro.

Puxa vida. Ganhei uma bolada e, para "não fazer besteira", decidi consultar um planejador financeiro recomendado pelo meu banco. Ele me fez entrar em fundos terríveis, que não só tiveram desempenho ruim no S&P 500 como tinham taxas insanas. Perdi uns 30% do meu dinheiro. Acabei transferindo tudo para fundos de índice da Vanguard (em uma conta que eu mesmo abri). Não me arrependo da mudança, só do tempo e do dinheiro desperdiçados "confiando em um profissional".

– Dave Nelson, 40

QUANDO DOIS GESTORES DE PATRIMÔNIO TENTARAM ME CONQUISTAR

Alguns anos atrás, um amigo sugeriu que eu falasse com um "gestor de patrimônio". Recusei, mas ele insistiu:

– Por que não?

E eu disse:

– Sei lá, talvez PORQUE EU ESCREVI UM LIVRO BEST-SELLER SOBRE INVESTIMENTOS E FINANÇAS PESSOAIS?

Mas então respirei fundo e pensei: "Seja humilde, Ramit." Decidi ligar para os sujeitos que ele me indicou.

Meu amigo me disse que esses analistas trabalhavam para uma firma de gestão de patrimônio cujo nome não vou revelar.

Mentira, vou, sim. Eles trabalhavam para a Wells Fargo Private Wealth Management. Permita-me fazer um breve desvio para lhe lembrar por que odeio o Wells Fargo e o Bank of America.

Esses Grandes Bancos são podres. Eles nos roubam, cobram taxas extorsivas e usam práticas enganosas para prejudicar o cliente. E ninguém fala nada porque todo mundo do mercado quer fazer negócios com os Grandes Bancos. Eu tenho zero interesse em bancão. Se você usa algum deles, pare. Se continuar, está pedindo para ser maltratado.

Você acha mesmo que precisa de um consultor?

Se você está realmente decidido a procurar um, veja a seguir um exemplo de e-mail que pode adaptar e enviar como primeiro contato:

Olá, Mike!

Estou procurando um planejador financeiro que cobre honorários fixos e encontrei você no site oficial da associação. Um pouco sobre mim: tenho cerca de 10 mil dólares em patrimônio no total – 3 mil em uma Roth IRA (não investidos), 3 mil em uma 401(k) e 4 mil numa conta de investimento de curto prazo. Estou procurando investimentos que maximizem os retornos no longo prazo mas minimizem os custos.

Se você acha que pode me ajudar, eu gostaria de encontrá--lo por uma meia hora e fazer algumas perguntas específicas. Também queria saber qual foi sua forma de trabalho com outras pessoas com objetivos parecidos. Será que na próxima sexta, 06/02, às 14h seria bom para você? Também estou livre na segunda, 09/02.

Cordialmente,
Ramit

Para o primeiro encontro de meia hora (que não deve ser cobrado), é bom ir com perguntas preparadas. Existem centenas de exemplos disponíveis on-line (busque "O que perguntar a um planejador financeiro"), mas as essenciais são estas três:

- Você é fiduciário? Como ganha dinheiro? Por comissão ou apenas pelos honorários? Há alguma taxa adicional? (Você quer um consultor que não ganhe comissões e seja fiduciário, o que significa que ele coloca o seu interesse em primeiro lugar. Não aceite qualquer resposta a essa pergunta que não seja um claro "sim".)

- Você já trabalhou com pessoas em uma situação semelhante à minha? Que soluções recomendou? (Obtenha referências e entre em contato com elas.)

- Como é o seu estilo de trabalho? Vamos conversar a intervalos regulares ou falarei com um assistente? (Você precisa saber o que esperar nos primeiros 30, 60 e 90 dias.)

Enfim, de volta à história: quando fui informado de que aqueles caras trabalhavam no Wells Fargo, soube que precisava fazer a ligação. Sobretudo porque odeio quase todos os gestores de patrimônio (e adoro brincar de teatro).

Uma rápida explicação sobre o que os "gestores de patrimônio" fazem. Eles acham uma pessoa cheia da grana, perguntam a ela um monte de coisas e a ajudam a planejar suas finanças e seus investimentos. Parece ótimo, não? Eles também oferecem "serviços exclusivos", como análises de carteira, assistência com financiamentos imobiliários internacionais, serviços de planejamento de impostos, etc. Em troca, cobram uma taxa calculada a partir de uma porcentagem dos ativos. Um valor pequeno, como 1% ou 2%. As taxas, meu Deus. Vamos falar sobre isso daqui a pouco.

Então comecei a falar ao telefone com esses dois analistas. Eles trabalhavam em Beverly Hills e tinham um incrível e suave sotaque britânico. Adoro sotaque britânico.

ELES NÃO SABIAM NADA SOBRE MIM. Não pesquisaram nada. "Isso vai ser divertido", pensei.

Começaram perguntando o que eu fazia da vida. "Sou empreendedor. Produtor de conteúdo", respondi. Eles me disseram que estavam acostumados a trabalhar com empreendedores e celebridades. Celebridades são alvos fáceis para esses caras, porque (1) ganham muita grana por (2) um período curto e (3) só querem que gerenciem isso para elas. Os analistas então começaram a me falar sobre todos os serviços que ofereciam. Eles cuidavam de todos os "negócios" financeiros dos seus clientes, permitindo que se concentrassem em seu trabalho (a conclusão implícita é que eu estaria ocupado demais comprando Lamborghinis e frequentando festas para prestar atenção em meus investimentos, sem nem desconfiar que eu amo alocação de ativos e tenho prazer em estudar esse assunto). Eles me disseram que protegeriam meu patrimônio. Sabiam que eu precisaria desse dinheiro no futuro (apelando para o meu medo de perdê-lo).

Fiz várias perguntas básicas, me fazendo de desentendido:

– Como funciona? O que vocês fazem com o meu dinheiro?

Tive o cuidado de não usar expressões como "colheita de prejuízos fiscais", "média de custo em dólar", nem mesmo "juros compostos". Em vez disso, fiz perguntas como:

– Vocês podem me ajudar com os impostos?

Estávamos em uma ligação telefônica, mas eu quase podia ver os olhos deles brilhando enquanto enumeravam, empolgadíssimos, as estratégias complexas que usariam para me ajudar a pagar menos impostos (na realidade, nos Estados Unidos existem relativamente poucas brechas fiscais para os ricos).

Especialistas para levar a sério

Alguns bons colunistas e um fórum que eu amo:

MORGAN HOUSEL escreve um dos blogs mais interessantes sobre psicologia e dinheiro que existem. Leia os posts dele (em inglês) para entender por que você faz o que faz (e por que a massa faz o que faz). collabfund.com/blog

DAN SOLIN, autor de vários ótimos livros sobre investimento, escreve uma newsletter na qual dá nomes e revela as mentiras do setor de investimentos. Alguns dos assuntos que ele abordou: "Rachaduras na fachada dos robôs de investimento", "Gestores de fundos ativos são perdedores" e "Encontre a coragem de ser diferente". danielsolin.com

RON LIEBER escreve a coluna "Your Money" para o *The New York Times*. Adoro a variedade de temas que ele aborda e seu posicionamento sempre a favor do cliente. ronlieber.com

Por fim, adoro o fórum **BOGLEHEADS**, em que você pode encontrar bons conselhos sobre investimentos. Eles vão evitar que caia em golpes e modinhas e ajudar você a se concentrar em investimentos de baixo custo e longo prazo. bogleheads.org/forum

Então, com seu lindo sotaque, disseram algo que pode parecer inofensivo mas na verdade foi extremamente revelador:
– Não tentamos bater o mercado. Nosso foco é a preservação do capital. Percebeu o problema?
O que eles estavam dizendo era: "Nossa rentabilidade será mais baixa do que um fundo barato da Vanguard." Ou, em termos mais simples: "Você pode comprar sal por 5 reais. Vamos te dar um sal pior e cobrar 10. Mas vamos entregá-lo em uma bela bandeja de ouro a cada seis meses." A ESSA

ALTURA, EU ESTAVA GARGALHANDO. Botei o telefone no mudo para não arruinar meu disfarce.

Eles nunca perguntaram sobre meus objetivos. Por exemplo... por que um cara de 30 e poucos anos, no início da carreira, se concentraria em preservação em vez de crescimento?

E o mais importante: quanto custavam os serviços deles? De um jeito inocente, perguntei sobre taxas. Não conseguia parar de sorrir, porque sabia o que ia acontecer. Mal podia esperar. Essa era a melhor parte. Ah, meu Deus, as taxas. Quando perguntei quanto custavam, eles assumiram um tom desdenhoso – se você já viu gente rica falando sobre quanto custa algo, sabe do que estou falando. Disseram:

– É uma taxa nominal de 1%, mas estamos aqui para priorizar a relação a longo prazo de administrar suas finanças...

Viu isso?

Primeiro eles fizeram pouco caso da taxa. "Uma taxa nominal de 1%." Um por cento? Quem se importa? Segundo, perceba que logo manobraram a conversa de volta a palavras confortáveis como "relação a longo prazo", que é o que o cliente-alvo deles gostaria de ouvir. Por quê? Bem, aqui está o porquê. (Aliás, se bem me lembro, a taxa era algo entre 1% e 2%. Mas vamos dizer que era 1%, para sermos conservadores.) Um por cento por tudo isso? Nada mau, não é?

VOCÊ SABIA QUE, AO LONGO DO TEMPO, UMA TAXA DE 1% PODE REDUZIR SEUS RETORNOS EM ATÉ 30%? Não, não sabia. Ninguém sabe. Isso quer dizer que, se eu investisse 100 mil com eles, as taxas reduziriam meus 2,1 milhões para 1,5 milhão – e a diferença iria para o bolso deles! ESSA TAXA DE 1% É ENORME!

Não, obrigado, prefiro ficar com o dinheiro. O investidor comum não entende que essas taxas são esmagadoras porque a matemática é bem contraintuitiva. Wall Street a projetou para ser obscura. Um por cento não parece muito, mas é gigantesco.

Investindo por conta própria, eu poderia ganhar mais *e* pagar menos.

Quer fazer um teste divertido? Pergunte a seus pais quanto eles pagam em tarifas sobre os investimentos deles. Eles não sabem e, se descobrissem quanto realmente custam, ficariam deprimidos. Pensando melhor, não faça isso.

Um por cento pode lhe custar 28% em retornos. Uma taxa de 2% pode lhe custar 63%. É surreal. É por isso que Wall Street é tão rica. Também é por isso que insisto que você aprenda essas coisas e fico tão bravo quando o setor financeiro se aproveita de investidores individuais. SE VOCÊ ESTIVER LENDO ISTO E PAGAR MAIS DE 1% EM TAXAS, VOU TE MATAR. Se liga. O máximo aceitável é entre 0,1% e 0,3%. Pense nisso. Pense na montanha de dinheiro que você pode poupar em vez de gastar com um tal de gestor de ativos. Tudo bem pagar alguém para elaborar seu plano de treinos físicos ou para fazer faxina na sua casa. Mas com dinheiro é diferente. As taxas se acumulam. A boa notícia é que você está lendo isto. Se você respira oxigênio, este livro vai lhe gerar muito dinheiro – muito mais do que você pode imaginar, comparado com a alternativa de deixar sua grana apodrecendo num investimento com baixíssima rentabilidade.

Mas então, voltando aos analistas. Teria sido ótimo se eu tivesse apenas feito uma pergunta cheia de termos técnicos, alguma coisa sobre o modelo Black-Scholes ou mercado de câmbio, e mandado um "Valeu, a gente se fala!". Infelizmente, não sou muito bom em inventar respostinhas sagazes na hora.

Vamos às lições dessa história:

1. Adoro fingir que não entendo nada de dinheiro para esses supostos conselheiros profissionais. Esse foi um dos melhores dias da minha vida.

2. A grande maioria dos meus leitores não precisa de um gestor nem mesmo de um consultor. Você já tem este livro. Leia-o e use-o. Construir uma Vida Rica não é tão difícil se você seguir os conselhos que funcionam para todo mundo.

3. Gestores de patrimônio sabem que não podem superar o mercado, então tentam enfatizar outras formas de "agregar valor", tais como "Qualquer um pode ganhar dinheiro quando a bolsa está em alta. Nós vamos ajudar você durante as oscilações do mercado" e "Podemos orientá-lo a respeito de impostos, heranças e seguros". São preocupações legítimas, mas nenhuma delas exige os serviços de um analista que ganhe por comissão. Se você fica nervoso quando o mercado cai, acho que é melhor procurar se tornar resiliente e conseguir

se manter focado durante esses períodos. Não tome decisões com base no medo. Confie em si mesmo e no seu sistema financeiro.

4. Quando tiver um patrimônio de sete dígitos ou transações complexas envolvendo filhos, aposentadoria ou impostos, você ganhará o direito de pensar em procurar assessoramento avançado. Contrate um consultor financeiro que cobre honorários fixos por algumas horas.

GESTÃO ATIVA VS. PASSIVA

Por favor entenda que, mesmo com todo esse papo deprimente sobre o desempenho de investidores profissionais, não estou dizendo que investir é perder dinheiro. Muito pelo contrário. Você só precisa saber onde investir.

Fundos mútuos (que são nada mais que conjuntos de investimentos variados, como ações ou títulos) costumam ser considerados a melhor e mais simples forma de investir para a maioria das pessoas. Mas, como vimos, gestores de fundos não conseguem superar o mercado 75% das vezes, de modo que o complicado é saber quais fundos vão performar bem no longo prazo. Só que, por melhor que seja o fundo, as altas taxas cobradas prejudicam os retornos. (Claro, existem alguns fundos baratos, mas, por causa do tipo de remuneração dos próprios gestores e de outros funcionários, é quase impossível competirem com os custos baixos de fundos de índice com gestão passiva, sobre os quais vou falar daqui a pouco.)

Como falamos, as taxas atrapalham muito os rendimentos dos investimentos. Isso vai contra a lógica geral das coisas, já que estamos acostumados a pagar por serviços, desde a mensalidade da academia até a entrada para a Disney. Se estamos tirando proveito de algo, temos que pagar um preço justo por isso, não é mesmo? A grande questão é justamente saber o que é "justo", já que muitos dos supostos especialistas a quem recorremos fazem de tudo para arrancar cada centavo nosso.

Entrei para um fundo de previdência que cobrava muito pela gestão e agora tenho que pagar todo mês por cinco anos para retirar meu dinheiro. Na época, fui convencido pelos modos refinados e as palavras sofisticadas do analista. Estou pensando em tirar o dinheiro mesmo sabendo que vou perder mil dólares em taxa de saída. Me sinto um idiota por estar em um fundo horrível com taxas malucas como esse.

— Sung Woo Kim, 28

Veja bem, fundos mútuos operam pela chamada "gestão ativa". Isso significa que um gestor tenta escolher as melhores ações de modo a obter o melhor retorno para você. Parece bom, não? No entanto, mesmo com todos os analistas profissionais e as tecnologias de ponta que eles utilizam, os gestores são seres humanos e cometem erros, como vender cedo demais, fazer transações excessivas e escolhas descuidadas. Essas muitas compras e vendas são para justificar o que o gestor ganha mostrando aos acionistas que ele está fazendo alguma coisa – qualquer coisa! Fundos mútuos não apenas costumam ter desempenho pior que o mercado como também cobram por isso. Em geral, a taxa é de 1% a 2% do patrimônio administrado, por ano (essa porcentagem é conhecida como taxa de administração). Ou seja, se tivesse 10 mil reais em um fundo com taxa de administração de 2%, você pagaria 200 por ano. Alguns fundos ainda cobram taxas adicionais para compra ou venda de suas cotas e a chamada taxa de performance quando superam o benchmark (o índice de referência do fundo). E essas são apenas algumas das táticas para que os gestores de fundos mútuos ganhem dinheiro, seja qual for seu desempenho.

Esses 2% não parecem muita coisa até você comparar com a alternativa: a "gestão passiva". É assim que funcionam os fundos de índice (primos dos fundos mútuos), também conhecidos como ETFs (sigla em inglês para *exchange-traded funds*), embora haja também ETFs de gestão ativa. Eles trocam os gestores de carteira por computadores. As máquinas não tentam achar as ações mais quentes do momento; apenas escolhem, metodicamente, as mesmas ações que estiverem incluídas em um índice (por exemplo, as 500 empresas listadas no S&P 500), em uma tentativa de igualar o mercado. (Um índice é uma forma de medir parte do mercado de ações. O Nasdaq, por exemplo, representa certas ações de tecnologia, enquanto o S&P 500 representa as 500 maiores empresas de capital aberto dos Estados Unidos. Existem índices internacionais e até de varejo. No Brasil, o mais importante é o Ibovespa.)

A maioria dos fundos de índice tem um desempenho próximo ao do mercado (ou do segmento de mercado representado). Assim como a bolsa pode cair 10% um ano e subir 18% no ano seguinte, fundos de índice sobem e caem junto com os índices que eles replicam. A grande diferença está nas taxas: as dos fundos de índice são bem mais baixas que as dos fundos mútuos, porque não precisam pagar a equipe de gestão. O fundo de índice S&P 500 da Vanguard, por exemplo, tem uma taxa de 0,14%. Mesmo quem não mora nos Estados Unidos pode acessar esse e diversos outros fundos americanos, bem como ações listadas em bolsas estrangeiras. Você vai precisar se informar no banco da sua preferência a respeito de contas internacionais ou abrir uma conta diretamente em uma instituição do outro país.

Lembre-se: há vários tipos de fundo de índice. Existem até fundos que acompanham o mercado de ações americano como um todo, o que significa que, quando a bolsa de valores cai, esses fundos também caem. Mas, no longo prazo, o mercado nos Estados Unidos tem obtido retornos constantes de cerca de 8%, descontada a inflação.

Vamos dar uma olhada no desempenho sob dois pontos de vista: o lado ruim (taxas) e o lado bom (retornos). Primeiro vamos avaliar as taxas de dois fundos diferentes, um com gestão passiva e outro com gestão ativa.

QUAL VALE MAIS A PENA?

Pressupondo um retorno de 8% ao ano investindo 100 reais por mês	Valor obtido em um fundo com gestão passiva (taxa de administração de 0,14%)	Valor obtido em um fundo com gestão ativa (taxa de administração de 1%)	Quanto o investidor paga a mais, em taxas, em um fundo com gestão ativa
Em 5 anos	7.320,93	7.159,29	161,64
Em 10 anos	18.152,41	17.308,48	843,93
Em 25 anos	92.967,06	81.007,17	11.959,89

Agora veja como esses números mudam em níveis mais altos. Lembre-se: o que parece uma taxa pequena acaba afundando seu desempenho. Desta vez vamos supor um investimento inicial de 5 mil, aportes mensais de 1 mil e o mesmo retorno de 8% ao ano.

Total em 5 anos	80.606,95	78.681,03	1.925,92
Total em 10 anos	192.469,03	183.133,11	9.335,92
Total em 25 anos	965.117,31	838.698,78	126.418,53

John Bogle, fundador da gestora de fundos Vanguard, certa vez citou um exemplo chocante na série documental *Frontline*, do canal PBS. Vamos supor que você e sua amiga Michelle tenham investido cada um em um fundo diferente com desempenhos idênticos ao longo de 50 anos. A única diferença é que você pagou taxas 2% mais baixas, então seu investimento rendeu 7% anualmente, enquanto o dela rendeu 5%. Qual seria a diferença no valor?

À primeira vista, 2% em taxas não parece muita coisa. É de imaginar que seria natural uma diferença de 2% ou até 5% entre o seu rendimento e o de Michelle. Mas você vai ficar chocado com a matemática dos juros compostos.

"Supondo um horizonte de 50 anos, a segunda carteira teria perdido 63% dos seus retornos potenciais em taxas", apontou Bogle.

Pense nisso. Meros 2% em taxas podem lhe custar mais de *metade* dos seus retornos.

Ou aquela taxa de 1%. Não pode ser tanta coisa, certo? No mesmo período de 50 anos, ela vai engolir 39% dos seus retornos. Eu sei, eu sei. Talvez 50 anos seja tempo demais. Vamos tentar 30. O que uma taxa de 1% lhe custaria? Uma redução de 28% em seus rendimentos para a aposentadoria, de acordo com o Departamento do Trabalho americano.

É por isso que sou tão obcecado por minimizar taxas. Nos investimentos, elas são suas inimigas.

Se a sua decisão fosse determinada apenas por taxas, os fundos de índice seriam a escolha óbvia. Mas vamos considerar mais um fator importante: rentabilidade.

Logo antes de me casar, decidi contratar os serviços de um consultor financeiro. Queria entender bem a minha situação antes de unir minha vida financeira à do meu futuro marido. O preço que paguei não foi absurdo quando comparado aos valores cobrados por consultores mais renomados, mas as orientações que recebi foram. Ele me colocou medo para me fazer comprar produtos com gestão ativa (com taxas recorrentes) desnecessários. Isso fez a minha situação financeira parecer mais complexa do que de fato era, e continuei sem saber o que fazer. Durante a viagem de lua de mel, li Como ficar rico *pela primeira vez, e quando voltei desfiz quase tudo que o consultor tinha me orientado a fazer.*

— Lucinda B., 33

Apesar de eu sempre bater na tecla de que os fundos mútuos não superam o mercado 75% das vezes, devo admitir que às vezes eles proporcionam retornos ótimos.

Em alguns anos, alguns fundos mútuos se dão muito bem e performam bem melhor que os fundos de índice. Em um ano bom, por exemplo, um fundo de ações indianas pode ter uma rentabilidade de 70% – mas um ou dois anos de ótimo desempenho não significam muita coisa. E o que você quer são retornos sólidos, que se mantenham bons ao longo do tempo.

Então, se estiver pensando em consultar um profissional ou entrar em um fundo com gestão ativa, entre em contato com o responsável e faça uma pergunta simples e direta: "Quais foram os seus retornos, descontados taxas e impostos, dos últimos 10, 15 e 20 anos?" Sim, a resposta deve considerar todas as taxas e impostos. Sim, o período deve ser de pelo menos 10 anos, porque os últimos cinco anos de qualquer período são voláteis demais. E, sim, garanto que eles não vão lhe dar uma resposta direta, porque isso seria admitir que não superaram o mercado por muito tempo.

Eu *falei* que era difícil.

CRENÇAS SOBRE CONSULTORES FINANCEIROS

Crença	O que significa
"Sei lá, só quero pagar alguém que faça isso para mim."	É natural ficar intimidado por todo o jargão e pelas recomendações confusas. Mas é o *seu* dinheiro. Aprender os fundamentos da gestão financeira é a decisão mais lucrativa que você pode tomar. Há uma famosa citação da lenda do autodesenvolvimento Jim Rohn que diz: "Não deseje que fosse mais fácil, deseje que você fosse melhor. Não deseje menos problemas, deseje maior capacidade." Não deseje que alguém segure sua mão como se você fosse uma criança de 4 anos pulando corda e mascando chiclete, deseje desenvolver disciplina para investir a longo prazo, como um adulto. Outras pessoas fizeram isso, e você também pode.
"Gosto dele. É um cara confiável. E o meu pai também usava os serviços dele."	Eu gosto do cara que faz os pães aqui perto de casa. Só por isso eu devo investir com ele? É incrível como confundimos "simpático" com "confiável". Um ótimo estudo da Universidade de Chicago demonstrou isso. O título do estudo: "Médicos americanos são julgados mais por sua gentileza do que pela competência." O seu consultor financeiro pode ser simpático. Pode ser engraçado e atencioso. Mas, quando se trata do seu dinheiro, você deve priorizar os resultados.
"Tenho medo de perder dinheiro."	Ótimo. Então você deveria saber que todo real que você paga a um consultor por meio de taxas é um real que poderia ter investido. Por exemplo, uma taxa de 1% pode reduzir seus retornos em cerca de 30%.
"O meu consultor superou o mercado nos últimos quatro anos."	Talvez seja verdade. Mas é mais provável que não, se você levar em consideração todos os impostos e taxas, que ele com certeza vai esconder. E, como as pesquisas mostram, só porque alguém está indo bem agora não quer dizer que vá continuar indo bem.

Assim, a suposição segura é de que os fundos de gestão ativa costumam fracassar na tentativa de superar ou igualar o mercado. Em outras palavras, se o mercado dá um retorno de 8%, esses fundos não terão rendimentos de 8% ou mais em pelo menos três em cada quatro vezes. Além disso, quando consideramos as altas taxas de administração, fundos de gestão ativa precisam superar fundos de gestão passiva mais baratos por uma diferença de pelo menos 1% a 2% só para se equiparar a eles – e isso simplesmente não acontece.

Em *The Smartest Investment Book You'll Ever Read*, Daniel Solin cita um estudo conduzido pelo professor Edward S. O'Neal, da Babcock Graduate School of Management (atual Wake Forest School of Business). O'Neal acompanhou fundos cujo único propósito era superar o mercado. O que descobriu foi que, de 1993 a 1998, menos da metade desses fundos ativos cumpriu sua função. E, de 1998 a 2003, apenas 8% conseguiram.

E tem mais: quando ele viu o número de fundos que superaram o mercado em ambos os períodos, os resultados foram "de fato tristes. O número [foi] um total de 10 – ou apenas 2% de todos os fundos large cap. (...) os investidores, tanto individuais quanto institucionais, em particular os planos 401(k), seriam mais bem servidos se investissem em fundos passivos ou de gestão passiva em vez de tentarem escolher gestores ativos mais caros que dizem ser capazes de superar o mercado".

Conclusão: não há por que pagar taxas exorbitantes por gestão ativa quando você poderia se sair melhor – gastando menos – por conta própria. Mas você e eu sabemos que o assunto dinheiro não é puramente racional – mesmo vendo a matemática clara aqui. É emocional. Então, de uma vez por todas, vamos encarar as crenças que vimos nas páginas anteriores. É por causa delas que as pessoas continuam achando que a gestão ativa vale a pena. Só depois poderemos começar a investir.

Agora que você leu sobre o mito dos especialistas, é hora de ver exatamente como investir seu dinheiro para obter resultados melhores a um custo mais baixo. No próximo capítulo vou lhe ensinar tudo que você precisa saber para investir. Abordaremos todos os aspectos técnicos de selecionar e automatizar seus investimentos. Vamos lá.

P.S.: Este capítulo é estritamente informativo, mas no próximo você tomará algumas decisões importantes.

CAPÍTULO 7

INVESTIR NÃO É SÓ PARA RICOS

Passe a tarde selecionando uma carteira simples que fará você enriquecer

No último capítulo vimos por que "especialistas" em investimentos podem ser inúteis – e como você pode se sair melhor por conta própria. Agora chegamos à terra prometida, o capítulo em que você aprenderá a escolher seus investimentos, pagar menos tarifas e ter um desempenho superior. Para determinar seu estilo de investidor, você deve se fazer algumas perguntas cruciais: Vai precisar do dinheiro ano que vem ou pode deixá-lo crescendo por um tempo? Está juntando para comprar uma casa? Conseguiria aguentar grandes oscilações, dia a dia, no mercado de ações ou ficaria tenso? Em seguida, você vai pesquisar fundos e escolher os investimentos certos para alcançar seus objetivos. (Ao falar de sua "carteira", as pessoas se referem ao dinheiro na previdência privada, na corretora e talvez até em outras contas.) Ao fim deste capítulo, você saberá exatamente em que investir – e por quê. E vai fazer isso sem precisar de muita interferência humana, o que minimizará as despesas.

Minha meta é ajudar você a selecionar o investimento mais simples possível para dar o pontapé inicial – e tornar sua carteira fácil de gerenciar. Se fizer apenas essas duas coisas, você já estará no caminho certo para enriquecer. Daí em diante, vai perceber que muita gente que ganha bem não tem dinheiro guardado, muito menos investido. Vai começar a reparar nas desculpas que as pessoas criam para justificar o fato de não investirem – entre elas, "Não tenho tempo" e "Ações podem se desvalorizar e não quero perder meu dinheiro".

A maioria das pessoas não faz ideia de como selecionar investimentos, mas agora você terá! Ah, como é maravilhosa a terra prometida.

Usei os conselhos de Como ficar rico *para abrir minha conta de investimentos e minha conta-corrente antes de começar no meu primeiro emprego, aos 24 anos. Agora, aos 30, tenho mais de 300 mil guardados no total.*

— Smit Shah, 30

UM JEITO MELHOR DE INVESTIR: APLICAÇÕES AUTOMÁTICAS

Sejamos sinceros: ninguém ama administrar seu dinheiro. Prefiro *usar* meu dinheiro fazendo um tour gastronômico por Tóquio ou uma viagem de fim de semana para esquiar com os amigos, por exemplo. E estou sempre buscando formas de gastar menos tempo e obter resultados melhores. Quando estava escolhendo qual faculdade cursar, criei um sistema para escrever três solicitações de bolsa por dia e acabei ganhando mais de 200 mil em créditos em seis meses. Hoje em dia, dou conta de mais de 1.500 e-mails sobre meu blog e este livro todos os dias. Não falo isso para me gabar de ser muito ocupado, mas para mostrar que, no que diz respeito a dinheiro, estou muito, mas *muito* interessado em obter retornos melhores com o mínimo de esforço possível. Me dediquei bastante a pesquisar investimentos rentáveis que não exigem muita manutenção. É por isso que recomendo que você combine automação com uma estratégia de investimento clássica de baixo custo.

O investimento automatizado não é uma técnica revolucionária que eu inventei. É um jeito simples de aplicar em fundos de baixo custo. Um método recomendado por ganhadores do Nobel, investidores bilionários como Warren Buffett e a maioria dos acadêmicos. Envolve gastar a maior parte do seu tempo escolhendo como seus recursos serão distribuídos na sua carteira, depois selecionar os investimentos (na verdade, essa parte é a mais rápida) e, por fim, agendar aplicações recorrentes para que você possa se sentar e ver TV enquanto seu dinheiro se multiplica. Somos todos preguiçosos. É melhor aceitar esse fato e usá-lo a nosso favor.

Investir automaticamente funciona por dois motivos:

Custos menores. Como falei no Capítulo 6, não tem nada pior para o desempenho dos investimentos que fundos caros que drenam seus retornos sem que você se dê conta. Investir neles é ainda mais louco quando consideramos que você pode obter resultados melhores com taxas mais baixas. Por que pagar pelo privilégio de perder seu dinheiro? Com a automatização, você investe em fundos de baixo custo (que substituem gestores de carteira inúteis e caros) e economiza dezenas de milhares de reais em taxas de corretagem, impostos gerados pela compra e venda frenética de ações e despesas gerais – tendo, portanto, um desempenho melhor que a maioria dos investidores.

É automático. Investir automaticamente permite que você não precise prestar atenção na "ação do momento" ou em minúsculas oscilações no mercado. É só escolher um plano simples que não envolva ações da moda ou adivinhações do rumo que o mercado tomará e, em seguida, programar transferências automáticas para sua conta de investimentos. Assim, na prática você acaba investindo sem perceber, porque não precisa fazer esforço algum. Pode se concentrar em viver sua vida (fazer bem o seu trabalho, encontrar os amigos, conhecer países diferentes, comer em ótimos restaurantes) em vez de se preocupar com dinheiro. Eu poderia chamar essa estratégia de Investimentos Zen Para Pessoas Com Vidas Reais (e é por isso que nunca serei contratado para criar nomes de produtos).

Bom demais para ser verdade?

A descrição que fiz do investimento automatizado foi como dizer "Filhotinhos são fofos". Ninguém discordaria. Parece um sistema perfeito, mas e quando o mercado sofre uma queda? Não é tão fácil se ater ao plano nessas ocasiões. Conheço várias pessoas que seguiam esse tipo de plano e em 2008, quando o mercado de ações sofreu perdas gigantescas, venderam tudo na mesma hora. Um erro crasso. A prova de fogo de um verdadeiro adepto do investimento automatizado não é quando as coisas estão melhorando, e sim quando estão piorando. Por exemplo, em outubro de 2018 o mercado de ações despencou e uma das minhas contas de investimentos perdeu mais de 100 mil dólares. Fiz o que sempre faço: continuei investindo automaticamente todo mês.

Você acredita em tudo que seus amigos dizem?

PERGUNTA: MEUS AMIGOS ME DISSERAM QUE INVESTIR É MUITO ARRISCADO E QUE POSSO PERDER TODO O MEU DINHEIRO. É VERDADE?

RESPOSTA: Essa é uma reação emocional instintiva, e não uma resposta razoável e lógica. Entendo o medo de investir, ainda mais quando lemos ou ouvimos na mídia coisas como "correção de mercado" e "Ação cai 10% da noite para o dia". Com notícias assim, é fácil praticar o estilo NFN de investimentos – Não Fazer Nada. O triste é que as pessoas que têm medo de investir no mercado agora são, em geral, as mesmas que compram quando os preços estão nas alturas. Como disse Warren Buffett, os investidores devem "ter medo quando os outros estão ambiciosos e ser ambiciosos quando os outros estão com medo".

A sua situação é diferente. Você entende como os investimentos funcionam, então pode pôr em prática um método de longo prazo. Sim, em tese é possível perder todo o seu dinheiro.

Mas, se você montar uma carteira diversificada (ou "equilibrada"), isso não vai acontecer.

Seus amigos provavelmente têm medo dos riscos: "Você pode perder tudo!", "Como vai ter tempo para aprender a investir?", "Tem muito pilantra por aí para pegar seu dinheiro".

E quanto ao dinheiro que eles estão perdendo todo dia por não investirem?

Pergunte a seus amigos qual foi o retorno médio do S&P 500 nos últimos 70 anos. Quanto eles teriam se investissem 10 mil reais hoje e não tocassem no dinheiro por 10 (ou 15) anos? Eles não vão saber, porque não têm ideia nem da taxa básica de rentabilidade (8%). Quem diz que investir é muito arriscado não tem o menor conhecimento sobre o assunto.

É preciso ter força para saber que você está basicamente comprando ações na promoção – e que, se estiver investindo a longo prazo, o melhor momento de fazer dinheiro é quando todo mundo está fugindo do mercado.

Comecei a investir há cerca de três anos, depois de ler um monte de livros sobre finanças, entre eles o seu. Comecei um tanto tarde, com quase 31 anos, mas sinto que progredi bem. Sou o primeiro da minha família a fazer isso, então levei um tempo para aprender o caminho das pedras, mas agora está tudo no piloto automático, então a sensação é ótima.

— Joe Fruh, 34

Moral da história: Investimentos automatizados podem não soar tão interessantes quanto fundos de hedge e papéis de biotecnologia, mas funcionam muito melhor. Afinal, voltamos à questão: você prefere parecer rico ou *ser* rico?

A MAGIA DA INDEPENDÊNCIA FINANCEIRA

Eu me lembro de falar na TV sobre *Como ficar rico*. Antes de ligarem as câmeras, o apresentador se inclinou para perto de mim e me deu os parabéns pelo livro.

– Muito bom – disse ele. – Você ainda precisa trabalhar?

Percebi que nunca tinha pensado naquilo.

– Não – respondi. – Não preciso mais trabalhar.

Foi um momento impactante para mim. E é um exemplo do Ponto de Virada, quando os rendimentos dos investimentos de alguém passam a cobrir suas despesas. Automaticamente.

Imagine você acordar um dia e ver que tem dinheiro para nunca mais precisar trabalhar. Em outras palavras, seus investimentos estão rendendo tanto que *seu dinheiro está gerando mais dinheiro que o seu salário*. Esse é o Ponto de Virada, descrito pela primeira vez por Vicki Robin e Joe Dominguez em *O dinheiro ou a vida*.

É uma ideia extremamente influente no mundo das finanças pessoais: dinheiro gera dinheiro e, em dado momento, rende tanto que cobre todas as suas despesas. Isso também é conhecido como "independência financeira".

O que você pode fazer depois que chegar ao Ponto de Virada? Nada. Pode acordar, tomar um café da manhã de três horas, ir à academia, encontrar amigos e praticar seu hobby. Você pode escolher trabalhar ou não trabalhar – afinal, seria possível passar o resto da vida gastando seus investimentos.

Muita gente chama isso de "aposentadoria precoce". Independência financeira (em inglês, FI, de *financial independence*) + aposentadoria precoce (RE, de *retiring early*) = FIRE. Existem também os adeptos do "LeanFire", pessoas que decidiram que podem sobreviver com uma quantia "enxuta" (*lean*) – o que nos Estados Unidos fica entre 3 e 4 mil dólares mensais – para sempre. Elas rejeitam o materialismo e valorizam a simplicidade, geralmente ao extremo.

Já o "FatFire" é para pessoas que querem levar uma vida extravagante, com os mais altos níveis de gastança. Já se perguntou como as celebridades conseguem gastar 250 mil em uma única festa? É porque o dinheiro delas está rendendo tanto que é preciso *se esforçar* para gastá-lo. Em 2018, por exemplo, Oprah Winfrey comprou uma casa por 8 milhões de dólares. Parece um valor surreal, não? Mas acontece que, como o patrimônio dela na época era de mais de 4 bilhões de dólares, se esse dinheiro fosse investido de forma conservadora e rendesse 4%, só os investimentos de Oprah (sem contar seu salário) lhe renderiam 160 milhões naquele ano. Na prática, a casa foi um trocado para ela.

Agora adapte isso à sua vida. A maioria das pessoas não vai chegar a um patrimônio de 125 milhões, mas e se você tivesse 1 milhão? Dois milhões? Cinco? Faça os cálculos (pressupondo um rendimento de 8%) para ver quanto renderia. É de cair o queixo.

Quando alcança a independência financeira, você passa a ser sustentado pelas decisões que tomou anos antes. É como uma criança indiana que estuda 10 horas por dia para entrar na faculdade e consegue oportunidades incríveis décadas depois. O pequeno Raj não se lembra de todo o tempo que passou estudando, mas ama os resultados de todo o esforço, mesmo que já tenham se passado 25 anos.

Vamos recapitular os termos:

- Independência financeira (FI): quando a pessoa já acumulou o suficiente que pode se sustentar com seus investimentos para sempre.

- Aposentadoria precoce (RE): geralmente na casa dos 30 ou 40 anos.

- Independência financeira + aposentadoria precoce (FIRE): pense em uma pessoa que se aposenta aos 30 e poucos anos e tecnicamente não precisa trabalhar nunca mais porque os investimentos dela cobrem suas despesas anuais para sempre.

- LeanFire: quando a pessoa quer levar uma vida "enxuta", vivendo com relativamente pouco. É provável que esteja fazendo coisas divertidas como caminhadas no parque ou observação de pássaros.

- FatFire: quando a pessoa quer ser independente financeiramente e se aposentar cedo mas tem um estilo de vida extravagante – voar na primeira classe e se hospedar em hotéis de luxo, ou bancar três filhos em escola particular.

Alcançar o FIRE não é fácil. E a maioria das pessoas acha que isso não é para elas. "Sou muito jovem para pensar nisso", dizem. Então, poucos anos depois, falam que "Está tarde demais para começar" (é engraçado como a desculpa muda tão rápido). Ou o floreio final do raciocínio: "Prefiro gastar meu dinheiro agora a ficar contando centavos pelos próximos 30 anos."

A verdadeira resposta, porém, é que você pode escolher se o Ponto de Virada faz parte da sua Vida Rica – e, se desejar alcançá-lo, pode decidir como chegar lá.

Muitos adeptos da filosofia de independência financeira se concentram em poupar uma parcela enorme do salário. Esqueça a ideia de economizar 10% ou 20%, dizem. Que tal 70%?

Por exemplo, se a sua renda familiar for de 7 mil reais e suas despesas forem de 6 mil, você poderia chegar ao ponto de virada em 38 anos se seguisse os conselhos habituais de poupar e investir 10%... ou bem mais cedo.

Como?

Vou lhe mostrar a seguir, com alguns números reais.

Opção 1: Reduzir suas despesas mensais para 3 mil, ou pouco mais de dois salários mínimos. Muita gente acha difícil imaginar como viver com esse valor, mas existem inúmeros exemplos on-line de seguidores do LeanFire que fazem isso – ajustando o valor para a realidade de cada país ou mesmo da região em que moram. Com essa estratégia, você poderia alcançar o ponto de virada em pouco mais de 12 anos. (Que fique bem claro: 12 anos é muito pouco tempo para um ponto de virada, mas você precisará gastar no máximo 3 mil reais por mês.)

Opção 2: Aumentar sua renda. Digamos que você siga meus conselhos para negociar seu salário e receba um aumento de 30%. Se investir esse dinheiro, você chegará ao ponto de virada em 22 anos. Mais uma vez, perceba que é mais tempo que na Opção 1 (muito mais), porém você poderá gastar mais.

Opção 3: Fazer um misto das duas. Se aumentar sua renda em 30% e cortar os gastos também em 30%, você chegará ao ponto de virada em nove anos. Nesse caso, o tempo para alcançá-lo é curtíssimo e os gastos são relativamente altos. Isso mostra o poder de atacar tanto a renda quanto as despesas.

A maioria das pessoas nunca pensa no que ganha e no que gasta dessa forma, por isso faz o mesmo que quase todo mundo: guarda um pouco de dinheiro todo ano, trabalha por décadas e fica reclamando dos impostos nas redes sociais sem saber bulhufas do assunto. Neste capítulo você vai perceber que, se quiser, pode mudar de modo definitivo como enxerga a duração da sua carreira. Ganhe mais. Gaste menos. Ou ganhe mais e gaste mais! *Você* decide como será sua Vida Rica.

Na realidade, eu tenho um pé atrás com o conceito FIRE. Por um lado, adoro qualquer estratégia que ajude as pessoas a ter mais consciência de seus gastos e suas economias. O FIRE é um antídoto à insípida taxa de poupança nos Estados Unidos: aniquila o padrão de 10% ao mostrar que guardar 25%, 40% ou até 70% da renda é possível – se você tiver total clareza dos seus objetivos.

Por outro lado, muita gente que adere ao FIRE mostra sinais clássicos de estresse, ansiedade e até depressão e fica achando que atingir um número mítico na tabela é o caminho para sua felicidade. Não é.

Você pode ver isso ao entrar no subreddit "independência financeira", onde encontrará milhares de pessoas obcecadas em se aposentar o mais rápido possível.

Um usuário escreveu:

"Quando observo os últimos anos da minha vida e minha conta bancária, percebo que abriria mão de uma boa quantia e trabalharia mais anos se isso me desse a possibilidade de viver mais experiências e encontrar mais paixões que pudesse levar comigo para sempre, em especial com alguém que amasse. Construí meu patrimônio, mas nunca construí minha vida."

Não tenho problema algum com a ideia de estabelecer um objetivo financeiro arrojado (na verdade, adoro). Não tenho problema algum com pessoas que têm metas financeiras diferentes das minhas. No entanto, quando elas usam palavras como "infeliz", "competição desenfreada" e "ansiedade", é sinal de perigo.

Minha sugestão: lembre que a vida é vivida fora da planilha. Seja o mais arrojado que quiser com seus objetivos (sonhe grande!), mas sem esquecer que o dinheiro é apenas uma pequena parte de uma Vida Rica.

MAIS CONVENIÊNCIA OU MAIS CONTROLE: VOCÊ ESCOLHE

Quero que investir seja o mais indolor possível para você, então vou fazer o seguinte: vou apresentar uma versão fácil e uma versão mais avançada. Se você for do tipo que deseja que seu dinheiro cresça com o mínimo de esforço da sua parte e não liga para toda a base teórica, vá para a página 263. Lá você encontrará o passo a passo para escolher um único investimento (um fundo de data-alvo) e começar a investir em poucas horas.

Por outro lado, se você for um nerd como eu e quiser aprender como funciona (e talvez até personalizar sua carteira para ter mais controle), continue lendo. Vou mostrar os elementos fundamentais de uma carteira e ajudar você a montar uma que seja ao mesmo tempo agressiva e diversificada.

INVESTIR NÃO É ESCOLHER AÇÕES

Não mesmo. Pergunte a seus amigos o que eles acham que significa investir e aposto que eles dirão algo sobre "a bolsa". Pessoal, não tem como acertar sistematicamente as ações que vão se valorizar acima do mercado. É muito fácil cometer erros, tais como se sentir confiante demais em suas escolhas ou entrar em pânico quando os investimentos desvalorizam, mesmo que pouco. Como vimos no Capítulo 6, nem os especialistas conseguem adivinhar o que vai acontecer no mercado de ações. No entanto, por terem ouvido falar disso repetidamente em inúmeros blogs e vídeos, as pessoas acham que investir é adivinhar quais ações vão estourar e que qualquer um pode conseguir isso. Não é verdade. Detesto dizer isto, mas nem todo mundo tem sucesso na bolsa. Aliás, a maioria desses supostos "especialistas" se ferra.

O que pouca gente sabe é que o maior fator para prever a volatilidade da sua carteira não tem a ver com as ações individuais que você seleciona, como a maioria das pessoas pensa, e sim com a variedade de ações e títulos. Em 1986, os pesquisadores Gary Brinson, Randolph Hood e Gilbert Beebower publicaram um estudo na revista *Financial Analysts Journal* que abalou o mundo financeiro. Eles demonstraram que mais de 90% da volatilidade de uma carteira é resultado da alocação de ativos. Sei que "alocação de ativos" parece uma expressão vazia, como "declaração de missão" ou "aliança estratégica", mas não é. A alocação de ativos é seu plano para investir, a forma como você distribui os investimentos na sua carteira entre ações, títulos e dinheiro em caixa. Em outras palavras, ao diversificar seus investimentos entre diferentes tipos de ativo (como ações e títulos ou, melhor ainda, fundos de ações e fundos de títulos), você pode controlar o risco na sua carteira e, assim, administrar quanto dinheiro, em média, perderá por causa da volatilidade. Na realidade, a forma como você aloca seus ativos – seja 100% em ações ou 90% em ações e 10% em títulos – gera uma diferença enorme sobre seus rendimentos. (Mais tarde, outros pesquisadores tentaram medir a correlação entre volatilidade e rendimentos, mas a resposta acabou sendo bem complicada.) Digamos apenas que a alocação de ativos é a parte mais significativa da sua carteira sobre a qual você tem controle.

Pense em um ponto essencial: *Seu plano de investimentos é mais importante que seus investimentos em si.*

Este livro, por exemplo. Se aplicarmos o mesmo princípio a ele, isso quer dizer que a forma como o organizei (meu sumário) é mais importante que qualquer palavra específica nele. Faz sentido, não é mesmo? Bem, isso também vale para os investimentos. Se você alocar seu dinheiro do jeito certo – por exemplo, não investir tudo em uma ação, mas dividi-lo entre diferentes tipos de fundo –, não precisará se preocupar com a possibilidade de uma única ação reduzir o valor da sua carteira à metade. Na verdade, o investidor individual ganha mais quando diversifica seus investimentos. Para saber como alocar seus ativos, é necessário conhecer as opções básicas disponíveis, que é o que veremos a seguir.

Como não é possível cronometrar o mercado ou selecionar ações específicas com sucesso, a alocação de ativos deve ser o maior foco da sua estratégia de investimentos, porque é o único fator que afeta o risco e os rendimentos que está sob seu domínio.
– **William Bernstein, autor de** *The Four Pillars of Investing:*
Lessons for Building a Winning Portfolio

A PIRÂMIDE DE INVESTIMENTOS

Se você não tiver interesse na mecânica de investir e quiser ver logo qual é a opção mais simples, vá para a página 263. Se, no entanto, quiser saber mais sobre como as peças dessa máquina se encaixam, continue aqui.

A Pirâmide de Opções de Investimento a seguir representa suas possíveis escolhas. Na base está o nível mais simples, no qual você pode investir em ações ou títulos ou simplesmente manter seu dinheiro disponível. Estou simplificando ao extremo, porque existem milhares de tipos de ações e títulos, mas você entendeu a ideia geral. Logo acima da base estão os fundos de índice e os fundos mútuos. Por fim, no topo da pirâmide estão os fundos de data-alvo.

PIRÂMIDE DE OPÇÕES DE INVESTIMENTO

FUNDOS DE DATA-ALVO
- Mais conveniência
- Menos controle
- Rentabilidade mais previsível no longo prazo

FUNDOS DE ÍNDICE / FUNDOS MÚTUOS
- Nível médio de conveniência
- Podem ter taxas baixas (fundos de índice) ou altas (muitos fundos mútuos)
- Mais controle que fundos de data-alvo, menos controle que ações/títulos
- Rentabilidade relativamente previsível no longo prazo

AÇÕES / TÍTULOS / DINHEIRO EM CAIXA
- Ações individuais e títulos são muito inconvenientes de escolher e manter
- Alto controle
- Ações individuais têm rentabilidade muito imprevisível e em geral abaixo do mercado (mas às vezes o superam)
- Títulos têm rentabilidade muito previsível, mas em geral rendem menos que ações

Vejamos agora cada uma dessas categorias de investimento (também chamadas de "classes de ativos").

Ações

Quando compramos ações, estamos adquirindo partes de uma empresa. Se essa empresa tiver um bom desempenho, espera-se que o mesmo aconteça com suas ações. Quando falam sobre "o mercado", em geral as pessoas estão se referindo a um índice de ações como o Dow Jones (30 grandes empresas americanas) ou o S&P 500 (500 empresas com alta capitalização de mercado). Aficionados por investimento talvez estejam se perguntando: qual é a diferença entre os índices? Existem várias distinções, mas elas não importam muito para suas finanças pessoais. Cada índice é como uma faculdade: há comitês que determinam os critérios para que as empresas entrem nele, e esses critérios podem mudar ao longo do tempo.

A bolsa de valores (isto é, as ações como categoria) oferece uma rentabilidade excelente. Como sabemos, o mercado de ações em geral rende cerca de 8% ao ano. É possível obter muito mais que essa média (superar o mercado) se você comprar uma ação vencedora – ou muito menos se escolher uma perdedora. Embora a bolsa ofereça excelentes rendimentos ao longo do tempo, ações individuais são mais incertas. Se investir todo o seu dinheiro nos papéis de uma única empresa, por exemplo, você pode obter um retorno enorme, mas também é possível que a empresa afunde e você perca tudo.

As ações têm sido uma boa forma de obter rendimentos significativos no longo prazo, mas não aconselho você a escolher por conta própria, porque é extremamente difícil acertar. O complicado das ações é que nunca sabemos o que vai acontecer. Em 2018, por exemplo, o aplicativo Snapchat anunciou um novo design de interface e sofreu uma queda de 9,5% em suas ações em um único dia. E o contrário pode acontecer se uma empresa divulgar boas notícias.

No Capítulo 6, demonstrei que nem mesmo profissionais que vivem disso conseguem prever o que vai acontecer com as ações. E estamos falando de analistas qualificados, capazes de ler prospectos como eu leio o cardápio de um restaurante indiano: de modo impecável. Se nem esses especialistas que devoram relatórios anuais e entendem balanços patrimoniais como ninguém conseguem vencer o mercado, quais as chances de você escolher ações que vão se valorizar?

Bem pequenas. É por isso que investidores individuais como você e eu não devem investir em ações específicas. É melhor escolher fundos, que são coleções de ações (e às vezes, para diversificar, títulos). Eles reduzem o risco e criam uma carteira diversificada que nos permite dormir à noite. Mas falaremos mais sobre isso depois.

Títulos de dívida

Títulos são basicamente documentos que atestam dívidas de empresas ou do governo. (Tecnicamente, títulos são investimentos com prazo mais longo, enquanto certificados de depósito bancário, ou CDBs, são empréstimos de dinheiro a bancos. Como os dois são muito parecidos, vamos chamá-los de títulos para simplificar as coisas.) Se você comprar um título com vencimento de um ano, é o mesmo que o banco ou o governo dizer: "Olha, se você nos emprestar 100 reais agora, vamos lhe devolver 110 daqui a um ano."

Uma das vantagens dos títulos (quando se pensa nos prefixados) é a possibilidade de escolher o prazo (2, 5, 10 anos e por aí vai) e saber exatamente quanto vai receber ao fim desse período. Além disso, os títulos (em especial os do governo) costumam ser estáveis e permitem diminuir o risco da sua carteira. Veja bem, a única forma de perder dinheiro com um título público é se o governo der calote nos empréstimos – e isso não acontece. Se ficar com pouco dinheiro em caixa, basta imprimir mais. Isso é que é negócio.

No entanto, como os títulos públicos são um investimento de baixo risco, a rentabilidade (mesmo de um ativo tão seguro) é bem menor que a de ações excelentes. Outra desvantagem é a falta de liquidez, ou seja, seu dinheiro fica preso por determinado período. Quer dizer, você até pode resgatar antes do vencimento, mas talvez perca dinheiro nisso, então não é uma boa ideia.

Considerando essas características, que tipo de pessoa você acha que investiria em títulos? Vejamos... Estabilidade, taxa de rendimentos praticamente garantida, porém com retornos mais ou menos baixos... Quem seria?

Em geral, pessoas ricas e idosos gostam de títulos. Idosos porque querem saber a quantia exata que receberão no mês seguinte para seus remédios ou qualquer outro item de que precisem. Além disso, alguns desses vovozinhos e vovozinhas não aguentam a volatilidade do mercado de ações, porque não têm muitas outras fontes de renda para se sustentar.

Os ricos, por outro lado, tendem a se tornar mais conservadores por terem tanto dinheiro. Veja por este lado: se você tem 10 mil, vai querer investir de forma arrojada para que seu dinheiro renda. Mas, se tiver 10 milhões, seu objetivo deixa de ser um crescimento agressivo e passa a ser a preservação do capital. Certa vez, Chuck Jaffe escreveu uma coluna para a CBS Marketwatch em que contou uma velha história sobre o famoso comediante Groucho Marx, que era um investidor ávido.

Um operador da bolsa perguntou a ele:

– Ei, Groucho, onde você investe seu dinheiro?

– Deixo tudo em títulos do Tesouro.

– Isso não rende muito – gritou outro operador.

– Se você tiver uma boa quantidade, rende, sim – retrucou Groucho, fazendo graça.

Se tiver muito dinheiro, a pessoa aceita retornos menores em troca de segurança. Assim, um título que renda 3% ou 4% ao ano é atraente para alguém rico; afinal, 3% de 10 milhões é bastante coisa.

Dinheiro em caixa

No vocabulário dos investimentos, caixa é o dinheiro que fica na conta-corrente remunerada ou em outra aplicação que renda muito pouco. Tradicionalmente, é a terceira parte de uma carteira, ao lado de ações e títulos. É bom ter dinheiro disponível de imediato para emergências e como uma barreira de proteção caso o mercado entre em queda. É claro que há um preço a pagar por essa segurança: o dinheiro em caixa é a parte mais protegida da sua carteira, mas oferece a menor recompensa. Na verdade, se considerarmos a inflação, estamos perdendo dinheiro.

É por isso que digo que o dinheiro em caixa é parte tradicional de uma carteira. Desde que você contribua para sua aposentadoria e seus outros objetivos (como descrito no Capítulo 5) e tenha o suficiente para emergências com certa folga, tudo bem. Não se preocupe em ter dinheiro em caixa, mesmo rendendo pouco. Vamos simplificar as coisas.

ALOCAÇÃO DE ATIVOS: ONDE A MAIORIA DOS INVESTIDORES ERRA

Se tiver comprado todos os tipos de ações ou de fundos de ações, você agora tem uma carteira diversificada, mas apenas na classe de ações. É como ser a pessoa mais bonita do povoado de Friendship, no estado de Wisconsin – é legal, mas estamos falando de uma concorrência limitada. (Friendship é um lugar real.)

É importante diversificar em ações, mas é ainda mais importante incluir em sua carteira outras classes de ativos, como títulos. Investir em apenas uma categoria é arriscado no longo prazo. É aí que o conceito crucial de alocação de ativos entra em cena. Lembre-se dele assim: *diversificação* começa com D de mergulhar Dentro de uma categoria (por exemplo, comprar diferentes tipos de ações: de grandes ou de pequenas empresas, ações internacionais, etc.) e *alocação de ativos* começa com A de Ampliar os horizontes em todas as categorias (por exemplo, ações *e* títulos).

90 anos da rentabilidade anual média de ações e títulos

Aswath Damodaran, professor de finanças corporativas da Universidade de Nova York, analisou 90 anos de retornos de investimentos. Estes números nos mostram a rentabilidade do índice S&P 500 em um período bem longo.

Ações	Títulos	Dinheiro em caixa
Risco maior	Risco menor	Risco muito baixo. Guardado no banco, e não debaixo do colchão.
11,5%	5,2%	3,4%

Lembre-se de que rendimentos passados não garantem resultados futuros. Quanto aos aspectos mais técnicos, observe também que esses rendimentos são uma média aritmética (a taxa de retorno é de 9,5%) e não consideram a inflação.

Ao determinar onde alocar seus ativos, um dos fatores mais importantes é a rentabilidade que cada categoria oferece. É claro que você vai esperar retornos distintos de tipos distintos de investimento. Em geral, riscos mais altos têm potencial de retornos maiores. Observe a tabela anterior. À primeira vista, parece claro que as ações têm o maior retorno. Então vamos todos investir nelas!

Calma. Lembre-se: recompensas maiores implicam risco maior. Se você estiver cheio de ações e sua carteira cair 35% ano que vem, você de repente se verá aprisionado financeiramente, sobrevivendo à base de pão com ovo, esperando para ver se seu dinheiro se valoriza ou se você morre antes.

A alocação de ativos é uma das decisões mais importantes da sua vida. É uma escolha que pode valer centenas de milhares de reais – em alguns casos, até milhões. Mas a natureza humana tem algo peculiar: temos mais probabilidade de conversar sobre um restaurante novo ou uma série de TV do que sobre nossa alocação de ativos.

Aliás, quantas pessoas nunca sequer ouviram falar de "alocação de ativos"?

Isso ocorre porque a mídia acha que é um conceito muito complicado, então recorre a palavras como "segurança" e "crescimento". Na verdade, a alocação de ativos é uma das *únicas* coisas que importam – e acredito que você seja capaz de aprender o conceito.

As consequências são reais. Muitos já ouviram falar de pessoas na faixa dos 50 ou 60 anos cuja carteira sofreu graves perdas durante a última recessão. Os ativos delas não estavam bem alocados: elas nunca deveriam ter investido tudo em ações (nem deveriam ter vendido na baixa; se tivessem mantido seus ativos, teriam obtido boas recompensas ao longo do tempo).

Idade e tolerância ao risco são fatores importantes. Se você tiver 25 anos, com décadas à frente para deixar seu dinheiro crescendo, é provável que uma carteira composta principalmente por fundos de ações faça sentido. Por outro lado, se for mais velho, com a aposentadoria chegando, é bom maneirar nos riscos. Mesmo que o mercado entre em baixa, você terá controle sobre sua alocação de ativos. Se tiver uma idade ainda mais avançada – em especial 60 anos ou mais, por favor –, uma grande parcela da sua carteira deve ser composta por títulos conservadores.

Títulos atuam como um contrapeso a ações, geralmente subindo quando elas caem e reduzindo o risco da carteira. Ao investir parte do seu patrimônio neles, você diminui uma parcela do risco a que está exposto. É claro que, se aquela ação da empresa de biotecnologia se valorizar 200%, você vai pensar que teria sido melhor ter investido nela o valor que alocou em títulos. Mas, se despencar, você vai ficar feliz por ter títulos para amortecer a queda. Embora possa parecer contraditório, o desempenho geral da sua carteira será melhor se você incluir títulos. Como costumam ter um desempenho melhor quando as ações caem, eles reduzem bastante seu risco e limitam só um pouco seus retornos.

Talvez você diga: "Mas, Ramit, eu sou jovem e quero investir de forma agressiva. Não preciso de títulos." Concordo. Os títulos não são para pessoas muito novas. Se você estiver com 20 ou 30 e poucos anos e não precisar diminuir seus riscos, pode investir apenas em fundos de ações e deixar que o tempo lhe traga um pouco de segurança.

AÇÕES E TÍTULOS E SEUS MUITOS SABORES*

Ações	Títulos
Large caps: Empresas grandes com capitalização de mercado ("valor de mercado", que é definido como a quantidade de ações emitidas multiplicada pela cotação individual) acima de 10 bilhões de dólares.	**Públicos**: Investimento extremamente seguro, pois é emitido pelo governo. Em compensação, tendem a render menos que as ações.

---

* No caso brasileiro, o título público é um investimento geralmente seguro e muitas vezes rende mais do que as ações. Por outro lado, os títulos de crédito privado se mostraram muito arriscados; o caso da fraude na rede de varejo Americanas, que veio à tona em 2023, é emblemático desse risco. Não é possível afirmar que sejam mais seguros do que ações, mas têm um rendimento mais previsível. As ações de crescimento são apostas no futuro da companhia e têm potencial, mas também muito risco. Já as ações de valor estão ligadas a empresas consolidadas e lucrativas.

Mid caps: Empresas de médio porte com valor de mercado entre 1 bilhão e 5 bilhões de dólares.

Small caps: Empresas menores, com valor de mercado abaixo de 1 bilhão de dólares.

Investimentos internacionais: Ações de empresas em outros países, entre eles mercados emergentes (como China e Índia) e desenvolvidos (como Reino Unido e Alemanha). Alguns podem ser comprados diretamente, mas talvez seja necessário adquiri-los através de fundos.

De crescimento: Ações cujo valor pode aumentar mais que o de outras, ou até que o do mercado no geral.

De valor: Ações que parecem estar com um preço bom (isto é, mais baratas do que deveriam).

Privados: Emitidos por empresas. Mais arriscados que títulos públicos, porém mais seguros que ações.

Curto prazo: Títulos com vencimento geralmente inferior a três anos.

Longo prazo: Com vencimento para daqui a 10 anos ou mais e, por isso, com rentabilidade mais elevada que os de curto prazo.

Municipais: Também conhecidos como "munis", são títulos emitidos por governos locais.

Indexados à inflação: Títulos vinculados ao IPCA, ou seja, vão render sempre acima da inflação. São investimentos com altíssimo nível de segurança.

Entretanto, dos 30 em diante, o ideal é que você comece a equilibrar sua carteira, acrescentando títulos para diminuir o risco. E se a bolsa ficar ruim por muito tempo? É aí que você precisa já possuir títulos, para compensar as vacas magras.

Outro cenário interessante que pede uma carteira com mais títulos para ter menos risco: se você já construiu um patrimônio bem grande, seu perfil de risco é diferente. Em um exemplo famoso, perguntaram em uma entrevista com a especialista em finanças pessoais Suze Orman qual era o valor do patrimônio dela. A resposta: "Um jornalista estimou que meu patrimônio líquido seja de 25 milhões de dólares. É bem próximo disso. Sem contar 7 milhões em imóveis."

O jornalista então perguntou em que ela investia. À exceção de 1 milhão em ações, o restante estava aplicado em títulos, disse Susan.

O mundo das finanças pessoais ficou horrorizado. Todo aquele dinheiro em títulos?

Mas ela tem cerca de 25 milhões de bons motivos para isso que a maioria das pessoas não tem. Como um consultor financeiro me disse certa vez: "Depois que você ganhou o jogo, não tem por que correr riscos desnecessários."

A IMPORTÂNCIA DE DIVERSIFICAR

Agora que sabemos as informações básicas sobre cada classe de ativos (ações, títulos e dinheiro em caixa) da base da pirâmide, vamos explorar as diferentes opções dentro de cada uma delas. Basicamente, existem muitos tipos de ações e precisamos ter apenas uma pequena quantidade de todos eles. Isso também vale para os títulos. Essa estratégia é chamada de "diversificar", que significa, em essência, investir em todas as subcategorias de cada classe de ativos – ações e títulos.

Como mostra a tabela anterior, "ações" são uma categoria ampla que inclui diversos tipos, entre eles as large caps, mid caps, small caps e internacionais. Para acrescentar mais uma preocupação, nenhuma delas tem desempenho regular. No mesmo ano, small caps podem crescer em grandes porcentagens enquanto as internacionais despencam. E isso pode variar ano a ano. Algo semelhante ocorre com os títulos: cada tipo tem suas vantagens, como taxas de rentabilidade e vantagens fiscais distintas. Em seu livro *Skating Where the Puck Was* [Ficando para trás], William Bernstein recomenda resignar-se ao fato de que "diversificar com ativos arriscados oferece proteção limitada para dias ou anos ruins, mas protege, sim, contra décadas e gerações ruins, que podem ser bem mais prejudiciais à riqueza". O objetivo da diversificação é a segurança no longo prazo.

A CARTEIRA DA VOVÓ: ALOCAÇÕES DE ATIVOS TÍPICAS DE CADA IDADE

Veja alguns exemplos de alocações de ativos (mix de investimentos) de investidores típicos à medida que envelhecem. Estes números foram extraídos de fundos de data-alvo da Vanguard.

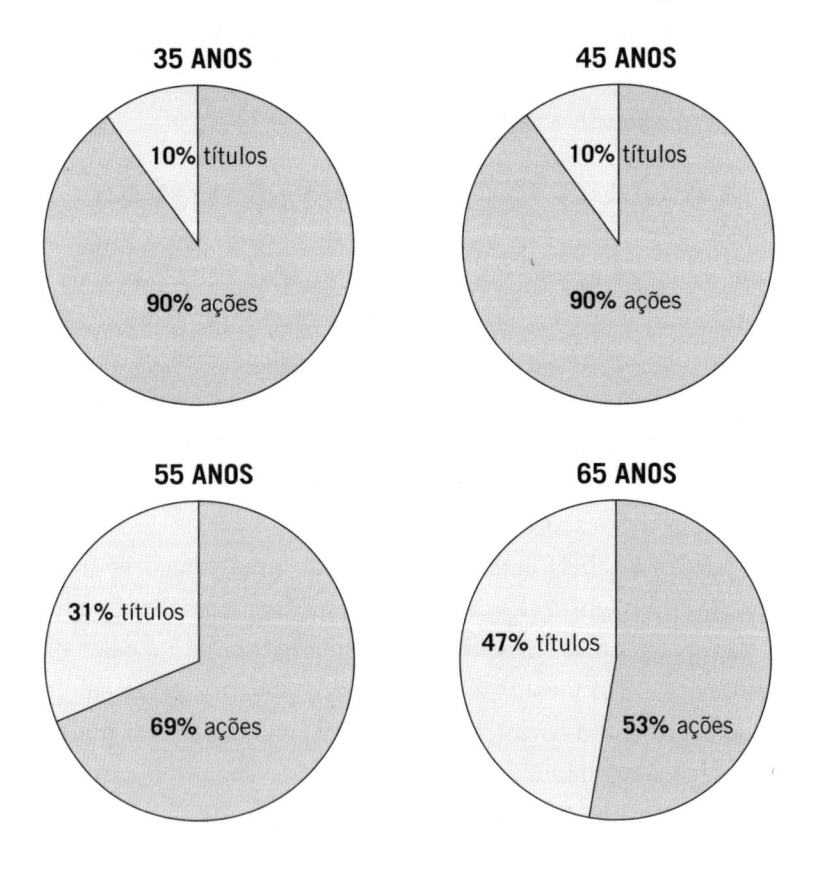

35 ANOS
- 10% títulos
- 90% ações

45 ANOS
- 10% títulos
- 90% ações

55 ANOS
- 31% títulos
- 69% ações

65 ANOS
- 47% títulos
- 53% ações

A grande variação de desempenho em cada classe de ativos significa duas coisas: primeiro, se você estiver pensando em investir para ficar rico rápido, é provável que perca dinheiro, porque não faz ideia do que acontecerá no futuro próximo. Qualquer um que afirme saber isso é um idiota ou um vendedor em busca de comissão. Segundo, você deve ter diferentes categorias de ações (e talvez de títulos) para equilibrar sua carteira. Não é bom possuir apenas small caps, por exemplo, ou fundos apenas desse tipo de ação, pois se elas performarem mal por 10 anos você vai se ferrar. No entanto, se tiver small caps, large caps, internacionais e assim por diante, estará protegido caso alguma dessas áreas despenque. Então, ao investir, diversifique, comprando todos os tipos de ações ou de fundos de ações para ter uma carteira equilibrada.

Essas alocações são apenas regras gerais. Algumas pessoas preferem colocar 100% do dinheiro em ações até chegarem aos 30-40 anos, enquanto outras são mais conservadoras e incluem alguns títulos na sua composição. Mas a grande lição a tirar de tudo isso é que, se estiver na casa dos 20 ou 30 anos, você pode ter uma proporção maior de ações e fundos de ações na sua carteira (mesmo que eles sofram uma queda temporária), porque o tempo está a seu favor.

E, sinceramente, se você estiver hesitando em começar a investir, o maior perigo que corre não é ter ativos de alto risco, e sim não dar o primeiro passo por preguiça ou medo. Por isso, é importante entender os conceitos básicos, mas sem se embrenhar demais em todas as variáveis e possibilidades.

Com o tempo, você pode mexer na sua alocação de ativos de modo a reduzir o risco e obter um retorno relativamente previsível. Daqui a 30 anos você provavelmente vai mudar bastante sua forma de investir. É natural: somos muito mais arrojados aos 30 que aos 60 anos, quando nos vemos envelhecendo e contando longas histórias dos cinco quilômetros que percorríamos a pé todo dia para estudar. O verdadeiro trabalho de investir é criar um plano que seja adequado à sua idade e ao seu nível de tolerância ao risco.

Tudo isso parece bem razoável, não? "Invisto de forma arrojada enquanto for jovem e passo a ser mais conservador à medida que envelheço."

Só tem um problema.

Como é que se faz isso? Quais investimentos específicos escolher? Você deve comprar ações individuais? (Não.) A maioria das pessoas para aqui, achando que investimentos se resumem a ações. Não é surpresa alguma que, quando tentam pensar de modo mais profundo sobre isso, fiquem confusas e adiem a decisão de investir para algum dia.

Não deixe que isso aconteça com você! Vamos subir na Pirâmide de Opções para ver outro elemento crucial dos investimentos: os fundos.

FUNDOS MÚTUOS: RAZOÁVEIS, CONVENIENTES, MAS MUITAS VEZES CAROS E INSTÁVEIS

O setor financeiro não é burro. Esse pessoal é engenhoso para criar produtos que atendam a necessidades dos investidores – ou necessidades que o setor quer que as pessoas tenham. Em 1924 foram inventados os fundos mútuos, que são simplesmente cestos cheios de investimentos de vários tipos (em geral ações). Para que os investidores não precisassem ter a tarefa hercúlea de escolher ações por conta própria, esses fundos permitiram que investidores comuns simplesmente escolhessem tipos de fundo que lhes atendessem. Por exemplo, existem fundos mútuos large cap, mid cap e small cap, além de fundos concentrados em biotecnologia, comunicações e até ações europeias ou asiáticas. São produtos extremamente populares, pois permitem selecionar apenas um fundo que contém ações diferentes, sem precisar se preocupar com a possibilidade de colocar ovos demais na mesma cesta (como é provável que você fizesse se fosse comprar ação por ação) e sem ter o trabalho de monitorar prospectos ou acompanhar as notícias do mercado. Os fundos oferecem diversificação instantânea, uma vez que incluem ações variadas.

Fundos mútuos são ferramentas financeiras de grande utilidade. Ao longo dos últimos 100 anos, provaram-se muito populares e lucrativos. Comparados a outros investimentos, têm sido extremamente rentáveis para Wall Street, uma vez que, em troca de uma "gestão ativa" (ter um especialista que escolhe as ações), as empresas que administram os fundos cobram taxas altíssimas. Essas taxas dão uma bela abocanhada no seu retorno. Para quê? Para nada! Você não precisa pagar isso! É claro que existem alguns fundos mútuos com taxas menores por aí, mas a maioria custa muito caro.

Mas não condeno as empresas por venderem esses fundos. Eles são responsáveis por atrair o americano médio aos investimentos e mesmo após as taxas são um excelente investimento, se comparados a deixar o dinheiro parado. Só que as coisas mudaram. Como vimos no Capítulo 6, hoje existem opções melhores: fundos de índice, com seu custo mais baixo e seu desempenho melhor.

Vantagens de fundos mútuos: A proposta de não dar trabalho significa que um especialista em gestão financeira toma as decisões por você. Fundos mútuos possuem uma ampla variedade de ações, de modo que, se uma empresa for à falência, seu fundo não despenca junto.

Desvantagens: Tarifas anuais podem custar caríssimo ao longo de toda a vida de um investimento por meio de taxas de administração, de entrada e de saída (cobranças de vendas inúteis que não acrescentam nada aos seus lucros). Tudo isso são formas de fazer com que os fundos mútuos rendam mais dinheiro para o sistema. Além disso, se você comprar dois fundos desse tipo, eles podem investir em muitos produtos iguais, o que significa que você talvez não tenha a diversificação que pensa. O pior: você paga a um "especialista" para administrar seu dinheiro e 75% deles não têm um desempenho melhor que o mercado.

Em suma, fundos mútuos são "populares" por serem práticos. No entanto, por serem caros por definição, fundos mútuos de gestão ativa não são mais o melhor investimento. A gestão ativa não consegue competir com a passiva – o que nos leva aos fundos de índice, os primos mais atraentes dos fundos mútuos.

Coloquei o primeiro dinheiro que ganhei em um fundo de gestão ativa cerca de um ano antes de ler seu livro e começar a entender de verdade os fundos mútuos. Era um investimento de longo prazo, então sem dúvida gerou lucro, mas, comparado a um fundo indexado, perdi algum retorno potencial. Obrigado, Ramit.

– Anand Trivedi, 35

FUNDOS DE ÍNDICE: OS PRIMOS BONITOS DE UMA FAMÍLIA FEIA

Em 1975, John Bogle, fundador da Vanguard, apresentou o primeiro fundo de índice do mundo. Esses fundos simples compram ações e se igualam ao mercado (mais precisamente, replicam um índice do mercado, como o S&P

500), ao contrário do fundo mútuo tradicional, que emprega uma equipe cara de "especialistas" que tentam prever quais ações irão bem, compram e vendem com frequência, geram impostos nesse processo e cobram taxas. Resumindo, você paga para perder dinheiro.

Fundos de índice estabelecem um padrão mais baixo: nada de especialistas. Eles não tentam ter um desempenho melhor que o mercado. Têm apenas um computador que tenta de forma automatizada criar uma correspondência com o índice e manter os custos baixos para você. Fundos de índice são o equivalente financeiro a "se não pode vencê-los, junte-se a eles". E fazem isso ao mesmo tempo que têm custo baixo, eficiência fiscal e praticamente nenhuma necessidade de manutenção. Em outras palavras, fundos de índice são coleções de ações que computadores gerenciam para tentar reproduzir determinado índice de mercado. Existem fundos de índice para o S&P 500, fundos da Ásia-Pacífico, fundos imobiliários... de qualquer coisa que você imaginar. Assim como os fundos mútuos, eles têm um código de negociação em bolsa (no Brasil, BOVA11, por exemplo).

Bogle argumentou que os fundos de índice ofereceriam um desempenho melhor para investidores individuais. Em geral, gestores de fundos mútuos não conseguiam se sair melhor que o mercado, mas cobravam taxas desnecessárias dos investidores.

Há um efeito curioso chamado de superioridade ilusória, que se refere ao fato de que todos nós pensamos ser melhores que os outros (especialmente nos Estados Unidos). Em um estudo, 93% dos participantes afirmaram estar entre os 50% mais hábeis ao volante – um número obviamente impossível. Acreditamos que temos uma memória melhor e que somos mais gentis, mais populares, mais imparciais que os outros. É bom acreditar nisso! Mas a psicologia nos mostrou que somos falhos.

Quando entendemos isso, Wall Street passa a fazer muito mais sentido: todos os gestores de fundo mútuo se acreditam capazes de superar o mercado. Para conseguir isso, usam análises e dados sofisticados e fazem operações frequentes de compra e venda. Ironicamente, isso gera muitos impostos e taxas, que, quando somados à taxa de administração, tornam quase impossível para o investidor médio superar – ou mesmo igualar – o mercado sistematicamente. Bogle optou por descartar o modelo antigo de fundos mútuos e apresentou os fundos de índice.

Hoje os fundos de índice são uma forma simples e eficiente de ganhar uma quantidade significativa de dinheiro. Observe, porém, que eles simplesmente replicam o mercado. Se você, um jovem adulto de 20 ou 30 e poucos anos, tiver todo o seu dinheiro alocado neles e o mercado sofrer uma queda (como ocorre de tempos em tempos), seu patrimônio vai despencar. Isso é muito provável! É normal que seus investimentos ganhem e percam valor. No longo prazo, porém, a bolsa sempre sobe. Um bônus dos fundos de índice é que você vai irritar seus amigos que trabalham no mercado financeiro por dar o dedo do meio para eles e para o sistema do qual fazem parte – e ficar com o dinheiro que você pagaria em taxas no seu bolso. Wall Street morre de medo de fundos de índice e tenta escondê-los, investindo em marketing de fundos mútuos e coisas sem sentido, como "fundos cinco estrelas", e alardeando seus esforços, não os resultados.

Os profissionais concordam: fundos de índice são ótimos investimentos

Você não precisa confiar cegamente em mim. Confira as declarações de alguns especialistas sobre os benefícios dos fundos de índice:

Acredito que 98% ou 99% (talvez mais que isso) das pessoas que investem deveriam adotar ampla diversificação em vez de girar patrimônio. A solução seria um fundo de índice de baixíssimo custo.
– Warren Buffett, um dos maiores investidores do mundo

Quando perceber como são poucos os gestores que superaram o mercado ao longo das últimas décadas, você pode adquirir a disciplina para fazer algo ainda melhor: se tornar um investidor de longo prazo por meio de um fundo de índice.
– Mark Hulbert, ex-editor do *Hulbert Financial Digest*

A mídia só fala de fundos ativos, que acertam alto mas por pouco tempo, em vez de falar dos fundos de índice, que têm acertos mais discretos mas acertam todo ano, de forma sistemática.
— W. Scott Simon, autor de *Index Mutual Funds: Profiting from an Investment Revolution*

TAXAS DE ADMINISTRAÇÃO ALTAS CUSTAM MAIS DO QUE VOCÊ PENSA

Valor na sua carteira	Custos anuais de um fundo de índice de baixo custo (0,14%)	Custos anuais de um fundo mútuo com gestão ativa (1%)
5 mil	7	50
25 mil	35	250
100 mil	140	1 mil
500 mil	700	5 mil
1 milhão	1.400	10 mil

Vantagens: Custo extremamente baixo, manutenção fácil e eficiência fiscal.

Desvantagens: Ao investir em fundos de índice, é comum que você precise comprar cotas de diversos fundos para criar uma alocação de ativos abrangente (embora comprar de apenas um seja melhor do que não fazer nada). Se você adquirir vários fundos de índice, terá que reequilibrar (ou ajustar seus investimentos para manter a alocação de ativos desejada) com certa frequência, em geral a cada 12 ou 18 meses. Os fundos costumam exigir um valor mínimo, embora isso muitas vezes seja dispensado se você fizer aplicações mensais automáticas.

Certo, então os fundos de índice são claramente muito superiores a ações individuais e títulos ou fundos mútuos. Com suas taxas baixas, eles são uma ótima escolha se você quiser criar e controlar a composição exata da sua carteira.

Mas e se você for uma dessas pessoas que sabem que nunca vão fazer a pesquisa necessária para descobrir uma boa alocação de ativos e quais fundos de índice comprar? Sejamos sinceros: a maioria não quer construir uma carteira diversificada, muito menos reequilibrar e monitorar sua carteira, ainda que apenas uma vez por ano.

Se você fizer parte desse grupo, existe a opção no topo da pirâmide de investimentos. É uma escolha facílima: fundos de data-alvo.

FUNDOS DE DATA-ALVO: O JEITO FÁCIL DE INVESTIR

Quer você esteja chegando aqui direto da página 244, quer tenha lido os conceitos básicos dos investimentos e decidido que, no fim das contas, deseja pegar o caminho mais fácil, tudo bem – fundos de data-alvo são a escolha mais simples.

Eles são meu investimento favorito porque incorporam a Solução dos 85%: não exatamente perfeitos, mas fáceis o suficiente para que qualquer um dê o primeiro passo, e funcionam bem.

A parte mais útil do livro para mim foi aprender os conceitos básicos do que de fato é preciso em uma conta de aposentadoria e a Solução dos 85%, que nos ajuda a tornar os investimentos "bons o bastante", para não ficarmos estressados tentando decidir qual tipo de fundo escolher. Gosto da ideia de agir, e escolher algum fundo de data-alvo é melhor que não guardar dinheiro.

— Karen Dudek-Brannan, 37

Fundos de data-alvo são fundos simples que diversificam seus investimentos de forma automatizada a partir de quando você planeja se aposentar (neste livro, vamos supor que você pretenda parar de trabalhar aos 65 anos). Esse tipo de fundo reequilibra ações e títulos por você. Se mais gente tivesse esse tipo de fundo durante a última recessão americana, muito menos pessoas prestes a se aposentar teriam sofrido quedas bruscas em suas contas de aposentadoria, porque os fundos de data-alvo teriam automaticamente adotado uma alocação de ativos mais conservadora conforme seus clientes se aproximassem da terceira idade. Esses fundos são, na verdade, "fundos de fundos", ou coleções de outros fundos, que oferecem diversificação automática. Eles podem incluir, por exemplo, fundos de ações large cap, mid cap, small cap e internacionais – que, por sua vez, conterão ações de cada uma dessas categorias. Em outras palavras, eles possuem cotas de muitos outros fundos, todos os quais incluem ações e renda fixa. Parece complicado, mas pode acreditar: isso facilita sua vida, porque você terá apenas um investimento, que dará conta de todo o resto.

Fundos de data-alvo são diferentes dos fundos de índice, que também têm baixo custo mas exigem que você possua cotas de diversos deles se quiser uma alocação de ativos abrangente. Isso significa que você precisa reequilibrar sua carteira regularmente, em geral todo ano, o que é um processo trabalhoso de redistribuir seu dinheiro em diferentes investimentos para voltar à sua alocação desejada (ou seu "gráfico de pizza" de ações, títulos e caixa). Uma trabalheira.

Por sorte, fundos de data-alvo selecionam de forma automática diversos investimentos com base na sua faixa etária. Eles começam com investimentos arrojados enquanto você está na casa dos 20 e se tornam mais conservadoras à medida que sua idade avança. Você não precisa fazer nada além de continuar aportando dinheiro.

No entanto, esse tipo de fundo não é um produto perfeito para todos, porque funciona segundo apenas uma variável: a data de aposentadoria desejada. Se tivesse recursos ilimitados (mais tempo, mais dinheiro e mais disciplina), você poderia obter rendimentos ligeiramente melhores montando uma carteira com base nas suas necessidades específicas, mas, apesar de termos crescido ouvindo de nossos pais que somos especiais, a verdade é que somos todos praticamente iguais. E poucos de nós têm os recursos ou a disposição necessários para ficar monitorando e ajustando a carteira o tempo inteiro. É por isso que fundos de data-alvo são ótimos: porque foram feitos especialmente para preguiçosos. Para muita gente, a facilidade proporcionada por esses fundos compensa (e muito) os retornos menores que podem decorrer de sua estrutura genérica. Na minha opinião, se isso fizer você começar a investir, as vantagens de ter um fundo que lida com todos os seus investimentos compensam qualquer desvantagem.

Fundos de data-alvo não são todos iguais. Alguns são mais caros que outros, mas quase todos têm custo baixo e eficiência fiscal. O melhor de tudo é que não exigem qualquer trabalho além de fazer aplicações automáticas uma vez por mês, bimestre ou ano. Você não vai precisar investir, monitorar ou reequilibrar por conta própria, porque eles fazem o trabalho confuso no seu lugar. Legal, não é?

Recomendo muito os fundos de data-alvo. São fáceis de entender, baratos e eficientes.

ESCOLHENDO E DE FATO FAZENDO SEUS INVESTIMENTOS

A esta altura, você já deve saber no que deseja investir: um fundo de data-alvo ou vários fundos de índice. Se estiver considerando comprar ações individuais porque acha que consegue bater o mercado ou porque soa mais interessante, quero que você pegue todo o seu dinheiro, coloque em uma sacola e ponha fogo. Pelo menos assim não vai precisar de um intermediador.

Se não quiser gastar uma eternidade administrando seu dinheiro e estiver satisfeito com a Solução dos 85% de investir em um fundo conveniente que seja bom o bastante e o deixe livre para levar sua vida e fazer o que ama, então escolha um fundo de data-alvo. Se estiver mais para um nerd das finanças, tiver disposição e tempo e quiser mais controle, escolha os fundos de índice.

UMA OPÇÃO COMUM DE INVESTIMENTO: A 401(K)

Como discutimos no Capítulo 3, se tiver coparticipação do seu empregador para seu plano 401(k), você precisa colaborar com ele antes de fazer qualquer outro investimento. Se sua empresa não oferecer coparticipação, passe para a seção sobre Roth IRA. Você já deve ter aberto sua 401(k), mas agora é hora de se concentrar em como alocar o dinheiro que está aplicando nela. Se tiver precisado selecionar fundos ao abrir sua conta, você pode voltar e mudar sua alocação. É só pedir o formulário para o RH ou, ainda melhor, fazer a modificação no site da sua 401(k).

Sabe como adoro reduzir as opções para fazer as pessoas agirem? Bem, as empresas que oferecem planos 401(k) levam isso ao extremo: oferecem alguns fundos de investimento para você escolher. Em geral, as opções são chamadas de algo como investimentos agressivos (um fundo composto majoritariamente de ações), investimentos moderados (esse fundo deve conter ações e títulos) e investimentos conservadores (basicamente títulos).

Se você não tiver certeza do que cada escolha significa, peça ao RH um folheto que descreva as diferenças entre os fundos. Observação: fique longe de "fundos do mercado monetário", que são apenas outra forma de dizer que seu dinheiro está parado. O ideal é que ele trabalhe para você.

Como uma pessoa ainda jovem, incentivo você a selecionar o fundo mais arrojado dentro do que considera confortável. Como você sabe, quanto mais arrojados formos na juventude, mais dinheiro provavelmente teremos mais tarde. Isso é especialmente importante com uma 401(k), que é uma conta de investimentos de prazo ultralongo.

Dependendo da empresa que seu empregador use para administrar sua 401(k), as opções de fundos talvez sejam um pouco salgadas em termos de taxa de administração (considero cara qualquer coisa acima de 0,75%). No entanto, se pusermos tudo na balança, você obterá vantagens fiscais enormes e o benefício da coparticipação do seu empregador. Então vale a pena investir nesses fundos, mesmo que não sejam perfeitos.

INVESTINDO COM SUA ROTH IRA

Depois da 401(k) com coparticipação, a melhor opção é a Roth IRA. (Estou certo de que não preciso lembrar que, além de acumular rendimentos com isenção de impostos, um dos maiores benefícios da Roth IRA é a flexibilidade para escolher qualquer fundo que você quiser.)

O dinheiro enviado para sua Roth IRA fica lá parado. Você precisa investi-lo para começar a obter bons retornos. O investimento mais fácil é um fundo de data-alvo. É só comprá-lo, configurar contribuições mensais automáticas e esquecer o assunto.

Escolhendo um fundo de data-alvo para sua Roth IRA

Suponhamos que você esteja procurando um fundo de data-alvo da Vanguard, o que recomendo que faça (embora existam muitas outras empresas confiáveis que oferecem esse tipo de produto).

Você perceberá que a Vanguard tem fundos com nomes como "Meta de Aposentadoria 2050", "Meta de Aposentadoria 2055" e "Meta de Aposentadoria 2060". A principal diferença entre eles é a alocação: quanto maior o número (que representa o ano em que você se aposentará), mais ações o fundo tem.

Para encontrar a melhor opção para a sua situação, escolha o ano em que é provável que se aposente. Se, como a maioria das pessoas, você estiver pensando em parar de trabalhar aos 65 anos, procure o fundo que mais se aproxime do ano em que chegará a essa idade (digamos, 2060). Você também pode buscar "Escolher fundo de data-alvo Vanguard".

Assim como a maioria dos fundos desse tipo, eles têm tarifas muito baixas. O melhor é que fazem realocações automáticas ao longo do tempo, então você não precisa se preocupar em reequilibrar (ou comprar e vender para manter a alocação de ativos que deseja). Resumindo, eles executam todas as tarefas difíceis. Tudo que você precisa fazer é contribuir com o máximo possível.

Algumas coisas que você deve ter em mente ao pesquisar esses fundos: algumas empresas os chamam de "fundos de data-alvo", enquanto outras os intitulam "previdência data-alvo" ou "fundos de ciclo de vida". É tudo a mesma coisa. Certas firmas exigem que se invista um mínimo – em geral, entre 1 mil e 3 mil –, mas esse valor pode ser dispensado se você concordar em investir automaticamente, o que deve fazer. Por fim, você pode escolher qualquer fundo de data-alvo, dependendo da sua idade e tolerância ao risco. Então, se tiver 25 anos e for bem avesso ao risco, pode selecionar um fundo projetado para alguém mais velho, o que lhe dará uma alocação de ativos mais conservadora.

Comprando seu fundo de data-alvo

Agora que você identificou um fundo no qual investir, o processo de comprar suas cotas é fácil.

Entre na sua Roth IRA (que abriu no Capítulo 3). Suas informações de login devem estar à mão se você tiver seguido minha dica da página 135.

Será preciso ter pelo menos dinheiro suficiente nela para cobrir o investimento mínimo no fundo, que costuma ser entre 1 mil e 3 mil.

A Regra dos 72

A Regra dos 72 é um atalho para descobrir quanto tempo vai levar para seu dinheiro dobrar. Basta dividir o número 72 pela taxa de rentabilidade que você vem obtendo e o resultado será a quantidade de anos. (Para os aficionados por matemática entre nós, a equação é: $72 \div \text{rentabilidade} = \text{anos}$.) Por exemplo, se seu fundo de índice estiver rendendo 10%, você vai levar pouco mais de sete anos (72 divididos por 10) para dobrar seu dinheiro. Dito de outro modo, se investisse 5 mil hoje, a uma taxa de rentabilidade de 10%, e deixasse o dinheiro alocado, você teria 10 mil em cerca de sete anos. E a partir daí ele volta a dobrar. É claro que é possível acumular ainda mais usando o poder dos juros compostos e aportando mais todo mês.

Algumas empresas abrem mão do valor mínimo se você agendar uma aplicação mensal de 50 ou 100 dólares (o que recomendo fazer), mas com algumas, entre elas a Vanguard, não tem conversa, e aí você tem que juntar essa quantia se realmente quiser entrar. Para comprar o fundo, digite no home broker (a plataforma de negociação) da sua corretora o código de negociação do fundo de data-alvo desejado. Será algo parecido com VFINX. Se não souber o código, pode procurar diretamente pelo nome.

Em seguida, clique em "comprar". *Voilà!*

A cada fundo que comprar, você poderá agendar novas contribuições automáticas todo mês.

ENTÃO VOCÊ QUER FAZER TUDO POR CONTA PRÓPRIA

Você não está satisfeito com a ideia de investir em apenas um fundo de data-alvo e quer selecionar seus próprios fundos de índice para montar sua carteira.

Tem certeza?

Se estiver buscando um investimento que faça 85% do trabalho em seu lugar (que você não precise monitorar, realocar nem acompanhar), é só usar um fundo de data-alvo da última seção.

(Deu para perceber que sou fã desses fundos?)

Lembre-se: a maioria das pessoas que tentam gerenciar a própria carteira não consegue nem igualar o desempenho do mercado. Elas vendem ao primeiro sinal de perigo ou giram muito os investimentos (compram e vendem com frequência), o que dilui seus rendimentos em impostos e taxas. O resultado são dezenas de milhares de reais perdidos ao longo do tempo. Além disso, se comprar fundos de índice individuais, você precisa balancear sua carteira todo ano para garantir que sua alocação de ativos ainda esteja dentro do desejado (falarei mais sobre isso daqui a pouco). Fundos de data-alvo fazem isso por você. Vá neles se quiser um jeito fácil de investir.

No entanto, se você quer ter maior controle sobre seus investimentos e sabe que tem disciplina para aguentar quedas e para balancear sua carteira pelo menos uma vez por ano, então montar sua própria carteira de fundos de índice é a escolha certa para você.

Certo, vamos lá. Caso tenha lido até aqui, acho que meus alertas não o dissuadiram dessa ideia. Já que não consigo assustá-lo, posso pelo menos ajudá-lo.

Como já discutimos, o segredo para montar uma carteira *não é* prever quais ações vão estourar, e sim alocar ativos equilibrados que permitam atravessar tempestades e crescer devagar, ao longo do tempo, até alcançar proporções gigantescas. Para ilustrar como alocar e diversificar sua carteira, vamos usar as recomendações de David Swensen. Swensen foi basicamente a Beyoncé da gestão financeira. Dirigiu o lendário fundo patrimonial da Universidade Yale e por mais de 30 anos gerou um impressionante retorno anualizado de 13,5%, enquanto a maioria dos gestores não consegue nem ultrapassar os tradicionais 8%. Isso significa que de 1985 até 2021, ano de seu falecimento, ele quase duplicou o dinheiro de Yale a cada cinco anos. O melhor de tudo é que Swensen foi um cara legal de verdade. Ele poderia ter ganhado centenas de milhões de dólares todo ano gerenciando um fundo próprio em Wall Street, mas escolheu permanecer em Yale por amar o mundo acadêmico. "Quando vejo colegas saindo de universidades para ganhar mais fazendo praticamente a mesma coisa, fico decepcionado, porque eu tenho uma missão a cumprir", afirmou ele. Sempre adorei esse cara.

Mas enfim, Swensen sugeria alocar seu dinheiro da seguinte forma:

30% – Investimentos nacionais: fundos de ações de empresas americanas, incluindo small, mid e large caps.

15% – Investimentos internacionais em países desenvolvidos: fundos de países desenvolvidos, como Reino Unido, Alemanha e França.

5% – Investimentos em mercados emergentes: fundos de países em desenvolvimento, como China, Índia e Brasil. Esses são mais arriscados que investimentos em países desenvolvidos, então não saia comprando loucamente.

20% – Fundos de investimento imobiliário: também conhecidos como REITs (*real estate investment trusts*), investem em hipotecas, bem como em imóveis residenciais e comerciais, nos Estados Unidos e em diversos outros países. (São comparáveis aos brasileiros FIIs, ou fundos de investimento imobiliário.)

15% – Títulos públicos: títulos do Tesouro. Com taxa de rendimento fixa, fornecem retorno previsível e equilibram o risco na sua carteira. Como classe de ativos, os títulos geralmente têm rentabilidade menor que as ações.

15% – Títulos atrelados à inflação: também conhecidos como TIPS (sigla para *treasury inflation-protected securities*),* esses títulos do Tesouro protegem contra a inflação. O ideal é que em algum momento você os tenha, mas são os últimos que eu compraria, após investir em todas as opções com retornos melhores.

O MODELO DE ALOCAÇÃO DE ATIVOS DE SWENSEN

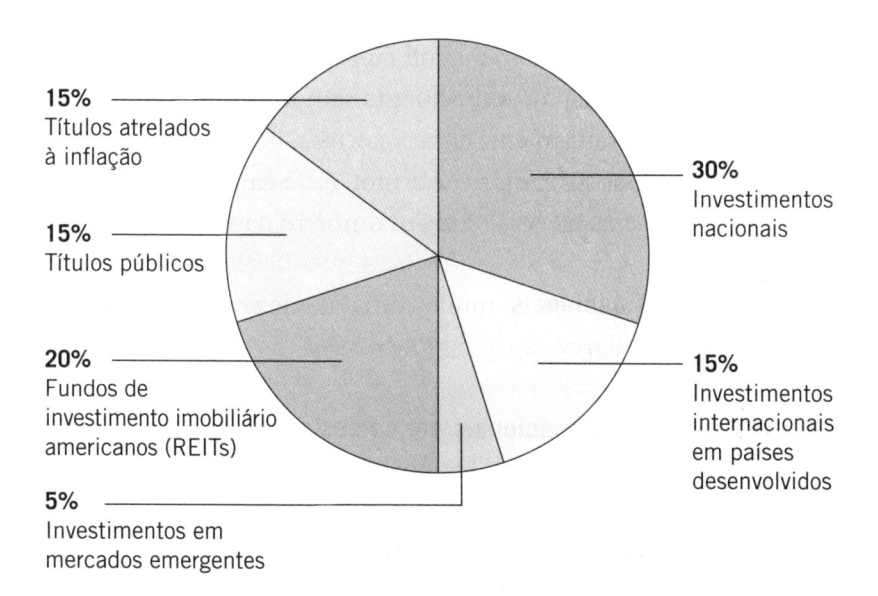

- 15% — Títulos atrelados à inflação
- 15% — Títulos públicos
- 20% — Fundos de investimento imobiliário americanos (REITs)
- 5% — Investimentos em mercados emergentes
- 30% — Investimentos nacionais
- 15% — Investimentos internacionais em países desenvolvidos

---

* No Brasil existem os títulos conhecidos como Tesouro IPCA+, que rendem uma taxa de juros prefixada mais a variação do IPCA (inflação).

A alocação de Swensen se baseia em muitos cálculos, mas o que podemos observar de mais relevante nesse modelo é que nenhuma classe de ativos representa uma parcela muito grande da carteira. Como sabemos, riscos menores costumam corresponder a recompensas menores. Mas a parte mais legal da alocação de ativos é que é possível reduzir o risco ao mesmo tempo que se mantém um retorno equivalente.

A teoria de Swensen é ótima, mas como colocá-la em prática e escolher fundos de acordo com as sugestões dele? Optando por uma carteira de fundos de baixo custo.

Se você vai escolher seus fundos de índice, vai precisar pesquisar bem para identificar as melhores opções de acordo com as suas circunstâncias.

Mantenha seus investimentos fáceis de administrar

PERGUNTA: EM QUANTOS FUNDOS DEVO INVESTIR?

RESPOSTA: Se você estiver se perguntando quantos fundos deve incluir na sua carteira, recomendo que não complique as coisas. O ideal é ter apenas um (de data-alvo). No entanto, se for selecionar seus fundos de índice, como regra geral, pode criar uma ótima alocação de ativos com algo entre três e sete – incluindo investimentos nacionais, investimentos internacionais, fundos de investimento imobiliário e, talvez, uma pequena quantia em títulos públicos. Lembre-se: o objetivo não é ter toda e qualquer classe disponível no mercado, e sim criar uma alocação de ativos eficiente e seguir com a sua vida.

O primeiro passo ao selecionar fundos de índice é buscar tarifas menores. Procure taxas de administração baixas, em torno de 0,2%. A maioria dos fundos de índice da Vanguard, da T. Rowe Price e da Fidelity tem excelente custo-benefício. Lembre-se: taxas de administração podem ser muito caras e só dão mais dinheiro para Wall Street. Na tabela da página 262 nós vimos como essas taxas podem afetar seu patrimônio.

O segundo passo é conferir se os fundos se encaixam na sua alocação de ativos. Afinal, o motivo de montar sua carteira é ter mais controle sobre seus investimentos. Use o modelo de David Swensen como base e faça os ajustes necessários se quiser excluir determinadas categorias ou priorizar outras que considera importantes. Por exemplo, se você tiver dinheiro limitado e menos de 30 anos, é provável que o ideal seja comprar fundos de ações primeiro, para aproveitar seu poder de multiplicação, e esperar ter mais recursos para comprar títulos do Tesouro e assim mitigar o risco dos fundos de ações. Ou seja: ao escolher entre diversos fundos, lembre-se de manter sua estratégia em relação a investimentos nacionais e internacionais, títulos e todas as outras categorias. Não dá para esperar ter uma alocação de ativos equilibrada comprando fundos aleatórios. Para analisar sua carteira atual, use as ferramentas que sua corretora deve disponibilizar. Eu entro na Vanguard e consigo ver as porcentagens de ações vs. renda fixa ou nacionais vs. internacionais. Você pode fazer o mesmo com qualquer fundo que esteja considerando comprar. (Os fundos informam mensalmente qual é o equilíbrio da sua carteira.) Essa é uma ótima forma de explorar mais sua alocação e garantir que seus fundos estejam diversificados.

Em terceiro lugar, é essencial pesquisar qual foi a rentabilidade do fundo nos últimos 10 ou 15 anos. Mas lembre-se de que, como dizem, desempenho passado não é garantia de bons resultados futuros.

Para facilitar um pouco o processo, na maioria dos sites de corretoras você encontrará um sistema de busca de fundos que permite o uso de filtros como "fundos de índice internacionais com taxa de administração inferior a 0,75%" para encontrar produtos que atendam aos seus critérios. Lembre-se: isso não é simples. Montar sua carteira exige pesquisa extensa.

Como exemplo do que você pode obter no fim desse processo, confira a seguir uma amostra de carteira composta apenas por fundos Vanguard:

Ações

- 30% – Índice Total do Mercado (VTSMX)
- 20% – Índice Total de Ações Internacionais (VGTSX)
- 20% – Índice REIT (VGSIX)

Títulos

- 5% – Fundo de Índice de Curto Prazo do Tesouro (VSBSX)

- 5% – Fundo de Índice de Prazo Intermediário do Tesouro (VSIGX)

- 5% – Fundo de Índice de Longo Prazo do Tesouro (VLGSX)

- 15% – Fundo de Índice de Curto Prazo de Títulos Vinculados ao Índice de Preços ao Consumidor (VTAPX)

Esses são apenas alguns dos milhares de fundos de índice disponíveis no mercado. Você pode ser flexível. Se quiser alterar o nível de risco da sua carteira, pode ajustar as porcentagens. Se, ao ler essa lista, você disser "Cara, nunca vou conseguir ter sete fundos", seja realista. Talvez queira comprar os de ações, mas apenas um fundo de títulos por enquanto. Talvez ainda não precise pensar em títulos públicos atrelados à inflação. Escolha o número de fundos que lhe permitirá começar, sabendo que pode fazer ajustes mais tarde para equilibrar melhor sua carteira.

Dedique algum tempo a identificar os fundos que o ajudarão a ter uma carteira completa e diversificada ao longo do tempo. Você não precisa ter todos os sete fundos que acabei de listar. Um já é melhor que nada. Mas tenha uma lista daqueles que você pretende comprar em algum momento para completar sua alocação desejada.*

---

* Investidores no Brasil podem comprar muitos dos fundos mencionados pelo autor. Para isso, têm a opção de abrir conta em uma corretora internacional. É preciso preencher um cadastro no site e enviar a documentação, que inclui comprovante de endereço, RG ou carteira de motorista e declaração de imposto de renda. Alguns bancos e plataformas de finanças brasileiros oferecem a seus clientes parcerias que facilitam a abertura dessas contas. Para começar a operar, será preciso fazer uma remessa de recursos para essa conta, o que constitui uma operação de câmbio, sobre a qual incide uma alíquota de 0,38% de Imposto sobre Operações Financeiras (IOF).

A estratégia de aportes regulares: investindo pouco a pouco

Quando quero parecer inteligente e intimidar as pessoas, olho calmamente para elas, mastigo um pedaço de muffin por alguns segundos, depois o atiro na parede e grito: "VOCÊ USA A ESTRATÉGIA DE APORTES REGULARES???" As pessoas geralmente ficam tão impressionadas que recuam lentamente, depois ficam sussurrando umas para as outras. Só posso supor que estejam discutindo como sou gentil e sábio.

Bem, a estratégia de aportes regulares, ou custo médio do dólar (DCA, na sigla em inglês: *dollar-cost averaging*), se refere a investir quantias regulares ao longo do tempo em vez de colocar todo o seu dinheiro em um fundo de uma só vez. Por que você faria isso? Imagine que você invista 10 mil reais amanhã e a ação caia 20%.

Agora você tem 8 mil. Com esse valor, a cotação precisa aumentar 25% (e não 20%) para voltar aos 10 mil iniciais. Ao investir a intervalos regulares ao longo do tempo, você se protege contra quedas e, se o preço do seu fundo cair, você adquire cotas a um preço menor. Em outras palavras, você não tenta acertar o *timing* do mercado. Você usa o tempo a seu favor. Essa é a essência do investimento automatizado, que permite comprar cotas de fundos regularmente para não ter que adivinhar quando o mercado estará em alta ou em baixa. No Capítulo 5 abordamos sua infraestrutura automática. Para realizar o investimento automatizado, agende em sua conta-corrente para que todo mês seja transferida determinada quantia para sua conta de investimentos. Como vimos, se você ativar essa opção, a maioria dos fundos não cobrará taxas de transação.

Mas aqui vai uma pergunta: se você tem uma grande quantia para investir, a melhor opção é fazer aportes regulares ou aplicar tudo de uma vez? A resposta pode surpreender você. Uma pesquisa da Vanguard descobriu que investir tudo de uma vez supera a média dos aportes regulares em dois terços das vezes. Como o mercado tende a subir e as ações e títulos de renda fixa tendem a superar o desempenho dos juros de referência da economia, a aplicação do montante inteiro produz retornos mais altos na maioria das situações. Porém – e há vários poréns – isso não se aplica a momentos em que o mercado está em queda. (É claro que ninguém pode prever para onde o mercado irá, muito menos no curto prazo.) E investir não se trata apenas de matemática, mas dos efeitos muito reais de suas emoções em seu comportamento.

Em resumo: a maioria de nós já utilizou a estratégia de aportes regulares, pois costumamos aplicar parte do nosso salário mês a mês. Mas, se você já tiver uma quantia maior para investir, o mais provável é que tenha retornos melhores se investir tudo de uma vez.

Comprando fundos de índice individuais

Depois que tiver uma lista dos fundos de índice que deseja ter na sua carteira (em geral, três a sete), comece a comprá-los. Se puder adquirir todos de uma vez, vá em frente; é só que a maioria das pessoas não consegue fazer isso, já que a aplicação mínima para cada um varia entre 1 mil e 3 mil reais.

Assim como em um fundo de data-alvo, o ideal é que você estabeleça uma meta de economias para acumular o valor mínimo do primeiro fundo. Então continue investindo uma pequena quantia nele e estabeleça uma nova meta para comprar um segundo. Com o tempo, você vai adquirir diversos fundos de índice. Investir não é uma corrida – você não precisa ter uma carteira perfeita de um dia para o outro.

Digamos que você verifique seu Plano Consciente de Gastos do Capítulo 4 e ele permita um investimento de 500 reais por mês além da contribuição para a previdência. Supondo que todos os seus fundos tenham um mínimo de 1 mil, você estabeleceria o objetivo de poupar esse valor para o Fundo de Índice 1 e economizaria por dois meses. Após guardar esses 1 mil, transfira-os para a conta de investimentos e compre o fundo. Agora agende uma transferência de 100 reais por mês para esse fundo. Em seguida, pegue os 400 restantes, reserve-os para investir (500 no total, menos os 100 que está alocando no Fundo de Índice 1) e inicie outra meta de economias para alcançar o Fundo de Índice 2. Quando tiver juntado a quantia necessária, compre-o. Repita esse processo quantas vezes for preciso. É claro que pode levar alguns anos para chegar ao ponto em que você tem todos os fundos de índice que selecionou, mas lembre-se de que adotou uma perspectiva de 40 ou 50 anos em relação aos seus investimentos. Não é algo de curto prazo. Esse é o custo de montar sua carteira perfeita.

Observação: quando tiver todos os fundos escolhidos, você pode dividir o dinheiro entre eles de acordo com sua alocação de ativos – mas não faça uma divisão em partes iguais. Lembre-se de que sua alocação determina a quantia destinada a cada área. Se tiver 250 reais disponíveis por mês e comprar sete fundos de índice, o cidadão médio que não sabe nada (isto é, a maioria das pessoas) vai dividir o dinheiro em sete partes iguais e mandar 35 para cada um. É um erro. Siga a alocação de ativos que você estabeleceu usando este cálculo:

(total do valor mensal para investir) × (porcentagem da alocação de ativos para determinado investimento) = quantia a investir ali

Por exemplo, se tiver 1 mil por mês e sua alocação de Swensen recomendar 30% para ações nacionais, você vai calcular: (1.000) × (0,3) = 300. Assim, vai destinar 300 reais ao seu fundo de ações nacionais. Repita o processo para todos os outros ativos na sua carteira.

Por fim, se optar por investir nos seus fundos de índice, você terá que reequilibrar o portfólio mais ou menos uma vez por ano para manter sua alocação de ativos ideal. Falarei mais sobre isso no próximo capítulo.

E OS OUTROS TIPOS DE INVESTIMENTO?

Existem muitos outros investimentos além de ações, títulos e fundos de índice e de data-alvo. Você pode investir em ouro, imóveis, startups, criptomoedas, até em arte. Só não espere retornos muito bons. E, apesar de todos os meus alertas, você também pode comprar algumas ações de empresas das quais goste muito.

Imóveis

Para a maioria das pessoas, a casa própria é o seu maior "investimento"; porém, em termos de retorno financeiro, o imóvel em que você reside não é propriamente um investimento. Por quê? Porque o retorno costuma ser ruim, especialmente quando levamos em consideração os custos de manutenção. Falarei mais sobre imóveis no Capítulo 9, mas, no geral, a maioria das pessoas confunde o próprio lar com um investimento que compram e vendem para obter lucro. Pense o seguinte: quem é que vende o imóvel onde mora para lucrar e fica com o dinheiro? Se seus pais venderam a casa em algum momento, eles se mudaram para um lugar menor e aproveitaram a diferença em dinheiro? Não! Eles pegaram a quantia da venda e a usaram como entrada para outro imóvel, provavelmente mais caro que o anterior.

É importante que você mantenha cada parte da sua carteira equilibrada para que uma área não tome quantias que deveriam ir para outras. Se você gastar 2 mil por mês com a parcela do financiamento da sua casa e não sobrar dinheiro para diversificar em outras áreas, sua carteira não será equilibrada. Caso você compre imóveis, seja para moradia ou investimento, é fundamental continuar pondo dinheiro nos outros ativos – seja um fundo de data-alvo ou no seu portfólio de fundos de índice.

Arte

Consultores de arte afirmam que a rentabilidade anual do índice de vendas dessas obras é de cerca de 10%, porém uma pesquisa feita por analistas de Stanford em 2013 concluiu: "Os rendimentos de obras de arte têm sido significativamente superestimados e o risco, subestimado." Eles verificaram que o retorno anual nas últimas quatro décadas foi mais próximo de 6,5%. O maior motivo para a discrepância é que a pesquisa de

Stanford não leva em consideração múltiplas compras ou vendas de uma mesma obra popular. Além disso, escolher obras específicas como investimentos é como tentar prever quais ações vão subir. E agora você sabe como isso é difícil.

Em números gerais, investimentos em arte podem ser bem lucrativos, mas o complicado é identificar quais obras vão se valorizar. Para você ter uma ideia da dificuldade de acertar esse tipo de investimento, o *Wall Street Journal* escreveu sobre a imensa coleção de John Maynard Keynes: em valores de 2018, ele gastou 840 mil dólares para reunir um acervo que hoje vale 99 milhões. A diferença representa um aumento de 10,9% ao ano – um retorno excelente, a não ser por um detalhe: duas obras respondem por metade do valor. Pense nisto: um dos melhores colecionadores de arte do mundo comprou cuidadosamente 135 obras e metade do valor do acervo se deve a apenas duas peças. Você conseguiria prever quais delas valeriam tanto? A maioria das pessoas não tem essa capacidade.

Investimentos de alto risco mas com alto potencial de recompensa

A vida não é feita apenas de fundos de data-alvo e de índice. Muita gente entende que, logicamente, deve criar uma carteira diversificada de fundos de baixo custo, mas as pessoas também querem se divertir investindo. Se você tiver essa vontade, tudo bem, reserve uma pequena parte do seu portfólio para ativos de "alto risco", mas não conte com esse dinheiro.

Eu separei 10% da minha carteira para "brincar" na bolsa. Nesse grupo estão várias coisas. Tem, por exemplo, ações de empresas específicas de que gosto, que conheço e cujos produtos ou serviços costumo utilizar – como a Amazon, que se concentra no serviço ao consumidor, o que acredito que gera valor para o acionista. Tem também fundos setoriais, que me permitem mergulhar em determinados setores, como um fundo de índice focado na área médica. Tem até investimentos-anjo, que são investimentos pessoais em empresas que estão começando (de vez em quando vejo essas oportunidades porque trabalhei no Vale do Silício e tenho amigos que buscam dinheiro em seu círculo próximo para abrir um negócio próprio). Todos esses investimentos oferecem riscos muito altos, por isso reservo para eles uma quantia que posso perder, mas têm o potencial de ótimos retornos. Se estiver tudo certo com o restante da sua carteira e sobrar algum dinheiro, use-o de forma inteligente, mas invista um pouco no que der vontade.

Minha lição contraintuitiva de 297.754 dólares

Muitos pais de adolescentes de 15 anos ensinam os filhos a dirigir, mostram como usar um barbeador ou organizam festas de debutantes. Meu pai me falou para abrir uma Roth IRA.

Por conta da minha idade, meu pai e eu abrimos uma conta "de custódia" juntos. Eu tinha alguns milhares de dólares que havia juntado em alguns trabalhos que fiz durante o ensino médio (pizzaiolo, juiz de futebol e representante de vendas de uma empresa de internet), então comecei a procurar em que investir.

Para o jovem e ousado Ramit, aquilo era a coisa mais empolgante do mundo! Dei início à minha pesquisa, que consistiu em:

- Buscar quais ações se valorizavam e desvalorizavam muito. (Porque pensei: "Risco maior = recompensa maior, e sou novo, então posso correr mais riscos para obter maiores recompensas!" Nossa, como eu me odeio.)
- Concentrar-se no setor de tecnologia. ("Porque eu entendo de tecnologia!")
- Ler revistas como a *Industry Standard*, que, durante a bolha das pontocom, exaltavam uma empresa após outra incansavelmente enquanto suas páginas de publicidade se multiplicavam.
- Naquela época, eu achava que investir era escolher ações individuais, então acabei comprando de três empresas.

A primeira era uma empresa de telecomunicações chamada JDS Uniphase (JDSU). A ação foi a zero.

A segunda se chamava Excite, que foi um dos primeiros mecanismos de busca, rebatizado como Excite@Home após ser comprado. E que depois faliu.

Por fim, comprei cerca de 11 mil dólares em ações de uma pequena empresa chamada Amazon.com.

Esses 11 mil se transformaram em 297.754. Eu deveria ter orgulho de mim, não?

NÃO. Pode parecer que fui incrível na escolha, mas é possível aprender várias lições contraintuitivas com esse exemplo.

Quais?

A LIÇÃO SUPERFICIAL: *Você foi muito inteligente ao investir na Amazon!*

A VERDADEIRA LIÇÃO: Essa é exatamente a conclusão errada a tirar do episódio. Se você pensou isso, por favor, preste atenção: é muito importante saber POR QUE ganhamos e perdemos. Eu ganhei com o investimento na Amazon, mas não porque fosse um bom investidor. Foi pura e simplesmente sorte – um triunfo raro e aleatório.

A LIÇÃO SUPERFICIAL: *Se você comprar a próxima Amazon, vai ficar rico.*

A VERDADEIRA LIÇÃO: Pesquisas mostram que, na média, todos os gestores de carteira experientes fracassam em superar o mercado. Eu poderia ter escolhido outras centenas de ações e, estatisticamente, não teria batido o mercado. Foi pura sorte. Na verdade, ganhei muito mais dinheiro em investimentos de baixo custo e longo prazo.

A LIÇÃO SUPERFICIAL: *Encontrar a ação certa faz toda a diferença.*

A VERDADEIRA LIÇÃO: Começar cedo é que fez a diferença. Minha grande sorte foi ter um pai que me incentivou a investir quando eu

> era novo. Se você teve a mesma sorte que eu, maravilha. Mas digamos que não tenha crescido em uma família que entendesse de dinheiro. Acontece. Cada um inicia a vida de um ponto diferente. Meu pai, por outro lado, não me ensinou a importância de usar o abdômen ao levantar peso. Cada um começa o jogo com as cartas que recebe do destino. Mas você está lendo este livro. Pode se mexer e começar a investir de forma agressiva agora.

"E AS CRIPTOMOEDAS?"

Eu achava que hordas errantes e irracionais só existissem nos filmes de zumbis, até que conheci "investidores" de cripto – estou forçando um pouco a barra ao chamá-los assim, já que a maioria dos fãs de criptomoedas não tem outros investimentos. Se eles são investidores, eu sou uma sereia porque sei nadar.

Da próxima vez que você ouvir alguém alardeando que as criptomoedas são o futuro, faça esta pergunta simples e devastadora:

"Em que mais você investe?"

A resposta vai revelar de modo instantâneo que essas pessoas são especuladoras, e não investidoras, porque poucas têm uma carteira diversificada.

As três possíveis respostas que você vai receber são:

- "Rá! Eu não invisto em moeda fiduciária."

- "Investimentos tradicionais são um tédio."

- "Você não entende de blockchain."

Sem dúvida, são respostas que divergem do padrão. O único problema de ser divergente é que você precisa estar certo.

Pessoas assim, que se orgulham de ser "contra o sistema", soam um pouco malucas quando as ouvimos isoladamente. No entanto, se reunirmos duas delas, de repente observamos uma convenção de indivíduos com todos os sinais de especuladores acéfalos. Quase sempre são jovens libertários e inconformados. Não vemos muita gente bem-sucedida passar quatro horas por dia nas redes sociais postando "HODL" – a versão dos investidores de cripto para a palavra *hold*, da clássica expressão dos investimentos *buy and hold*. Veja com seus próprios olhos em bitcoin.reddit.com. Mas o fórum fica um pouco parado quando a cotação das criptomoedas despenca 80%.

Não tenho nada contra investimentos alternativos quando eles são parte de uma carteira diversificada. Tenho muita coisa contra o comportamento de manada a respeito de ideias para ganhar dinheiro que em seguida são reformuladas e distorcidas, passando de "moeda" para "investimentos" e, então, se transformando em críticas mordazes (e míopes) ao sistema monetário mundial.

Para facilitar, criei o *Guia Ramit para entender as criptomoedas como investimentos*.

Eles dizem: *Criptomoedas são uma forma de moeda corrente que você pode usar para pagar por vários bens.*

Realidade: Pouquíssimos negócios aceitam criptomoedas como pagamento. Além disso, algo que parece agradar às pessoas é justamente a estabilidade do seu dinheiro, isto é, o fato de 1 real valer 1 real. O que acontece quando sua criptomoeda oscila mais de 25% em uma semana? Isso mesmo, as pessoas tendem a não gastá-la, porque aquela TV que você vem namorando talvez saia por 25% a menos semana que vem.

Eles dizem: *As criptomoedas permitem que as pessoas usem criptografia e descentralização para se manterem anônimas.*

Realidade: É verdade, e há alguns motivos válidos para fazer compras de forma anônima, mas por enquanto criptomoedas são usadas principalmente para comprar drogas.

Eles dizem: *É melhor que moeda fiduciária.*

Realidade: Se você passar mais de três minutos falando sobre criptomoedas com um fanático – quer dizer, fã –, ele com certeza usará o argumento da moeda fiduciária. O papo logo chega à referência à dissociação do padrão-ouro feita por Nixon em 1971, seguida por "Dinheiro não é real". Fico só olhando.

Eles dizem: *O que interessa não é o Bitcoin, é o blockchain.*

Realidade: O Bitcoin é um exemplo de criptomoeda a usar a tecnologia blockchain, que lança mão da criptografia e de uma arquitetura descentralizada. É uma tecnologia realmente impressionante, mas os fãs se agarram a ela para se esquivar das constantes falhas em seu uso real, como no Bitcoin e em milhares de aplicações. Um estudo apontou que 80% das ICOs (sigla para *initial coin offerings*, ou ofertas iniciais de moeda, que são como as IPOs, ou *initial public offerings*, as estreias das empresas na bolsa) foram – e esta é uma citação literal – "identificadas como fraudes". Além de ignorar esse fato, os fãs apontam o blockchain como a panaceia para todos os males sociais. Com fome? O blockchain vai resolver. Precisa passear com seu cachorro? Que tal usar o blockchain? Ei, preciso comprar cuecas. Tem blockchain?

Eles dizem: *Bem, criptomoedas são um investimento incrível.*

Realidade: A rentabilidade de investimentos em Bitcoin aumentou imensamente em 2017. De janeiro a junho, tinha subido 240%, contra 9% do S&P 500. É difícil argumentar contra isso. Mas os retornos irregulares são um problema maior do que a maioria das pessoas se dá conta. Em apenas três meses o Bitcoin disparou mais de 340%, para em seguida despencar. Assim como qualquer outro tipo de aposta de alto risco, a pessoa fica viciada nas vitórias, mas esconde as derrotas e evita tocar no assunto. Foi exatamente isso que vimos. O número de pessoas que procuraram o Bitcoin aumentou vertiginosamente no mesmo momento em que o preço da moeda foi alçado às alturas. É claro que, quando o preço caiu, todo mundo parou de falar sobre Bitcoin como investimento.

No mundo das criptomoedas, vemos os mesmos sinais de viciados em jogos de azar ou de membros de seitas:

- Proibir e punir de maneira severa qualquer questionamento.

- Apresentar comportamentos cada vez mais arriscados (por exemplo, pegar dinheiro emprestado para "investir" em criptomoedas).

- Defender que qualquer aumento ou queda de preços é sinal de que as criptomoedas substituirão todas as moedas correntes.

- Usar expressões cada vez mais irracionais, como "criar disrupção na moeda fiduciária".

- Mudar os argumentos ("É uma moeda... Não, é um investimento... Não, o objetivo é mudar o mundo").

Se quiser investir em criptomoedas, fique à vontade. Como eu disse, depois que tiver construído uma boa carteira, incentivo você a investir 5% a 10% em algo divertido! Mas antes tenha certeza de que seu portfólio é totalmente funcional – isto é, você completou a Escada das Finanças Pessoais, tem uma reserva de emergência para seis meses e limita seus riscos realocando seus ativos de tempos em tempos. É claro que, se já era fanático por criptomoedas, você já fechou o livro e está agora em um fórum sobre Bitcoin bradando "HODL" ou "FIAT". Não sei nem por que estou escrevendo isto.

PASSO A PASSO

SEMANA SEIS

1 **Descubra seu estilo de investimento (30 minutos).** Decida se quer a simplicidade de um fundo de data-alvo ou o controle (e a complexidade) dos fundos de índice. Recomendo um fundo de data-alvo como a Solução dos 85%.

2 **Pesquise seus investimentos (três horas a uma semana).** Se tiver escolhido um fundo de data-alvo, pesquise as opções disponíveis. Isso deve levar algumas horas. Se for montar sua própria carteira, você gastará mais tempo (e mais dinheiro para juntar os valores mínimos para a compra de cada fundo). Use o modelo Swensen como referência básica e defina em que ordem vai adquirir os fundos, de acordo com suas prioridades. Após decidir qual será sua alocação de ativos, pesquise fundos usando uma ferramenta de busca como a da Vanguard.

3 **Compre seu(s) fundo(s) (uma hora a uma semana).** Comprar um fundo de data-alvo é fácil. Se não tiver grana para investir nisso agora, estabeleça uma meta de economias e espere juntar o suficiente para aplicar no seu primeiro fundo. Se for comprar fundos de índice individuais, provavelmente você precisará adquirir um de cada vez e ir juntando dinheiro para os outros.

Oba! Agora você é um investidor! E não só isso: também chegou ao fim do programa de seis semanas. Você otimizou o uso dos seus cartões de crédito, configurou suas contas bancárias e começou a investir. Melhor ainda: ajustou seu sistema de modo que funcione de forma automatizada, com pouquíssimo esforço da sua parte. Agora falta pouco. No próximo capítulo vamos ver como acompanhar e multiplicar seus investimentos. Em seguida, no último capítulo, vou responder a todas as perguntas aleatórias que você tem sobre dinheiro e sobre a vida em geral. Mas a verdade é que, depois de ler esta parte, você já percorreu boa parte do caminho.

CAPÍTULO 8

COMO ACOMPANHAR SEU SISTEMA E FAZER SEU PATRIMÔNIO CRESCER

O mais importante está feito. E agora?
Veja como manter sua infraestrutura financeira
(e fazê-la crescer) para conquistar sua Vida Rica

Talvez você tenha percebido que este capítulo é um dos mais curtos do livro. Isso é porque você já colocou em prática a Solução dos 85% e resolveu as partes mais importantes das suas finanças: cartões de crédito, contas bancárias, despesas e investimentos. Escolheu o tipo de Vida Rica que quer para si e construiu um sistema financeiro que funciona no piloto automático, permitindo que gaste seu tempo com o que ama. Você está se saindo muito bem, ainda mais se levar em consideração que a maioria das pessoas ainda tem dificuldade para pagar os boletos do mês. Meus parabéns. Mas (e é claro que há um "mas"), se você for nerd de verdade e quiser saber como aprimorar suas finanças, este capítulo é para você. Vamos falar de alguns temas que o ajudarão a fazer a manutenção do seu sistema. Também veremos como obter ainda mais dos seus investimentos. Mas lembre-se: isso é conteúdo extra, então não se sinta obrigado a seguir os conselhos deste capítulo.

SEJA SINCERO: POR QUE VOCÊ QUER MAIS?

Fui criado para ser o melhor – estudar mais, trabalhar mais e me sair melhor que todos à minha volta. Essas lições valeram a pena em muitos aspectos, mas também vejo o lado ruim de buscar ser sempre o melhor sem refletir sobre o porquê de tanto esforço. Então, antes de prosseguir, pergunte-se qual é seu objetivo com toda essa trabalheira. É ganhar uns 10 mil a mais? Ou levar uma Vida Rica de verdade?

Às vezes os conselhos financeiros que vemos por aí se resumem a incentivar as pessoas a ganhar mais e mais sem se perguntarem: "Será que já não é suficiente?" Vencer vira o objetivo, sem que você nem saiba por que está jogando. Quando você vai poder parar e aproveitar os frutos de todo o seu esforço?

Já vi muitas pessoas decidirem tomar as rédeas das suas finanças (bom), fazerem mudanças em sua vida para juntar dinheiro (bom) e continuarem poupando de forma cada vez mais obstinada (não tão bom). Chega um momento em que passam dia e noite verificando quanto seu dinheiro rendeu (muito ruim). Ficam tão obcecadas com o jogo que esquecem por que estão jogando.

Você não quer isso. A vida é mais do que realocar ativos e fazer simulações de investimentos.

Você já venceu a primeira etapa. Agora é hora de se perguntar *por que* quer continuar. Se a resposta for "Quero esbanjar nas férias todo ano e viajar de primeira classe", ótimo! Se for "Vou poupar muito nos próximos três anos para me mudar com minha família para nossa casa dos sonhos", perfeito. Posso lhe mostrar como realizar esses sonhos em menos tempo.

Para isso, vamos fazer um exercício que chamo de "Das Nuvens ao Chão".

Quando pergunto "Por que você quer mais?", as respostas mais frequentes envolvem "liberdade" ou "segurança". Isso é bom, mas quero desafiar você a ir mais fundo. O problema é que visões vagas, etéreas, nunca nos motivam tanto. A motivação verdadeira costuma vir de algo real, concreto – pé no chão. Algo que afeta nosso dia a dia.

Se você tivesse que dizer de forma muito específica por que quer ganhar os seus próximos 10 mil reais e precisasse trazer sua resposta das nuvens ao chão, o que diria?

Qual é a sua motivação concreta? Você poderia inventar um propósito grandioso – ou dar uma caminhada de 10 minutos e descobrir o que o empolga neste exato momento. As respostas são, muitas vezes, mais simples do que você imagina.

Sua motivação poderia ser pegar um táxi para a happy hour às cinco da tarde em vez de ficar suando no transporte público, ou viajar com amigos e bancar todas as despesas. Um tempo atrás, uma das minhas motivações concretas era poder pedir entradas nos restaurantes!

Para este livro, minha motivação concreta é responder às mesmas perguntas que me fazem todos os dias sobre dinheiro... e contar algumas piadas. Simples assim.

Então me diga: por que você quer ganhar os seus próximos 1 mil ou 10 mil ou 25 mil? Não se preocupe em elaborar uma resposta nas nuvens. Seja totalmente sincero e pé no chão.

Duas das coisas que eu mais amo são ir a shows e ensinar lacrosse a alunos do ensino médio. Graças a meu trabalho e ao salário que ganho, posso comprar ingressos VIP para shows e tenho flexibilidade de horário para manter um emprego e ser treinador de lacrosse.

– Daniel Snow, 38

Não olho o preço de nada quando vou ao mercado. Compro o que quero e o que preciso. Antigamente eu precisava inventar um jeito de fazer 50 dólares renderem a semana toda. Hoje, se uma receita pede meio quilo de queijo Gruyère, eu compro. Posso levar um susto no caixa, mas tudo bem. Não preciso devolver nada.

– Elz Jones, 44

Se você conseguiu esclarecer em sua mente por que quer mais, vou lhe mostrar algumas coisas que pode fazer para conseguir.

COMO ACUMULAR MAIS E MULTIPLICAR SEU DINHEIRO MAIS RÁPIDO: ALIMENTE O SEU SISTEMA

No capítulo anterior você escolheu em quais produtos investir e configurou aplicações automáticas. Ótimo, mas o sistema é alimentado por uma coisa só: o dinheiro que você coloca nele. Isso significa que a força do seu sistema financeiro depende unicamente de quanto você poupa e investe.

Nos capítulos anteriores ensinei você a implementar a Solução dos 85%. Começar era o passo mais difícil e mais importante, portanto não importava se você contribuísse com apenas 50 reais por mês. Agora a questão é o volume que você insere no sistema: quanto mais entra, mais sai.

É aqui que o seu propósito se faz útil. Se quiser, por exemplo, parar de trabalhar em 15 anos, você sabe que não deve medir esforços para poupar e investir. Já se quiser levar uma vida boa em Nova York, pode elaborar um plano de despesas generoso para bares refinados e delivery de refeições (uma decisão que conheço bem).

É claro que o melhor dos mundos seria dizer "sim e sim" – sim, quero poupar agressivamente e, sim, quero levar uma Vida Rica incrível. Com um bom planejamento (e, dependendo das suas metas, uma renda alta), você pode fazer ambos.

Lembre-se: como investir o mais cedo possível tem recompensas tremendas, um dos seus objetivos primários será alimentar o seu sistema o máximo possível.

Automatizei minhas economias de modo que estava poupando uma quantia substancial ao mesmo tempo que pagava a dívida do cartão de crédito. Isso me permitiu fazer uma festa de casamento e comprar uma casa em San Diego na baixa do mercado. Meu imóvel se valorizou de 250 mil para 700 mil dólares e a prestação minúscula do financiamento nos permite viver tranquilos em uma área linda e popular.

— Alissa McQuestion, 34

Em outras palavras, se você encontrasse uma máquina mágica de dinheiro que cuspisse 5 reais a cada 1 real inserido, o que você faria? Colocaria o máximo possível de dinheiro, com certeza! Só que leva tempo: cada real que você investe hoje valerá muito mais amanhã.

Quanto terei em...

Quanto seu investimento mensal vai valer, pressupondo um retorno anual de 8%?

	Investindo 100/mês	Investindo 500/mês	Investindo 1 mil/mês
Total em 5 anos	7.347	36.738	73.476
Total em 10 anos	18.294	91.473	182.946
Total em 25 anos	95.102	475.513	951.026

Observação: para simplificar, este cálculo não considera a incidência de impostos.

Não precisa confiar na minha palavra. Acesse a Calculadora do Cidadão ou outro simulador confiável e abra a calculadora de investimentos. Insira sua contribuição mensal, com base em um retorno de 8% ao ano ou 0,64% ao mês. (Talvez os valores variem um pouquinho dependendo do simulador.) Seus aportes atuais crescerão bem mais devagar do que você imaginou, mas, ao acrescentar uma quantia pequena por mês (100 ou 200 reais a mais), os números mudarão drasticamente.

No Capítulo 4 descrevi um Plano Consciente de Gastos que sugeria porcentagens da renda a serem alocadas em investimentos para diversos fins. Seu primeiro objetivo era chegar àquelas porcentagens. Agora é hora de ir além dessas quantias para poder poupar e investir o máximo possível. Eu sei, eu sei. "Investir mais? Não tenho como economizar nem mais um centavo!"

Não quero que você passe privação. Muito pelo contrário: os juros compostos são tão eficazes que quanto mais você poupar agora, mais terá depois (muito mais). Você viu isso no simulador. Agora vá lá e dê uma mexida no seu Plano Consciente de Gastos para ver se consegue investir um pouquinho mais todo mês. Para otimizar o seu plano, talvez seja necessário pechinchar pesado em compras grandes como um carro ou uma casa. Ou pode ser que você precise cortar gastos sem piedade. Você pode até pensar em negociar um salário mais alto ou trocar de emprego. O que quer que faça, certifique-se de estar inserindo a maior quantia possível em seu sistema todo mês. Lembre-se: este é o momento mais fácil para fazer isso – e quanto mais você alimentar o seu sistema hoje, mais cedo alcançará seus objetivos.

Eu pagava minhas contas manualmente todo mês, mas hoje pago tudo de forma automática, guardo dinheiro de forma automática e planejo minhas despesas para o ano todo. Automatizei até as minhas doações mensais a instituições de caridade. Raramente me preocupo com dinheiro. Para quem cresceu com a dificuldade constante de ter pouca grana, isso me faz muito bem.

— Michael Steele, 40

REBALANCEAMENTO DE CARTEIRA

Se tiver escolhido administrar você mesmo sua alocação de ativos, você terá que reequilibrá-los de tempos em tempos – mais um motivo para você preferir fundos de data-alvo, que fazem isso em seu lugar. (Se você optou por um fundo de data-alvo, pode pular esta parte.) Aqui está tudo que você precisa saber sobre esse processo.

Quando temos uma carteira diversificada, alguns dos investimentos, como os fundos de investimento imobiliário, por exemplo, vão render mais que outros. Para manter as porcentagens que você definiu para cada classe de ativos, o ideal é que reequilibre sua carteira uma vez por ano, para que o valor desses fundos não represente uma porcentagem maior do que o pretendido. Pense na sua carteira como uma horta: se quiser que suas abobrinhas tomem apenas 15% do espaço mas elas crescerem muito e acabarem tomando 30%, é preciso reequilibrar a horta, seja cortando as abobrinhas ou aumentando o espaço nos canteiros para que elas cubram apenas 15%. Eu sei, eu sei. Primeiro finanças pessoais, depois jardinagem orgânica. Sou um verdadeiro homem da Renascença.

Digamos que você monte uma carteira baseada no modelo Swensen:

META DE ALOCAÇÃO DE ATIVOS

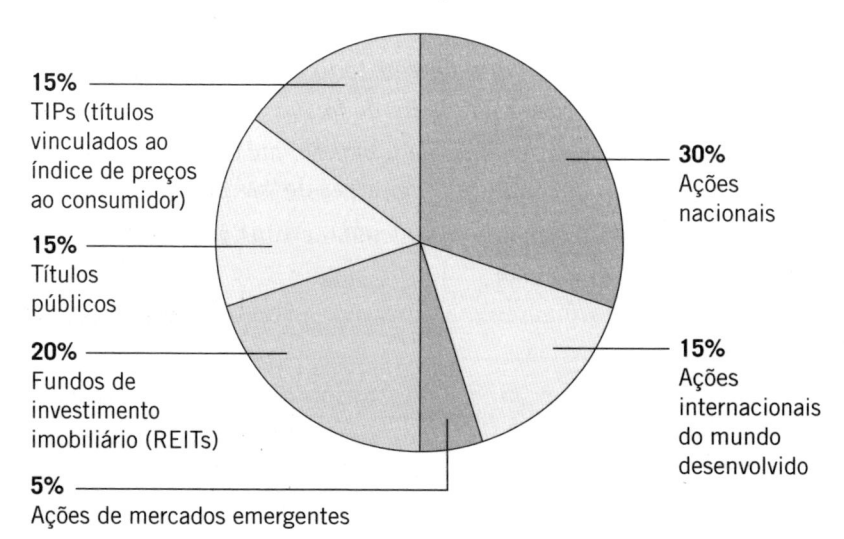

- 15% TIPs (títulos vinculados ao índice de preços ao consumidor)
- 15% Títulos públicos
- 20% Fundos de investimento imobiliário (REITs)
- 5% Ações de mercados emergentes
- 30% Ações nacionais
- 15% Ações internacionais do mundo desenvolvido

Agora vamos supor que ações nacionais se valorizem 50% determinado ano. (Para facilitar os cálculos, vamos imaginar que todos os outros investimentos se mantenham constantes.) De repente, as ações nacionais passam a representar uma parte maior da sua carteira e todos os outros números ficam desajustados.

ALOCAÇÃO APÓS VALORIZAÇÃO DE 50% DAS AÇÕES NACIONAIS

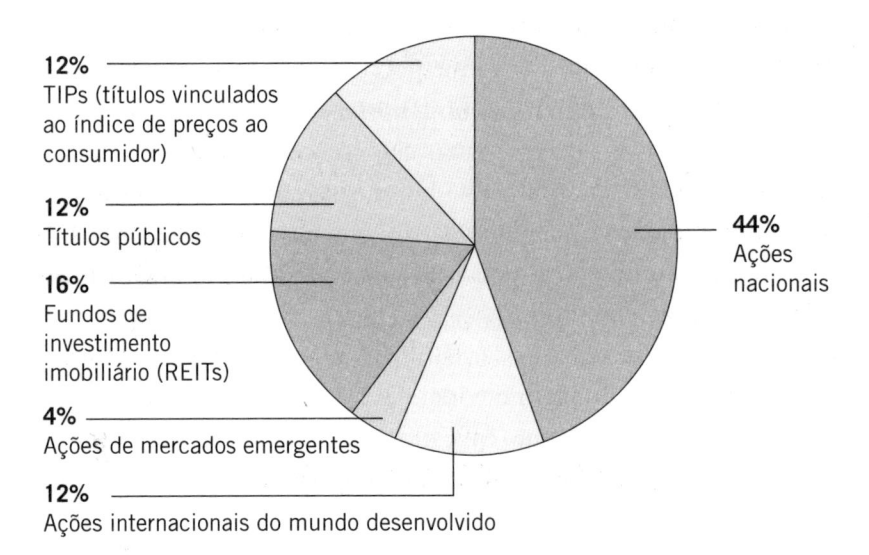

- 12% — TIPs (títulos vinculados ao índice de preços ao consumidor)
- 12% — Títulos públicos
- 16% — Fundos de investimento imobiliário (REITs)
- 4% — Ações de mercados emergentes
- 12% — Ações internacionais do mundo desenvolvido
- 44% — Ações nacionais

Apesar de ser ótimo que uma das suas áreas de investimento esteja indo tão bem, você deve manter sua alocação sob controle para que uma classe não seja desproporcionalmente maior ou menor que as outras. Ao rebalancear sua carteira, você garante a alocação correta dos seus ativos e se protege dos altos e baixos.

A melhor forma de fazer isso é colocar mais dinheiro nas outras áreas até voltar à proporção desejada. Como? Supondo que as ações nacionais agora representem 44% da sua carteira quando deveriam ser apenas 30%, pare de comprar essas ações por um tempo e redistribua esses 30% das suas contribuições de investimento em partes iguais entre as outras categorias. Para isso, você pode "pausar" a compra automática de fundos específicos. (Não se preocupe, você pode retomar as transferências a qualquer momento.) Ou seja, pare de investir nessa área e faça as outras partes da sua carteira crescerem até a alocação voltar a estar alinhada com suas metas.

Confira a tabela na página a seguir, que mostra em detalhes como funciona. No exemplo, vemos que após oito meses você está mais ou menos de volta à meta, então pode retomar as alocações originais.

Observação: existe outra forma de reequilibrar a carteira, mas não gosto desse método. Seria vender as ações que se valorizaram muito e jogar o dinheiro da venda nas outras áreas. Odeio vender, porque envolve taxas, papelada e "esforço mental", então não recomendo fazer isso.

Não se esqueça de deixar um lembrete na agenda para retomar as aplicações automáticas na classe de ativos que você pausou assim que sua carteira estiver novamente equilibrada.

Se acontecer o contrário, isto é, se um de seus fundos *perder* dinheiro, isso também vai desequilibrar sua carteira. Nesse caso, você pode pausar os outros fundos e colocar dinheiro no mais fraco até que ele volte a alcançar a porcentagem devida. As plataformas de investimento oferecem recursos que ajudam o investidor a manter o equilíbrio de sua carteira.

E lembre-se: se você investiu em um fundo de data-alvo, ele cuidará desse processo todo para você. Mais uma razão para gostar desse tipo de produto.

REBALANCEANDO A CARTEIRA

Como as suas ações nacionais agora representam 44% da sua carteira em vez dos 30% pretendidos, você precisa fazer um ajuste. Pause suas contribuições automáticas a ações nacionais e distribua esses 30% por igual entre as outras cinco categorias (cada uma recebe 6%).

CARTEIRA DE 10 MIL REAIS APÓS UMA VALORIZAÇÃO DE 50% NAS AÇÕES NACIONAIS

12.727 (novo valor da carteira)		
	Alocação	Valor
Nacionais	44%	5.727
Internacionais	12%	1.500
Mercados emergentes	4%	500
REITs	16%	2.000
Títulos públicos	12%	1.500
TIPs	12%	1.500

	Mês 2		Mês 3		Mês 4	
Valor	13.727		14.727		15.727	
	Alocação	Valor	Alocação	Valor	Alocação	Valor
Nacionais	42%	5.727	39%	5.727	36%	5.727
Internacionais	12%	1.710	13%	1.920	14%	2.130
Emergentes	4%	610	5%	720	5%	830
REITs	16%	2.260	17%	2.520	18%	2.780
Títulos públicos	12%	1.710	13%	1.920	14%	2.130
TIPs	12%	1.710	13%	1.920	14%	2.130

Observação: em alguns casos, os números na tabela não totalizam 100% por causa de arredondamentos.

Supondo uma contribuição mensal de 1 mil reais, os aportes ficarão assim:

- **0%:** Pause este investimento e distribua igualmente estes 30% entre as outras classes de ativos (ou seja, 6% a mais para cada).
- **21%:** Meta de 15% mais os 6% redistribuídos. Valor mensal: 210.
- **11%:** Meta de 5% mais os 6% redistribuídos. Valor mensal: 110.
- **26%:** Meta de 20% mais os 6%. Valor mensal: 260.
- **21%:** Meta de 15% mais os 6%. Valor mensal: 210.
- **21%:** Meta de 15% mais os 6%. Valor mensal: 210.

Mês 5		Mês 6		Mês 7		Mês 8	
16.727		17.727		18.727		19.727	
Alocação	Valor	Alocação	Valor	Alocação	Valor	Alocação	Valor
34%	5.727	32%	5.727	31%	5.727	29%	5.727
14%	2.340	14%	2.550	15%	2.760	15%	2.970
6%	940	6%	1.050	6%	1.160	6%	1.270
18%	3.040	19%	3.300	19%	3.560	19%	3.820
14%	2.340	14%	2.550	15%	2.760	15%	2.970
14%	2.340	14%	2.550	15%	2.760	15%	2.970

PARE DE RECLAMAR DE IMPOSTOS

Impostos são um dos assuntos políticos mais controversos. E aprendi que, quando se trata desse tema, as pessoas não estão nem um pouco interessadas em ouvir que estão erradas nas crenças que as acompanham há mais de 25 anos.

Então, quando eu expuser minhas cinco ideias sobre impostos, alguns leitores ficarão bravos. Tudo bem.

Quero que você esteja bem informado a respeito. Depois, quero que perceba quanta gente sai por aí reproduzindo impensadamente um monte de clichês e mitos sobre o assunto.

1. As pessoas acham que restituição de imposto de renda é uma enganação. Na verdade, é ótimo.

Mito: Quando você recebe restituição, é como se tivesse feito um empréstimo para o governo sem receber juros por isso.
Realidade: Convenhamos: você teria gastado esse dinheiro se não tivesse sido descontado. A restituição pelo menos costuma ser poupada ou usada para pagar dívidas.

2. Os Estados Unidos não são "o país que mais paga impostos no mundo". Tampouco o Brasil.

Mito: Este é o país que mais paga impostos no mundo.
Realidade: Nem de longe. Perceba quantas mentiras são contadas sobre fatos simples como este. Se não conseguimos concordar nem sobre fatos básicos, como vamos entrar em acordo sobre políticas fiscais? Ah, e se você for um obcecado por impostos prestes a abrir o e-mail para me enviar 30 páginas de teorias desmioladas e vários vídeos no YouTube, nem perca seu tempo. Eu estou certo.

3. As pessoas ficam furiosas com o uso de seus impostos, mas na verdade não sabem dizer para onde o dinheiro está indo.

Mito: O governo gasta uma fortuna ajudando outros países.
Realidade: As pessoas não fazem ideia de como seus impostos são usados. Também adoram dizer "Eu não ligo de pagar impostos, contanto que não sejam usados para isso e aquilo". Desculpa, mas não é assim que funciona uma democracia.

4. As pessoas acham que os ricos simplesmente usam brechas na lei para nunca pagar impostos.

Mito: Existem várias brechas na lei para os ricos.
Realidade: Eu conheço essas brechas. Algumas são reais (como a eficiência tributária em contas de investimento, maximizar contas com vantagens fiscais e mais algumas), mas são menos do que você talvez pense. Em geral, essas brechas são pouquíssimas e só estão disponíveis para os super-ricos que recebem milhões com ganhos de capital (e não com salários médios ou mesmo com salários altos de advogados e banqueiros).

Existem algumas brechas para os super-ricos sobre as quais você provavelmente não ouviu falar. Se você tiver uma renda anual de mais de seis dígitos, consulte um profissional para ajudá-lo nesse sentido.

5. Sua visão política nubla suas opiniões racionais sobre impostos.

Mito: As pessoas acham que têm crenças racionais e sensatas sobre impostos. Você também!
Realidade: A sua psicologia pessoal, bem como suas fontes de informação, impacta de maneira gigantesca suas crenças sobre impostos. As pessoas têm várias crenças gerais sobre que tipos de transação devem ser tributados e querem que as leis condigam com elas. Quando isso não acontece, elas acham que os impostos são injustos. Vou te dar uma dica: na próxima vez que ouvir alguém reclamando disso, pergunte: "Estou vendo que você tem

uma opinião forte sobre esse assunto. O que acha que os impostos fazem por você?" Isso tem dois efeitos: (1) evita que a conversa caia na mesma ladainha repetida pela legião de pessoas com mentalidade de escassez que acham que tributos são uma forma de roubo e o preço que se paga para fazer parte de uma democracia... e (2) você rapidinho identifica se vale a pena ter uma discussão racional com essa pessoa (se ela disser algo como "Temos que privatizar as estradas" ou "Todo imposto é roubo", é só levantar e ir embora).

Sempre que o assunto é imposto, as pessoas falam um monte de baboseiras. Analise-as criticamente e tire suas próprias conclusões.

Agora vou dar minha opinião.

Pago meus impostos de boa vontade. Aproveito cada benefício que a lei oferece, mas sei que meus impostos contribuem para a estabilidade do sistema. Também sei que sempre posso ganhar mais, então não uso os impostos como fator primário em minhas decisões.

À medida que se aprofundar no assunto de finanças pessoais, você vai se deparar com muitas dicas bizarras para proteger seu dinheiro de impostos. Tenho consultores caros e analisei todas as opções que me foram sugeridas. Quase todas são inúteis.

Sim, se você ganhar dezenas de milhares de reais, talvez tenha algumas opções adicionais. Mas os verdadeiros benefícios fiscais para "ricos" começam quando você está ganhando milhões com seus investimentos. Então se concentre em aumentar seu patrimônio.

Checklist financeiro anual

É importante fazer a manutenção do seu sistema financeiro automatizado. Uma vez por ano, dedico algumas horas a revisar meu sistema e fazer as mudanças necessárias. Tenho alguma assinatura de que não preciso mais? Devo incluir em meu Plano Consciente de Gastos novas metas de curto prazo? Recomendo que faça isso em dezembro, para começar o ano seguinte com o pé direito. Enumerei os passos a seguir.

AVALIE SEU PLANO CONSCIENTE DE GASTOS (TRÊS HORAS). Use esta distribuição de recursos como guia geral, mas leve a sério: se seu dinheiro estiver seguindo as porcentagens sugeridas, isso é um Grande Ganho em direção a uma Vida Rica.

- [ ] Custos fixos (50%-60%).
- [ ] Investimentos para metas de curto e médio prazos (10%).
- [ ] Investimentos para metas de longo prazo (5%-10%).
- [ ] Gastos livres sem culpa (20%-35%).
- [ ] Reavaliar assinaturas (cancelar se necessário).
- [ ] Renegociar planos de TV a cabo e internet.
- [ ] Revisitar metas de gastos: estão corretas? Você está poupando mesmo para elas?
- [ ] Se os seus custos fixos forem altos demais, pode ser hora de procurar um apartamento mais barato (ou alugar um quarto da sua casa no Airbnb, ou ganhar mais dinheiro).
- [ ] Se não estiver investindo pelo menos 10%, vale a pena redirecionar o dinheiro de outro lugar – normalmente dos gastos sem culpa – para essa finalidade.

NEGOCIE PREÇOS (DUAS HORAS). Muitas empresas reduzem o valor da sua conta mensal se você pedir. Algumas delas:

- [ ] Plano do celular
- [ ] Seguro do carro
- [ ] TV a cabo e internet
- [ ] Pacote de tarifas bancárias

DÍVIDAS (DUAS HORAS)

- [ ] Você está seguindo seu plano de quitação de dívidas? Será que conseguiria quitar alguma delas mais cedo do que planejou?
- [ ] Verifique sua pontuação de crédito.

CARTÕES DE CRÉDITO (UMA HORA)

- [ ] Elabore um plano para usar os pontos do cartão! (Alguns podem ter data de expiração, outros não. Mas o que importa é que você os ganhou, então agora vá lá e aproveite!)
- [ ] Ligue ou vasculhe o site da empresa administradora para descobrir vantagens oferecidas pelo seu cartão que você não está aproveitando.
- [ ] Confira se não está pagando anuidade. Tente reduzi-la ou obter isenção.

GANHAR MAIS

- [ ] Negocie um aumento.
- [ ] Faça renda extra. Em meu site, iwillteachyoutoberich.com, você vai encontrar ideias, exemplos e cursos (em inglês).

OUTROS

- [ ] Reavalie se realmente precisa dos seus seguros, incluindo seguro de vida e residencial.
- [ ] Se tiver dependentes, faça um testamento.

Por que você deveria pensar duas vezes antes de vender

Nunca vendi nenhum dos meus investimentos. Por que eu faria isso? Aplico meu dinheiro pensando no longo prazo. Mas mesmo assim recebo perguntas sobre isso. Em geral, sempre que vende algo você tem que pagar impostos. A tributação varia de acordo com o tempo investido, o produto, a classe de ativos e até mesmo o tipo de ação, mas há incentivos fiscais para diversas classes ou para manter o investimento por mais tempo, seja com redução da porcentagem a pagar em imposto de renda, seja com total isenção. Se você vender um investimento em menos de um ano, estará sujeito ao imposto de renda comum, que no Brasil varia de 15% (a partir de 721 dias de permanência) a 22,5% (até 180 dias).

Partindo do pressuposto de que você tenha feito um bom investimento, por que não o manter a longo prazo? No Capítulo 6 falei sobre como as pessoas não conseguem superar o mercado. No Capítulo 3 mostrei como comprar e manter gera retornos muito maiores que girar a carteira toda hora. E, se levarmos os impostos em consideração, vender é jogar contra a probabilidade. Esse é mais um argumento para não comprar ações individuais, e sim usar fundos de data-alvo ou de índice para criar uma carteira simples e com eficiência fiscal. Lembrando que tudo isso parte do pressuposto de que você tenha feito um bom investimento.

COMO SABER A HORA DE VENDER

Se você for jovem, só existem três motivos para vender: você precisa do dinheiro para uma emergência, você fez um péssimo investimento que está sempre tendo desempenho inferior ao mercado ou você alcançou a sua meta específica de investimento.

Você precisa do dinheiro para uma emergência

Se realmente precisar de dinheiro de repente, recorra a estas fontes (da melhor à pior):

1. A conta de investimentos com liquidez que você reservou para situações assim.

2. Faça renda extra. Dirija para a Uber, venda itens pessoais, faça algum trabalho freelance. Você pode não ganhar uma quantia imensa rápido, mas vender alguns bens é um passo psicológico importante:

vai provar que você está levando seu plano a sério, tanto para si mesmo quanto para sua família (o que será útil se for pedir ajuda a um parente).

3. Peça dinheiro emprestado a algum familiar. Observação: isso não funciona se você só tiver parentes malucos.

4. Use o seu cartão de crédito apenas como *último* recurso. Preste muita atenção: é altamente provável que você pague juros astronômicos se não quitar a fatura do seu cartão, então só o use para cobrir uma emergência se for uma situação realmente desesperadora.

Opções para quem já fez o dever de casa: crie o plano de 10 anos que poucos fazem

Adoro receber e-mails de quem já otimizou suas finanças pessoais e agora quer saber: "O que mais?" Minha resposta: é só perguntar a pessoas cinco ou dez anos mais velhas que você o que elas *gostariam* de ter começado mais cedo. Você vai receber três respostas de cara:

1. CRIE A MAIOR RESERVA DE EMERGÊNCIA POSSÍVEL. Uma reserva de emergência é apenas mais uma forma de se proteger contra desemprego, acidentes ou até puro e simples azar. É parte crucial da segurança financeira, principalmente para quem tem um financiamento imobiliário ou precisa sustentar uma família. O ideal é que possa cobrir entre 6 e 12 meses de gastos (incluindo tudo: financiamento da casa, pagamento de empréstimos, alimentação, transporte, impostos, presentes e qualquer outra coisa em que você costume gastar).

2. SEGUROS. Conforme se tornar mais velho e rabugento, você vai querer mais e mais tipos de seguro para se proteger de perdas.

Isso inclui seguro residencial (incêndios, enchentes e terremotos) e seguro de vida. Se tiver uma casa, você precisa ter um seguro, mas pessoas jovens e solteiras não precisam de seguro de vida. Primeiro de tudo, estatisticamente, raramente morremos, e o pagamento do seguro só é útil para pessoas que dependem de você para sobreviver, como cônjuge e filhos. Fora isso, os seguros estão fora do escopo deste livro, mas, se tiver interesse, incentivo você a conversar com seus pais e com os amigos deles e pesquisar "seguro de vida" on-line para comparar as várias opções. Você não deve precisar da maioria delas no momento, mas pode estabelecer uma meta para ter o dinheiro quando precisar. Mais uma coisa: seguros quase nunca são um bom investimento, apesar do que dizem os corretores (ou pais desinformados), então os use apenas como proteção contra riscos (incêndio ou morte acidental, por exemplo).

3. EDUCAÇÃO DOS FILHOS. Com filhos ou não, seu primeiro objetivo deve ser ter um bom desempenho financeiro para si mesmo. Às vezes vejo comentários ou mensagens on-line de pessoas que estão endividadas mas querem economizar para a educação dos filhos. É contraditório. Como assim? Primeiro pague suas dívidas e guarde dinheiro para se aposentar. Depois você pode se preocupar com as crianças.

Se for mais jovem, essas são apenas algumas das coisas sobre as quais você pode ser forçado a pensar nos próximos 10 anos. O melhor jeito de se preparar é conversar com pessoas que sejam um pouco mais velhas que você e tenham a vida sob controle. Elas podem lhe dar conselhos inestimáveis, que serão de grande ajuda no seu planejamento para a próxima década.

Você fez um péssimo investimento que está indo de mal a pior

Esse ponto é praticamente irrelevante se você tiver investido em fundos de índice, porque eles refletem o desempenho das empresas daquele índice. Dito de modo bem simplificado, se o seu fundo de índice "mercado total" estiver caindo, o mercado inteiro também está. E, se você acredita que o mercado vai se recuperar, isso significa que os investimentos estão mais baratos, portanto você não apenas *não* deve vender como deve continuar comprando fundos a preços baixos.

Mas vamos falar disso de forma conceitual para entender quando vender um investimento por baixo desempenho. Se descobrisse que o preço de uma ação sua caiu 35%, o que você faria?

"Ramit, essa ação é uma porcaria! Preciso vendê-la antes que perca todo o meu dinheiro!", você diria, histericamente.

Calma. Você precisa observar o contexto antes de decidir o que fazer. Se for uma empresa de bens de consumo, por exemplo, como vai o setor?

Ao olhar para a empresa *e* para o setor em que ela está inserida, você vê que a indústria inteira está em declínio. Não é o seu investimento em específico. *Todos* estão indo mal. Claro que isso levanta questões sobre esse setor, mas também oferece um contexto para explicar os retornos ruins da sua ação. E só porque ela está indo mal agora não quer dizer que você deva vender de imediato. Todos os setores caem de vez em quando. Descubra o que está acontecendo com esse setor da economia. Ele ainda é viável? Existem concorrentes assumindo seu lugar? (Se você tiver ações de uma empresa que produz CD players, por exemplo, é bem improvável que os negócios voltem a um bom patamar.) Se você pensa que o setor ou a empresa está apenas passando por uma crise cíclica, mantenha o ativo e continue comprando regularmente. Mas, se não acredita que a indústria vá se recuperar, talvez seja bom vender.

Agora, se a ação de determinada empresa caiu mas as de outras empresas do mesmo setor se mantêm altas, pense em vender.

Caso de fato decida vender, o processo é fácil. Basta entrar na sua conta de investimentos, selecionar o ativo do qual quer se desfazer e clicar em "vender". Existem muitas considerações em relação a impostos, como colheitas de prejuízos fiscais (que permitem compensar ganhos de capital com perdas, mas não vou entrar nessa seara agora). Quero enfatizar que quase nunca preciso vender investimentos, porque raramente invisto em ações específicas. Se escolher um fundo de data-alvo ou montar uma carteira de fundos de índice, você também não vai precisar pensar em vender com frequência. Meu conselho: poupe a sua sanidade e seu foco para coisas que importam.

Você atingiu a sua meta específica

O *buy and hold* é uma ótima estratégia para investimentos de prazo longuíssimo, mas muitas pessoas investem a médio e curto prazos para conseguir dinheiro para metas específicas. Por exemplo: "Vou investir para ir à Tailândia, a viagem dos meus sonhos... Não penso em ir tão cedo, então vou colocar apenas 300 reais por mês." No entanto, se você tiver investido para um objetivo de longo prazo e já o atingiu, venda sem pensar duas vezes. É uma grande conquista e você deve usar o dinheiro para o objetivo estabelecido.

VOCÊ ESTÁ QUASE LÁ

Temos mais um capítulo antes de terminar. Depois de receber milhares de e-mails e comentários em meu blog ao longo dos anos, identifiquei alguns problemas sobre os quais muita gente tem dúvidas. A seguir, tratarei das complicações envolvendo dinheiro e relacionamento, a aquisição de carros e da primeira casa e a administração das questões cotidianas que aparecem na nossa vida financeira. Último capítulo!

Vamos lá.

CAPÍTULO 9

UMA VIDA RICA

Finanças e relacionamentos, casamentos, carros, casa própria e mais

Nunca me esquecerei de uma conversa que tive com minha então namorada (hoje esposa), Cass, logo antes do Dia de Ação de Graças. Decidimos que era hora de falarmos sobre filhos, casamento, dinheiro... As grandes questões.

Já falei que adoro sistemas; então, fiel a minha essência, elaborei a pauta com os temas que eu queria discutir com ela:

Quantos filhos?	Casamento
Quando?	Onde morar
Nomes dos filhos	Estilo de vida. Quem vai trabalhar?

Antes de qualquer coisa, tínhamos que ficar noivos. Estávamos namorando havia anos e Cass se sentia pronta para se casar. Tão pronta que disse:

"Eu gostaria muito de estar noiva até o primeiro trimestre do ano que vem." Esse foi o momento em que ficou totalmente claro que eu tinha encontrado o amor da minha vida: quando a ouvi falar sobre nosso relacionamento com base em trimestres financeiros.

Conversamos sobre quantos filhos gostaríamos de ter, quem iria trabalhar, onde moraríamos e o tipo de vida que queríamos levar.

Ao fim da conversa, respirei fundo e disse algo que eu vinha postergando fazia tempos: "Tem mais uma coisa. É importante para mim que a gente assine um acordo pré-nupcial."

Voltarei a isso daqui a pouco.

Neste livro, escrevi sobre dinheiro, que acredito ser uma parte pequena porém importante de uma Vida Rica.

E o restante?

E as conversas desafiadoras sobre amor e dinheiro, como aquela que tive com Cass? Ou a decisão de comprar uma casa? Ou negociar seu salário? O que acontece depois que você automatiza as finanças?

A Vida Rica acontece fora da planilha. É tentador passar anos e anos mexendo em simuladores on-line e ajustando sua alocação de ativos, mas tem um momento (em especial para os leitores que seguiram minhas lições e automatizaram seu dinheiro) em que já está tudo certo. Você venceu o jogo. Agora é só esperar, ser paciente e alimentar o sistema.

A próxima camada de uma Vida Rica não envolve recalcular seus retornos. É projetar a vida que você quer. Filhos? Tirar dois meses de férias todo ano? Pagar as passagens para que seus pais possam visitá-lo? Incrementar suas economias para conseguir se aposentar aos 40?

Estou escrevendo isto em um alojamento de safári no Quênia, parte de uma lua de mel de seis semanas com Cass. Um dos nossos sonhos era convidar nossos pais para a primeira parte da viagem, na Itália, para mimá-los e construir memórias juntos. Foi uma experiência de Vida Rica de fato inesquecível.

Para mim, uma Vida Rica é ter liberdade – não precisar pensar em dinheiro o tempo todo e poder viajar e escolher com que trabalhar. É poder usar meu dinheiro para fazer o que quero, sem me preocupar se precisar pegar um táxi, se quiser pedir um prato caro em um restaurante ou se desejar comprar uma casa.

Mas esse sou eu. Ser rico pode significar algo diferente para você. É hora de projetar sua Vida Rica.

FINANCIAMENTO ESTUDANTIL: PAGAR OU INVESTIR?

O Federal Reserve (o banco central americano) relata que os universitários recém-formados nos Estados Unidos têm, em média, cerca de 35 mil dólares em empréstimos estudantis. Se você tem uma dívida como essa, talvez a considere um empecilho à conquista da sua Vida Rica. Talvez fique surpreso em saber que provavelmente seu financiamento foi uma excelente decisão financeira.

As estatísticas mostram claramente que quem tem um diploma universitário ganha muito mais do que quem só tem o ensino médio (cabe a você pesquisar os salários médios dos cursos). Por favor, não dê ouvidos aos comentaristas que entraram na onda de dizer que os financiamentos estudantis são "do mal" e você não deveria fazer faculdade. Meu Deus, se eu ouvir alguém dizendo essas besteiras mais uma vez, juro que vou tacar uma cebola na cara da pessoa (assim poderei me eximir caso ela chore).

Já conversamos sobre quitar dívidas estudantis no Capítulo 1, mas tem mais uma coisa que sempre me perguntam: "Devo investir meu dinheiro ou usá-lo para quitar o financiamento estudantil?"

Eu vivia ansiosa, com medo de não conseguir quitar meu empréstimo estudantil e nunca guardar dinheiro para a aposentadoria. Agora minha dívida está quase quitada, tenho investimentos (plural), previdência privada e quase nenhum estresse com essas coisas. Automatizei tudo e sei quanto dinheiro entra, para onde vai e quanto sai.
— Deanna Beaton, 30

Investir vs. pagar dívidas estudantis

Pode ser difícil ouvir esse papo de "Comece a investir cedo!" quando você está correndo contra o tempo para conseguir pagar 500 reais ou mais do seu financiamento todo mês. Bem, entre pagar essa dívida ou investir, você tem três escolhas:

- Pagar o mínimo mensal da parcela do financiamento estudantil e investir o resto.

- Pagar o máximo possível do financiamento e só começar a investir quando a dívida estiver quitada.

- Optar pela estratégia híbrida de 50/50, em que você usa metade do dinheiro disponível para pagar o financiamento (sempre pagando pelo menos o mínimo) e investe a outra metade.

Tecnicamente, sua decisão depende da taxa de juros do seu financiamento. Se for uma taxa superbaixa – digamos, 3% ao ano –, é melhor escolher a opção um: pagar seus empréstimos o mais devagar possível, porque você pode obter retornos de 8% em média se investir em fundos de baixo custo.

Porém perceba que eu disse "tecnicamente". Isso porque a administração do dinheiro nem sempre é racional. Algumas pessoas não se sentem confortáveis com dívidas e querem se livrar delas logo. Se você perder o sono por isso, siga a opção 2 e pague tudo o mais cedo possível – mas entenda que é possível que perca muito crescimento potencial apenas para obter esse alívio.

Recomendo que dê uma olhada mais atenta na opção 3 e tente estimar se há opções de financiamento estudantil com juros próximos aos retornos oferecidos por algum produto de renda fixa do mercado. Então, para ser franco, a sua decisão não importa tanto. Tudo mais sendo igual, o dinheiro que você ganharia investindo é mais ou menos o mesmo que você pagaria em juros nos empréstimos, então não faz muita diferença. Você pode pagar as dívidas ou investir, vai dar praticamente no mesmo. Exceto pelos juros compostos. Quando investe aos 20 ou 30 e poucos anos, você obtém benefícios enormes de juros compostos. Se esperar muito para começar a investir, nunca alcançará esses ganhos. Eu levaria o método híbrido em consideração: pagar as dívidas com parte do dinheiro e investir o restante. A divisão exata depende da sua tolerância ao risco. Você pode fazer 50/50 para simplificar, mas, se seu estilo for mais agressivo, provavelmente vai querer investir mais.

AMOR E DINHEIRO

Depois de aprender o básico sobre finanças pessoais, a planilha fica fácil. Difícil mesmo é saber como lidar com o dinheiro quando ele envolve as pessoas ao seu redor: amigos, pais, cônjuge...

São infinitas as situações em que amor e dinheiro se entrelaçam. Sair para comer com o amigo que sempre pede coisas caríssimas e quer dividir a conta por igual, descobrir que seus pais estão endividados, unir sua vida financeira à do seu parceiro ou parceira, etc. Acredito que dominar essa interseção entre amor e dinheiro é uma das partes mais complexas (e gratificantes) de uma Vida Rica.

É por isso que quero falar um pouco sobre isso. É claro que existem algumas fórmulas fáceis para usar em situações como a divisão das contas quando um parceiro ganha mais do que o outro, mas isso são apenas as despesas. A meu ver, os verdadeiros desafios – bem como as verdadeiras oportunidades – se encontram nas discussões mais brandas. Será que você pode contar a seus amigos quanto ganha? E a seus pais? Qual é o papel do dinheiro em um casamento? Você deveria fazer um acordo pré-nupcial?

Não tenho todas as respostas, mas vou lhe contar o que escolhi fazer – e por quê.

IGNORE A ENXURRADA DE CONSELHOS FINANCEIROS

Tendo dominado o básico das finanças pessoais, a partir de agora você vai notar como o mundo do dinheiro é tachado de "barulhento". Tem as dicas de investimentos do seu tio, aplicativos aleatórios para administrar o dinheiro e aquele seu amigo que zomba de você por não usar certa tática obscura para fugir dos impostos (dou risada quando sou julgado por alguém que não consegue economizar nem para comprar um pacote de jujubas).

Todo mundo tem conselhos para dar. Cada um lida com o dinheiro de forma diferente. Alguns sabem mais que outros, mas todos têm uma opinião sobre o que *você* deve fazer. De repente, você vai ficar hiperciente de como as outras pessoas tratam de suas finanças.

Você também vai perceber que, assim que souberem que você assumiu o controle das suas finanças, elas começarão a agir de um jeito estranho – inventando desculpas para não fazerem o mesmo e menosprezando seus esforços.

- "Ai, investir é coisa para ricos..."

- "Aposentar? Haha, tá bom! Vou ter que trabalhar para sempre..."

- "Deve ser bom ter dinheiro guardado como você..."

Tive mais de 15 anos para pensar em respostas. Aqui está minha fantasia.

SITUAÇÃO NA CABEÇA DO RAMIT: Alguém que é terrível com finanças pessoais e está mergulhado em dívidas começa a me dizer que "preciso" parar tudo que estou fazendo e investir em imóveis, Bitcoin e outras sugestões idiotas.

RESPOSTA: Paro de comer por um momento minha salada de mamão tailandesa, abaixo meu garfo, uso um guardanapo de pano para limpar os lábios, examino a pessoa da cabeça aos pés e digo: "Por que eu daria ouvidos a você?" A música para, todo mundo no restaurante bate palmas e o chef aparece para apertar minha mão e me oferecer sobremesa por conta da casa.

Após anos ouvindo esses comentários, entendi o que realmente está por trás deles. Quando você começa a assumir o controle do seu dinheiro, as pessoas notam. (Mesmo porque eu aposto que você está falando mais do que antes a respeito desse assunto. É como aquela máxima: "Como saber se uma pessoa é vegana? Não se preocupe, ela dirá." Ocorre algo parecido com o controle das finanças. Minha sugestão: fique atento a como e com quem você fala sobre dinheiro.) Quando toma as rédeas do seu dinheiro, você perturba seu padrão de relacionamentos, o que deixa as pessoas desconfortáveis e faz com que reajam de formas estranhas. Não leve para o lado pessoal. Sorria e agradeça. Conforme se habituarem ao seu novo eu, elas vão cansar de fazer esses comentários.

Mas, a essa altura, você terá passado a ouvir outros ruídos: o caos dos conselhos na internet. À medida que vão ficando mais confortáveis em implementar o meu sistema, meus leitores começam a procurar mais informações sobre investimentos e finanças. Talvez você vá parar no Reddit ou em fóruns on-line. De repente, vai dar de cara com várias táticas "avançadas" recomendadas por comentários anônimos:

- "Bolsa? Que nada! Bom mesmo é comprar dólar!"

- "O quê?! Você ainda acredita em renda fixa?"

- "Hahaha, não é possível que você ainda acredite em investir em índices. Bobinho. É óbvio que a Apple vai chegar à estratosfera." (Ou a Tesla. Ou o Bitcoin.)

Se aprendi uma coisa na vida, foi a ter compaixão. Lembre-se de que até algumas semanas atrás você não sabia muito sobre dinheiro. Pode ter levado um bom tempo até para se preparar mentalmente para comprar um livro de finanças e terminá-lo – e agora você entende conceitos, como automação e fundos de índice, que pareciam obscuros há alguns dias. A melhor coisa que você pode fazer é ser um bom exemplo para os outros e, se eles quiserem seus conselhos, indicar este livro a eles.

Ignore o ruído. Lembre-se: investir não é para ser algo dramático, nem mesmo divertido – e sim metódico, calmo, tão interessante quanto observar a grama crescer. (O que você pode *fazer* com o resultado dos seus investimentos, e com sua Vida Rica, isso, sim, é divertido!)

Cheque seus investimentos no máximo uma vez por mês – só isso. Se você configurou sua alocação de ativos e está colocando dinheiro no sistema com regularidade, confie em si mesmo. Você está investindo para o longo prazo e, quando olhar para trás, mudanças do dia a dia vão parecer pontinhos pequenos, porque de fato são.

Entendo que você queira procurar mais informações. Faça isso. Mas mantenha a visão crítica e perceba que cada pessoa tem seu ponto de vista. Não existem truques ou atalhos para as finanças pessoais de longo prazo. Após ler o centésimo post afirmando que investir em fundos de índice é só para iniciantes (não é), você perceberá que sabe mais que a maioria dos conteúdos que existem por aí. Esse é o momento mágico. Em vez de "viver na planilha", economizar valores irrisórios e procurar vídeos e mais vídeos sobre como montar sua carteira, você pode gastar menos de 90 minutos por mês conferindo suas finanças – e aproveitar sua Vida Rica fora da planilha, fazendo coisas que importam.

COMO AJUDAR PAIS ENDIVIDADOS

Esta é uma das situações mais difíceis que podem acontecer na sua vida financeira: perceber que seus pais, já em idade avançada, estão passando dificuldade.

É bem provável que eles não admitam (e, pelo que já vi acontecer com milhares de leitores, seus pais terão vergonha demais para pedir ajuda). Eles podem, no máximo, deixar escapar algumas pistas aqui e ali, dizendo algo como "Estamos meio apertados no momento".

Discutir a situação deles pode ser uma das conversas mais desafiadoras da sua vida – e uma das mais necessárias. Seus pais passaram décadas criando você e formaram hábitos que são muito difíceis de quebrar. É mais provável que *você* levante a questão. E aqui está sua desculpa perfeita: este livro. Experimente algo assim: "Mãe, andei lendo um livro sobre finanças pessoais e aprendi muitas coisas novas. Como você aprendeu a lidar com dinheiro?" E veja o milagre acontecer.

As dívidas podem afetar bastante seu relacionamento com seus pais. Seu maior desafio não será bolar uma solução técnica para o problema deles, e sim fazer muitas perguntas, ouvir com atenção e decidir se eles querem mesmo ajuda e se estão abertos a recebê-la.

Se estiverem, ótimo! Você pode ajudá-los. Senão, uma das coisas mais difíceis que você terá que fazer na vida será respeitar a decisão deles, mesmo que a situação piore mais e mais.

Aprendi com a experiência que, se você abordar o assunto de dinheiro com seus entes queridos com cuidado e amor, eles se abrirão com você.

Cada situação é diferente, mas veja a seguir algumas perguntas que você pode fazer. (Lembre-se: vá com calma. Ninguém gosta de falar sobre dinheiro, muito menos quando isso implica admitir para os filhos que precisa de ajuda.)

- Onde eles aprenderam a lidar com dinheiro? O que os pais deles lhes ensinaram?

- Se pudessem ter qualquer situação financeira num passe de mágica, qual eles escolheriam? (Deixe que eles sonhem. Se disserem "ganhar na loteria", incentive-os. Depois, seja mais realista: "Certo, vamos supor que vocês não ganhem na loteria. Qual seria sua situação ideal daqui a cinco anos?" A maioria dos pais tem sonhos pragmáticos.)

- Quanto eles ganham por mês? Quanto gastam?

- Que porcentagem de sua renda mensal eles estão economizando? (Quase ninguém sabe disso. Tranquilize-os em vez de julgar.)

- Eles pagam pacotes de tarifas bancárias e anuidade de cartão?

- Quanto eles devem ao cartão? Por curiosidade (use esta frase), por que não pagam a fatura integral? Como eles poderiam quitar essa dívida?

- Eles têm investimentos? Caso tenham, como os escolheram?

- Eles têm participação em fundos? Quanto estão pagando em taxas?

- Eles têm previdência privada?

- Eles assistiram a *Como ficar rico*? NÃO? POR QUE NÃO, PAI?!?! (Observação: recomendo fortemente que você grite isso bem alto na cara deles.)

Seus pais podem não ter respostas para todas essas perguntas, mas escute o que disserem. Sugiro a você que adote a Solução dos 85% e escolha uma ou duas medidas que eles podem tomar para melhorar sua situação – talvez abrir uma conta de investimentos com aplicações automáticas ou se concentrar em pagar um cartão de crédito por vez, para que se sintam um pouco realizados. Pense na época em que você não sabia nada sobre dinheiro e tudo era complicado demais. Agora você pode usar o que aprendeu para ajudar seus pais a realizarem pequenas mudanças que terão grandes resultados.

VOCÊ DEVERIA CONTAR A SEUS PAIS E AMIGOS QUANTO DINHEIRO TEM?

Anos atrás, comecei a sentir que deveria falar com meus pais sobre dinheiro. Minha empresa havia crescido e eu ganhara uma segurança financeira maior do que jamais imaginara. Quando meus pais me perguntavam como andavam os negócios, eu dava respostas genéricas ("As coisas vão bem!"), quando, na realidade, sabia que contar qual era minha receita seria mais específico do que qualquer outra coisa que eu pudesse dizer.

Liguei para meu amigo Chris para pedir conselhos.

– Será que devo contar a eles?

Chris é um autor que tem uma família parecida com a minha. Ele entendeu minha dúvida na hora.

– Por que você quer contar? – devolveu Chris.

Eu disse que seria uma forma de responder a muitas perguntas que se insinuavam sob a superfície. Eu estava me saindo bem, em termos financeiros? Meus pais tinham tomado a decisão correta ao irem para os Estados Unidos? Estavam orgulhosos de mim?

Mas eu estava nervoso, pois achava que dar detalhes específicos sobre meu sucesso talvez mudasse nossa relação.

– Pode ser esquisito – falei, usando uma palavra que qualquer pessoa com pais imigrantes entenderia.

Mais que qualquer outro, Chris sabia como era crescer como uma criança asiática com pais frugais e, depois, ganhar mais dinheiro do que poderia sonhar.

Por fim, percebi que queria que meus pais soubessem que eu estava indo bem – que eles haviam me preparado para a vida, que eu aprendera as lições e que eles não precisavam se preocupar.

Chris então comentou que, em vez de tentar comunicar isso tudo com um único número, eu podia tranquilizar meus pais de várias outras maneiras. Poderia apenas dizer que minha empresa ia muito bem e agradecer a eles por me ensinarem a ter disciplina, o que havia sido crucial em meu sucesso. E poderia fazer aquilo que mais importa para os pais: estar com eles.

Ele tinha razão. Aquela conversa me fez entender que, apesar da minha boa intenção, eu não precisava dar a eles quantias exatas para deixar claro que estava tudo bem. Na verdade, eles não ligam para o saldo na minha conta, só querem saber que estou feliz (e, é claro, casado e com filhos, indianos que são).

Quando falei com meus pais de novo e eles perguntaram como iam as coisas, fiz questão de agradecer por tudo que tinham me ensinado e disse que, graças a eles, tivera sorte para criar a empresa dos meus sonhos, que me permitia levar uma vida incrível.

Lições aprendidas:

- Conforme você tiver mais sucesso financeiro, seus relacionamentos podem mudar. Esteja ciente disso. (Por exemplo: sou muito consciente de que as pessoas têm limites diferentes para gastar com um jantar ou uma viagem de férias. Quando me encontro com um grupo de amigos, tenho o cuidado de escolher um restaurante que não pese no bolso de ninguém. Deus me livre causar esse tipo de constrangimento a alguém.)

- Tudo bem dar detalhes da sua vida financeira a seu cônjuge, a um grande amigo ou a um familiar bem próximo. Caso se pegue prestes a fazer o mesmo com outras pessoas, procure identificar a razão para esse impulso. Será que você quer compartilhar sua felicidade por estar indo bem ou no fundo está tentando se vangloriar? Teria como transmitir a mesma mensagem de outras formas? Lembre-se: não é uma boa ideia revelar esse tipo de informação pessoal sem um bom contexto. E mesmo que sua intenção seja boa, para alguém que ganha 4 mil, ouvir que você está quase chegando a um patrimônio de 1 milhão (ou muito mais) não exprime segurança ou tranquilidade. Só arrogância.

FALANDO DE DINHEIRO COM SEU PARCEIRO OU SUA PARCEIRA

Meu sonho é apresentar um reality show em que os casais têm sua primeira conversa sobre dinheiro. Não, eu não mediaria nada. Ficaria sentadinho ao fundo fazendo perguntas provocadoras ("Diga um segredo financeiro que você ainda não contou a seu parceiro/sua parceira"), comendo batata frita e sorrindo diante das mãos nervosas, das testas suadas e das palavras gaguejadas. Cara, adoro essas coisas. Aguardo um convite.

É claro que você e seu namorado ou namorada podem conversar sobre dinheiro vez ou outra, mas, quando o relacionamento ficar sério – talvez vocês tenham ido morar juntos ou se casado e estejam unindo as finanças –, é importante passar um tempo falando sobre dinheiro e suas metas financeiras. Pode parecer desconfortável, mas prometo que não precisa ser sofrido. Na verdade, esses momentos podem aproximar vocês (por mais cafona que isso soe), desde que você saiba o que perguntar e mantenha o clima leve.

As táticas específicas são importantes, mas não tanto quanto a sua postura. É fundamental não julgar e fazer muitas perguntas. Alguns exemplos:

- "Andei pensando bastante sobre minhas finanças e queria que a gente ficasse em sintonia. Podemos conversar?"

- "Como você vê o dinheiro? Porque algumas pessoas gostam de gastar mais com aluguel e outras preferem economizar uma porcentagem. Eu acho que gasto demais comendo fora. De modo geral, o que você pensa sobre o dinheiro?" (Perceba que comecei com uma pergunta ampla, dei exemplos e, por fim, fiz uma confissão sobre uma área em que não sou bom. Comece se mostrando vulnerável.)

- "Se você pudesse fazer qualquer coisa com o seu dinheiro, o que faria? Eu sei que deveria [alguma confissão verdadeira], mas, para falar a verdade, ainda não comecei a ver isso."

- "Como vamos usar o nosso dinheiro juntos? Você já pensou se gostaria de mudar alguma coisa?" (É aqui que vocês podem discutir como vão dividir as despesas, se vão poupar para metas em comum ou em que coisas divertidas gostariam de usar o dinheiro.)

Perceba que não estamos abordando opções de investimento ou fazendo a outra pessoa se sentir mal por coisas que "deveria ter feito". O objetivo da conversa deve ser concordar que o dinheiro é importante para ambos e que vocês querem ajudar com as finanças um do outro. É só isso. Termine de forma positiva!

A grande reunião

Este é o grande dia. O dia em que vocês dois revelam todas as suas finanças e as pensam juntos. Mas lembre que não é um passo tão decisivo assim, porque vocês já vêm aos poucos se aproximando desse ponto há semanas.

A preparação deve levar umas quatro ou cinco horas. Levem o seguinte:

- Lista das suas contas e a quantia em cada uma

- Lista de suas dívidas e as taxas de juros de cada uma

- Suas despesas mensais (volte à página 154 para rever detalhes sobre como determinar isso)

- Sua renda total

- Qualquer dinheiro que estejam devendo a você

- Suas metas financeiras de curto e longo prazos

Minha esposa e eu fizemos isso. Começamos por uma visão geral (quanto ganhávamos e quanto poupávamos) e, ao longo de muitos meses, nos aprofundamos em nossas contas e nossas posturas em relação ao dinheiro (é provável que não leve tanto tempo assim para explorar as contas, mas pode levar anos para entender bem a atitude do outro a respeito de dinheiro).

Quando se sentarem para fazer isso, deixem o papel de lado e comecem falando sobre suas metas. De uma perspectiva financeira, o que você quer? Que tipo de vida espera? Que tal viajar no ano que vem? Um de vocês precisa ajudar financeiramente os pais?

Em seguida, olhe suas despesas mensais. Será uma conversa delicada, porque ninguém quer ser julgado, mas lembre-se de manter a mente aberta. Mostre as suas primeiro e pergunte: "Em que você acha que eu poderia melhorar?" Depois é a vez do seu parceiro ou parceira.

Fale também sobre sua postura em relação ao dinheiro. Como você lida com os assuntos financeiros? Gasta mais do que ganha? Por quê? Como seus pais falavam sobre dinheiro? Como o administravam? (Eu tenho uma amiga que é terrível em gerenciar suas finanças, o que é estranho porque ela é muito inteligente e disciplinada. Depois de anos de convívio, um dia ela me contou que seu pai havia ido à falência duas vezes, o que explicava muita coisa.)

O principal objetivo dessa conversa é normalizar o diálogo sobre finanças, por isso procure mantê-la o mais leve possível. O segundo objetivo é que vocês dois cheguem a um consenso a respeito das bases que seguirão na administração financeira, tendo certeza de que cada um esteja poupando, investindo e quitando dívidas (se necessário). Em essência, você quer seguir as orientações deste livro com seu parceiro ou parceira. As questões mais complicadas, como unir contas, podem ficar para depois!

Agora, para manter o astral lá no alto: quero que vocês definam algumas metas de poupança de curto e longo prazos, tais como uma viagem de fim de ano. Nesse momento, acho melhor não pensar em uma compra enorme, para não se sentirem intimidados. Apenas estipulem uma meta ou duas e agendem, os dois, uma transferência automática mensal para suas contas de investimentos. Mais tarde, você e seu parceiro ou parceira devem procurar alinhar suas posturas a respeito do dinheiro. Assim, quando estabelecerem uma meta juntos ("Vamos economizar para dar uma entrada de 80 mil em uma casa"), ambos poderão se comprometer a se esforçar para alcançá-la.

QUANDO UMA PESSOA GANHA MAIS QUE A OUTRA

Assim que vocês começarem a dividir as despesas, é inevitável que comecem a surgir questões no dia a dia – ainda mais se um dos dois tiver uma renda significativamente maior. Existem algumas opções de como dividir as contas.

A primeira e mais intuitiva é dividir tudo por igual, meio a meio. Mas será que isso é justo com a pessoa que ganha menos? Proporcionalmente, ela está gastando mais, o que pode causar ressentimento e conflitos.

Como segunda opção, veja a sugestão de Suze Orman: dividir as despesas de forma proporcional à renda.

Por exemplo, se vocês pagam 3 mil de aluguel e você ganha mais que seu parceiro ou parceira, poderiam dividir assim:

DIVISÃO DE DESPESAS PROPORCIONAL À RENDA

	Você	Seu parceiro ou parceira
Renda mensal	5.000	4.000
Contribuição para o aluguel	1.680	1.320
	(5.000/9.000 = 56%)	(4.000/9.000 = 44%)

Existem muitas outras possibilidades de divisão. Cada um pode transferir um valor proporcional a sua renda para uma conta conjunta e usar os recursos dessa conta para fazer os pagamentos. Ou uma pessoa cobre certas despesas, como o supermercado, enquanto a outra paga o aluguel.

O mais importante é conversar, chegar a um acordo que ambos achem justo (lembre-se, meio a meio não é a única definição de "justo") e a cada 6 ou 12 meses verificar se o arranjo ainda está funcionando para os dois.

O QUE FAZER SE SEU PARCEIRO OU SUA PARCEIRA GASTA DE FORMA IRRESPONSÁVEL

Esta é a reclamação que mais ouço de leitores casados: "Ramit, meu marido gasta demais com videogames. Como vamos guardar dinheiro desse jeito? Quando digo isso, ele me ignora e no dia seguinte já está comprando mais um jogo."

A solução é levar a conversa para além de você e seu parceiro. Se você continuar tentando impedi-lo de gastar com algo, ele vai ficar ressentido e passará a ignorar você. Todo mundo odeia ser julgado por seus gastos. Se você continuar levando para o lado pessoal ("Pare de comprar tantos sapatos!"), não vai chegar a lugar algum.

Simplifique. Uma analogia culinária seria, em vez de vigiar o outro para que não exagere na sobremesa, concordar em ambos encherem o prato de vegetais e proteína antes de partir para os doces. Volte ao Capítulo 4 para descobrir quanto vocês precisam economizar para gastos e compras comuns como viagens, presentes de Natal ou um carro. Depois conversem para definir quais são suas metas e quanto vocês precisam poupar para alcançá-las. Por fim, tracem um plano com o qual os dois concordem.

Desse modo, da próxima vez que tiverem uma discussão sobre despesas você pode guiar o foco para o plano. Seu marido ou sua esposa não vai ficar na defensiva se você apontar para um papel (em vez de apontar para a pessoa). A questão deixa de ser o gasto que você teve com um jantar chique ou o valor a mais que ele ou ela pagou por um voo sem escala. É o plano. Tenha em mente que vocês com certeza terão métodos diferentes para atingir suas metas. Talvez você faça questão de comida orgânica mas seu parceiro priorize viajar, por exemplo. Contanto que ambos alcancem as metas, seja flexível a respeito de *como* chegar lá. Mantendo o foco no plano, é mais fácil evitar a percepção de estar sendo crítico e trabalhar para alinhar as despesas com seus objetivos. É assim que a administração do dinheiro deve funcionar.

A QUESTÃO DE 40 MIL: POR QUE SOMOS TODOS HIPÓCRITAS EM RELAÇÃO A FESTAS DE CASAMENTO (E COMO ECONOMIZAR PARA A SUA)

Ao lançar a primeira edição deste livro, fiz um tour pelos Estados Unidos e encontrei leitores em cidades como Nova York, São Francisco e Salt Lake City. Nunca me esquecerei de uma jovem que conheci em Portland.

Ao fim do evento, ela se aproximou e disse: "Só queria agradecer pelos seus conselhos sobre festas de casamento." Fiquei muito feliz. Ela me contou que vinha poupando para esse propósito, aplicando dinheiro automaticamente todo mês.

Foi empolgante ouvir isso. Adoro ver pessoas reais colocando em prática meu conteúdo. Então sugeri gravar um breve vídeo em que ela contasse sua experiência.

De repente, a jovem ficou bem desconfortável.

Ela nitidamente não tinha gostado da ideia, mas eu não entendia por quê. Quando perguntei, ela baixou o olhar e disse: "Porque eu nem estou noiva ainda."

Repare: ela achou que seria visto como "estranho" o fato de estar poupando para seu casamento antes mesmo de noivar – que seria julgada por isso.

EU ADOREI!

Sabe o que eu acho estranho? NÃO economizar para despesas previsíveis que você *sabe* que virão. Ainda falta muito ou é algo grande demais para pensarmos a respeito, então não nos planejamos – justamente para os itens que terão um impacto gigantesco em nossas finanças. Esses são os pontos que geram os Grandes Ganhos.

Apertem os cintos, porque vou expor meu ponto de vista sobre festas de casamento – uma opinião que muita gente acha "estranha". Mas não ligo para o que elas pensam. O que me interessa é criar nossas Vidas Ricas juntos.

É claro que o *seu* casamento será simples

Quando uma irmã minha me ligou para contar que havia ficado noiva, eu estava em um evento com uns amigos e pedi champanhe para todos. Meses depois, quando minha outra irmã contou que ia se casar, pedi outra rodada. Então descobri que cada uma delas teria um casamento na Costa Leste e outro na Costa Oeste. No total, seriam quatro casamentos indianos em um intervalo de poucos meses! Opa, a coisa ficou séria.

Foi isso que me fez começar a pensar no assunto. Uma festa de casamento custa, em média, entre 35 mil e 45 mil reais, mais do que o brasileiro médio ganha em um ano (segundo o IBGE – Instituto Brasileiro de Geografia e Estatística –, a média nacional do rendimento nominal domiciliar per capita em 2022 era de 1.625 reais). Calma, espere um segundo antes de julgar. É fácil dizer "As pessoas deveriam simplesmente perceber que a essência de um casamento é ter um dia especial, e não se afogar em dívidas".

Aposto que, quando chegar a sua vez, você vai querer que seja tudo perfeito. Sim, você mesmo. E eu também. É o seu dia especial, então por que não escolher as rosas colombianas ou o filé-mignon? Longe de mim julgar quem faz uma cerimônia cara. Na verdade, as mesmas pessoas que gastam 35 mil são aquelas que, alguns anos antes, disseram a mesma coisa que você está dizendo agora: "Quero algo simples. É ridículo se endividar por causa de um único dia." Pouco a pouco, elas vão gastando mais do que planejaram (mais do que podem). Olha, não tem nada errado em querer que seja um dia perfeito. Vamos admitir logo isso e pensar em como alcançar nossas ambições.

O que fazer, então?

Sabendo dos custos assombrosos de um casamento, eu vejo três linhas de ação possíveis:

Cortar gastos e fazer uma festa mais simples. Ótima ideia, mas, para ser franco, em geral as pessoas não têm disciplina para colocar essa ideia em prática. Não falo isso de forma crítica, é uma simples constatação: os dados mostram que a maioria das festas de casamento custa dezenas de milhares de reais.

Não fazer nada e dar um jeito depois. Esta é a tática mais comum. Conversei certa vez com uma mulher recém-casada que havia passado oito meses planejando a festa e mesmo assim acabara contratando serviços caríssimos. Meses depois, ela e o marido não sabiam como pagar as dívidas resultantes. Se você fizer isso, saiba que estará cometendo um erro gigantesco. Mas ao menos estará em boa companhia, porque quase todo mundo faz a mesma coisa.

Reconhecer a realidade e se planejar. Apresente essas três opções a 10 pessoas e com certeza todas escolherão esta. Depois, pergunte quanto elas estão economizando por mês para isso (estejam noivas ou não). Garanto que a reação delas vai valer a pena. Como você já sabe, adoro conversas desconfortáveis.

Se você parar para pensar, já temos todas as informações necessárias para tomar a decisão correta. Os homens se casam em torno dos 29 anos, e as mulheres, aos 27 (pressupondo um casamento heterossexual, sobre o qual temos mais dados). Sabemos que o custo médio de uma festa é de 40 mil. Então, se você está comprometido a não se endividar para seu casamento, veja a quantia impressionante que precisa economizar a partir de hoje, com ou sem noivado:

Quanto preciso economizar para o meu futuro casamento?

COM BASE NA MÉDIA PARA MULHERES:		
Sua idade	Meses até o casório	Quantia mensal a poupar
22	60	666,67
23	48	833,33
24	36	1.111,11
25	24	1.666,67
26	12	3.333,33
27	1	40.000

COM BASE NA MÉDIA PARA HOMENS:		
Sua idade	Meses até o casório	Quantia mensal a poupar
22	84	476,19
23	72	555,56
24	60	666,67
25	48	833,33
26	36	1.111,11
27	24	1.666,67
28	12	3.333,33
29	1	40.000

Isso pode ser intimidador, mas eu penso de um jeito diferente. Serve para abrir nossos olhos. Lembre-se de que esses números são médias. Você pode decidir se casar mais cedo, mais tarde ou nunca. Eu me casei aos 36! O ponto principal aqui é que, quando você planeja, o tempo está do seu lado.

A maioria de nós nunca nem concebeu economizar uma quantia dessas para a festa de casamento. Em vez disso, dizemos:

- *"Nossa, é dinheiro demais. Não tem como economizar tanto assim. Talvez meus pais deem uma ajudinha..."*

- *"Vou fazer só uma coisinha simples, para os íntimos..."*

- *"Vou pensar sobre isso quando noivar."*

- *"Seria estranho começar a economizar para um casamento. Não estou nem noivo ainda..."*

- *"Acho que vou ter que me casar com alguém rico."* (Já ouvi gente dizer isso, meio que brincando, meio que sério.)

Mais comum, porém, é não pensar nem 10 minutos sobre essa que é uma das maiores despesas da nossa vida e que quase com certeza ocorrerá nos próximos anos. Tem algo errado aí.

A surpreendente matemática do casamento

Fiz uma simulação para ver quais eram os principais fatores para a redução dos custos de um casamento. Para ser sincero, achei que reduzir o número de convidados teria o maior efeito.
Errado.
Curiosamente, isso não faz tanta diferença. No exemplo detalhado na tabela a seguir, cortar os convidados pela metade reduz os custos em apenas 25%.
Além do óbvio (negociar preços melhores do local e do bufê), a melhor sugestão que ouvi foi ficar de olho nos custos fixos. Um amigo meu, por exemplo, trouxe um fotógrafo das Filipinas para seu casamento. Soa extravagante, mas, mesmo incluindo a passagem de avião, ele economizou 4 mil dólares. Em outro exemplo, minha irmã mandou fazer o design e a impressão dos convites na Índia por uma fração do valor que pagaria nos Estados Unidos.

Lembre-se de que os valores no exemplo a seguir exprimem uma média nos Estados Unidos (em dólar), pois foram os que eu pesquisei. Certamente vão diferir bastante dos preços praticados no país e na cidade onde você mora, mas a ideia é que você entenda por que reduzir o número de convidados pela metade não reduz o custo total pela metade.

EXEMPLO DE CUSTOS DE CASAMENTO

Custos variáveis	150 convidados	75 convidados
Open bar por pessoa	20	20
Almoço por pessoa	30	30
Recepção por pessoa	120	120
Subtotal	**25.500**	**12.750**
Custos fixos		
DJ	1.000	1.000
Fotógrafo	4.000	4.000
Aluguel de mesas, cadeiras, toalhas de mesa, etc.	1.500	1.250
Flores	750	600
Cabelo e maquiagem	750	750
Convites	1.000	750
Lua de mel	5.000	5.000
Vestido	800	800
Limusine	750	750
Alianças	5.000	5.000
Locação	4.000	4.000
Outros	2.000	2.000
Subtotal	**26.550**	**25.900**
Total	**52.050**	**38.650**

ACORDO PRÉ-NUPCIAL: FAZER OU NÃO?

Recentemente um amigo meu promoveu uma "noite pré-nupcial": convidou várias pessoas bem-afortunadas para discutir esses tais acordos. De todos os convidados (homens e mulheres, solteiros e casados, e um advogado para responder a perguntas comuns), um recusou o convite.

"Cara, esse é o último evento ao qual eu iria", disse ele. Era um homem casado que tinha assinado um acordo pré-nupcial anos antes. Quando meu amigo perguntou por quê, a resposta foi: "Imagine a pessoa que você ama. Agora imagine se comunicar com ela por intermédio de advogados durante meses... tudo para criar um contrato que detalha o que vai acontecer se vocês se divorciarem. Foi o pior período da minha vida."

A experiência em si não foi tão ruim assim, mas as conversas financeiras com Cass durante os meses em que elaboramos nosso acordo pré-nupcial foram as mais difíceis da minha vida. Antes de ter um relacionamento sério, nunca havia considerado fazer isso. Não conhecia ninguém que tivesse feito, achava que não fazia sentido para mim e não gostava da ideia de "me planejar para o fracasso do relacionamento".

Mas mudei de ideia. Minha esposa e eu assinamos um acordo. Após meses de pesquisa, horas de discussão e dezenas de milhares de dólares em honorários de advogados, aprendi algumas lições.

A primeira coisa que me perguntei foi: Quem precisa disso? Na cultura pop, são celebridades, magnatas e herdeiros – três grupos dos quais não faço parte.

À medida que eu pesquisava, descobri que a maioria dos casais não precisa de um acordo pré-nupcial a não ser que um dos dois tenha uma quantidade de bens ou de obrigações financeiras muito maior que o outro, ou que haja complicações como uma empresa ou uma herança. Assim, é algo desnecessário para 99% das pessoas. Nos filmes e nas séries, esses acordos são retratados como um artifício usado por um dos noivos (o mais rico) para ferrar com o outro, mas, na realidade, trata-se de um contrato referente aos bens acumulados *antes* do casamento, não apenas àqueles adquiridos *durante* a união – e um acordo sobre o que fazer se a união terminar.

Tenho minha empresa, então tecnicamente deveria fazer um contrato pré-nupcial, porém minha decisão não se baseou apenas em números, mas também em minha *identidade*. Sou o tipo de pessoa que precisa disso?, pensei. Lembro que liguei para meu pai para perguntar se os indianos costumam fazer acordos pré-nupciais. Tinha 100% de certeza que ele seria contra, pois nunca conversamos sobre esse assunto (nunca mesmo) e meu pai é muito tranquilo em relação ao dinheiro. Imagine meu choque quando ele disse: "Não... acho que não. Mas eu entendo as pessoas que fazem." Hoje, acho que eu queria que meu pai dissesse "Claro que não! Não fazemos isso", para validar minhas dúvidas. Fiquei perplexo com a resposta dele.

Fui conversando com mais amigos, explicando que Cass e eu estávamos pensando em casamento, e um número surpreendente deles (em especial os empreendedores) disse: "Você vai fazer um acordo pré-nupcial, não é?"

Comecei a considerar mais seriamente a ideia.

Foi quando percebi que as melhores informações sobre esse tipo de contrato não estão facilmente disponíveis. Tentei achar exemplos on-line e não encontrei quase nada. Muitas das informações são escritas em fóruns por usuários anônimos ou, nos piores casos, estão incorretas. Mais tarde entendi que, pelo fato de esses contratos serem, por definição, acordos legais personalizados voltados para um público de alto poder aquisitivo, não há motivo para serem explicados ao público geral. Desconfie do que encontrar on-line.

Costumamos nos planejar com antecedência em quase todas as outras áreas da vida: investimentos, aquisição de imóveis, onde morar, pedir um aumento no trabalho... Mas na esfera dos relacionamentos, por algum motivo, nos dizem que planejar demais acaba com o romantismo. É como admitiu um amigo divorciado: "Nunca pensei que um dia precisaria usar esse acordo. Ainda bem que o fiz."

Por fim, após meses de pesquisas, decidi fazer um contrato, pois eu tinha uma empresa e um patrimônio muito maior que minha noiva.

Casar-se é uma questão de encontrar um parceiro ou parceira que você ame e com quem queira passar o resto da vida. Também é um contrato legal com implicações financeiras significativas. Eu me planejo para outras contingências; então, após me informar e consultar vários especialistas, entendi que (é claro) deveria me planejar para a maior decisão financeira da minha vida até então. Concordo com um amigo meu que definiu a situação assim: "Assinamos o acordo no nosso melhor momento para nos prepararmos para o pior deles."

Como abordar o assunto? A maioria dos conteúdos on-line trata de como introduzir o tema com seu parceiro ou parceira (quase sempre da perspectiva masculina de "como falar sobre isso sem irritar a mulher"). Alguns conselhos comuns recomendam culpar os advogados ("Eles exigem que eu faça!"). Detestei esse método.

Aqui está o que fiz.

Cass e eu decidimos conversar sobre nosso futuro: filhos, casamento, dinheiro e tudo mais. Nessa conversa, mencionei o assunto:

– Tem algo que quero dizer, e é importante para mim. Quero conversar sobre um acordo pré-nupcial e fazer um.

Cass se recostou, claramente surpresa.

– Uau – ela disse. – Preciso processar a informação.

Conversamos mais e eu expliquei a ela o *porquê*.

Garanti a ela que pretendia que nosso casamento durasse para sempre. "Eu te amo e estou empolgado para me casar e passar o resto da vida com você."

Expliquei por que estava falando sobre aquilo. "Por causa de algumas decisões que tomei e de muita sorte que tive com minha empresa, estou entrando neste relacionamento com mais dinheiro que a maioria das pessoas. Não acho que vamos precisar recorrer ao acordo, mas é importante para mim proteger o patrimônio que formei até aqui."

Enfatizei que seríamos uma equipe. "Quando nos casarmos, seremos um time. Quero que saiba que vou lhe dar suporte e sei que você vai fazer o mesmo por mim."

Ressaltei nosso estilo de vida. "Nós dois crescemos quase da mesma forma. Nossas mães são professoras. Você sabe em que gasto meu dinheiro. Não ligo para esportes, carros nem bebidas, mas faço questão de uma vida confortável (com alguns pequenos luxos). Adoro compartilhar esse estilo de vida com você e com nossas famílias."

Mas fui firme em minha intenção. "Eu me orgulho do que conquistei com minha empresa e minhas finanças. É importante para mim proteger esse patrimônio no caso de nos separarmos."

Perceba que:

- Comecei enfatizando que a amo e quero passar a vida toda com ela.

- Assumi a responsabilidade por trazer o assunto à tona. Não foram meus advogados nem contadores – ninguém me forçou a fazer isso. Era algo que eu queria e era importante para mim.

- Passei a maior parte do tempo falando sobre o *porquê* de querer um acordo (e não sobre cláusulas ou números).

Cass me disse que estava aberta à ideia e queria pesquisar mais. E assim teve início uma conversa de meses. Falamos sobre o que o dinheiro significava para nós, voltamos ao motivo pelo qual eu queria um contrato desses e, quando abordamos cifras, conversamos sobre o que significavam.

Em certo ponto, Cass disse: "Sabe, fui bem aberta em relação a minhas finanças. Fico um pouco desconfortável porque não sei quase nada sobre as suas."

Caramba. Eu nunca tinha aberto minha vida financeira para ela. Só meus contadores sabiam de tudo. Foi um grande erro da minha parte, que no mesmo dia procurei remediar.

Falamos sobre viagens: e se eu quisesse ficar em um hotel bacana, mas ela preferisse economizar?

Sobre nossas empresas: eu já tinha a minha fazia anos, enquanto a de Cass estava começando. E se ela não atingisse os resultados necessários em um mês? Ou por três meses seguidos? E se minha renda diminuísse?

Discutimos risco e segurança. Como o dinheiro faz você se sentir? Você precisa de certa quantia no banco para ter a sensação de segurança? Tem aversão ao risco? Aposto que seu parceiro ou parceira pensa diferente de você sobre esses tópicos. Descubra.

Hoje penso que deveria ter começado a nossa conversa seis meses antes do pedido de casamento. Se pudesse voltar no tempo, eu teria compartilhado minhas finanças com Cass mais cedo e passado muito tempo conversando sobre o que o dinheiro significa para cada um de nós. Para mim, representa esforço e sorte. E a possibilidade de criar nossa Vida Rica – juntos.

Eu já pensava em dinheiro fazia 15 anos, em especial desde que meu patrimônio começara a crescer; Cass, não. Eu era mais despreocupado em relação a certas despesas, sabendo que minha equipe financeira daria um jeito de categorizá-las e consolidá-las até o último centavo; ela, não.

Eu deveria ter nos dado mais tempo, para que pudéssemos discutir diferentes questões aos poucos – não só contando a ela algumas das minhas decisões financeiras, mas também procurando ouvir algumas dela. Por exemplo: "Vou ligar para o meu contador para fazer o pagamento adiantado dos meus impostos. Gosto de fazer isso porque..." e "Como você decide com o que vale ou não a pena gastar? Eu penso que..."

Dessa forma o dinheiro não teria sido uma surpresa que "caiu" no colo dela. Seria normal falarmos a respeito disso regularmente.

Com o passar dos meses, as coisas se tornaram bem difíceis. Eu me sentia ressentido; ela, incompreendida. Não sabíamos como sair daquele impasse. Foi quando Cass teve a ideia de pedir ajuda. Concordei na mesma hora, e acabamos nos consultando com um terapeuta que nos ajudou a lidar com os complicados problemas emocionais relacionados às finanças. Imagine encontrar novos recursos para falar sobre seus desejos em relação a dinheiro, seu medo, seu orgulho – sobre o que será seu casamento. Foi imensamente útil. Deveríamos tê-lo feito mais cedo. Ouvi falar que existem terapeutas de casal especializados no assunto finanças, mas estávamos com pressa e encontramos o nosso on-line.

Se eu pudesse voltar no tempo, teria conversado sobre como direcionar nossos advogados. É natural que eles queiram proteger você de cada possibilidade, enquanto os do seu parceiro querem protegê-lo. Mas, no fim das contas, você precisa dar a palavra final e não deixar que conduzam o processo.

Acordos pré-nupciais ditam os termos do que acontece em caso de divórcio. Que destino terão os bens que você adquiriu antes do casamento? E se vocês comprarem uma casa: quem fica e quem sai? Dentro de qual prazo? E se vocês se divorciarem em um ano? Em 20 anos? E se tiverem filhos?

São tópicos complexos. Existem acordos pré-nupciais, pós-nupciais, emendas e muito mais. Não há fórmulas fáceis, e é por isso que você precisa da ajuda de advogados.

Por fim, assinamos um acordo com o qual ambos ficamos satisfeitos.

Tendo passado por esse processo, fiquei perplexo que ninguém fale sobre isso abertamente. É um tabu. Mas, quando comecei a discutir o assunto em particular com amigos e assessores, me surpreendi com a quantidade de gente que tinha um contrato desse tipo! Quero lançar luz sobre esse tema e incentivar você a discuti-lo de modo franco com seu parceiro ou parceira.

O processo do acordo pré-nupcial me ensinou mais sobre a forma como nós dois pensamos a respeito do dinheiro do que qualquer outra coisa. Esperamos nunca ter que usá-lo.

TRABALHO E DINHEIRO

Existem basicamente duas formas de obter mais dinheiro: ganhar mais ou gastar menos. Cortar gastos é ótimo, mas, pessoalmente, acho bem mais divertido aumentar os ganhos. Como a maior parte da nossa renda vem do trabalho, ele é um lugar excelente para otimizar. Negociar seu salário em um novo emprego que você vá assumir é a forma mais rápida de ganhar dinheiro licitamente. Seu salário inicial é ainda mais importante do que você imagina, porque é ele que estabelece o padrão para futuros aumentos e, muito provavelmente, quanto você começará ganhando em futuros empregos. Um aumento de 1 mil ou 2 mil, em outras palavras, pode significar vários e vários milhares ao longo de sua carreira. Agora me permita mostrar como obter milhares de reais negociando um salário melhor.

NEGOCIANDO O SEU SALÁRIO AO ESTILO *COMO FICAR RICO*

No Capítulo 4, escrevi sobre como pedir um aumento no seu trabalho atual. Mas o melhor momento para negociações é ao começar em um novo emprego. Essa é a hora em que você está na melhor posição de barganha e, com uma preparação básica, pode aumentar consideravelmente seu salário com uma simples conversa de 10 minutos. Milhares dos meus alunos usaram meus vídeos no YouTube, meus cursos e os roteiros a seguir para aumentar sua renda.

Quando treino pessoas em negociação, finjo ser o recrutador e faço as perguntas mais difíceis possíveis. Quando terminamos (quatro a cinco horas depois), elas estão exaustas e mal-humoradas. Mas acabam conseguindo, em média, 6 mil dólares anuais a mais. Vou lhe ensinar algumas das minhas melhores estratégias.

Negociar é 90% postura interna e 10% tática. A maioria das pessoas acha que não deve negociar, por medo de serem "grosseiras" ou de perder a oportunidade. Isso quase nunca acontece, até porque a empresa pode já ter gastado até milhares de reais no processo de recrutamento. Se negociar, você comunica de forma explícita que se valoriza mais que o profissional mediano. Você é mediano? Então por que aceitaria um salário mediano?

Graças ao seu livro e seus outros ensinamentos, meu salário foi de 2 mil para quase 7 mil dólares. Hoje em dia, seja para comprar um item simples, trocar de carro ou reivindicar um aumento, negocio com firmeza e chego preparado. Toda vez que entro em uma negociação eu saio no lucro, seja em tempo ou dinheiro. Devo isso ao seu livro.

— Jason Flamm, 35

O básico da negociação é bem simples:

1. **Lembre-se de que ninguém se importa com você.** A maioria dos novos funcionários chega falando quanto *eles* querem ganhar. Para ser sincero, como gerente de recrutamento, pouco me importa o que você quer. Eu queria comer ceviche de polvo sempre que me desse vontade. E daí? Ao negociar, lembre-se de que a pessoa à sua frente só se importa com duas coisas a seu respeito: se você vai contribuir para a imagem dela e quanto vai gerar em valor para a empresa.

    Tática de negociação: Sempre exponha seus pedidos por uma perspectiva que mostre o benefício para a empresa. Não se concentre em quanto você vai custar para o empregador, e sim em quanto vai agregar à equipe. Se o seu trabalho vai contribuir para um projeto de 1 milhão de reais, destaque esse fato. Relacione seu trabalho aos objetivos estratégicos da companhia – e mostre a seu chefe como você vai contribuir para a imagem dele. Ressalte de que formas você vai facilitar a vida dele, por ser a pessoa a quem ele pode delegar qualquer responsabilidade. Lembre-se também de que a empresa vai lucrar muito mais com o seu trabalho do que lhe paga de salário, então destaque como você vai ajudá-la a atingir as metas. Uma frase crucial a usar: "Vamos encontrar uma forma de chegar a um número justo que funcione para nós dois."

2. **Tenha outra oferta de emprego – e use-a.** Esse é o recurso mais eficaz para aumentar seu salário. Se você tiver outra oferta de emprego, seus potenciais empregadores respeitarão mais as suas habilidades. As pessoas gostam de quem está sendo disputado.
   Tática de negociação: Faça entrevistas em várias empresas de uma vez. Informe a todas elas quando você receber uma nova proposta, mas não revele a quantia que lhe foi oferecida – você não é obrigado a isso. Na melhor das hipóteses, as empresas entrarão em uma guerra de propostas e você vai lucrar com isso. Não consigo pensar em um jeito melhor de passar um dia de semana qualquer.

3. **Vá preparado (99% das pessoas não fazem isso).** Não deixe para pensar na sua pretensão salarial durante a entrevista. Antes, acesse www.salario.com.br e www.glassdoor.com.br para ter uma ideia dos valores praticados no mercado para aquele cargo. Se puder, fale com pessoas que trabalham naquela empresa (caso conheça alguém que tenha saído de lá há pouco tempo, melhor ainda, pois ele estará mais disposto a dar informações) e pergunte a verdadeira faixa salarial do cargo. Por fim (importante!), mostre ao recrutador ou a seu futuro chefe como você pretende atingir suas metas na empresa.
   Tática de negociação: A maior parte da negociação ocorre antes da entrevista. Acione seus contatos. Descubra o salário que você gostaria de ganhar, o que é realista e o que você está disposto a aceitar. Mas não se limite a exigir dinheiro. Defina um plano estratégico do que deseja fazer no cargo e apresente-o. Você sabe quão poucas pessoas chegam para uma negociação com um plano de ação? Só

isso pode lhe render um bom acréscimo à oferta inicial – e, é claro, permite que você fale sobre como vai contribuir para a empresa, não só sobre quanto vão lhe pagar.

O que não fazer *jamais* em uma negociação

1. NÃO INFORME SEU SALÁRIO ATUAL. Para que eles precisam saber isso? Vou lhe dizer para quê: para poder oferecer só um pouquinho a mais do que você ganha atualmente. Se fizerem essa pergunta, responda: "Tenho certeza de que podemos encontrar um número que seja justo para nós dois." Se o pressionarem, resista: "Não me sinto confortável em revelar o meu salário, então vamos prosseguir. O que mais posso esclarecer para vocês?" (Observação: em geral, os recrutadores das fases iniciais é que vão perguntar isso. Se eles insistirem em saber, peça para falar com a pessoa acima deles. Nenhum recrutador quer ser responsável por perder um ótimo candidato, então isso costuma ser suficiente. Se ainda assim insistirem, recomendo que entre no jogo, sabendo que pode negociar depois.)

2. NÃO FAÇA A PRIMEIRA OFERTA. Isso cabe à empresa. Se pedirem que você sugira um número, sorria e diga: "Bem, acho que isso cabe a vocês. Qual seria um número justo com o qual possamos começar?"

3. SE RECEBER UMA OFERTA DE UMA EMPRESA CONSIDERADA MEDÍOCRE, NÃO REVELE O NOME. Quando perguntarem, diga algo genérico porém verdadeiro, tal como: "Uma outra empresa de tecnologia com foco em aplicativos." Se você disser o nome da empresa medíocre, o contratante vai saber que está em vantagem. Ele vai arrasar a outra empresa (o que eu também faria), e será tudo verdade. Não vai se concentrar em negociar, mas em dizer como na empresa dele vai ser melhor. Omita essa informação.

4. NÃO FAÇA PERGUNTAS DE "SIM" OU "NÃO". Em vez de "Você propôs 5 mil. Que tal 5.500?", diga "Cinco mil é um ótimo número para começar. Estamos na mesma faixa, mas como podemos chegar a 5.500?"

5. NUNCA MINTA. Não diga que tem outra oferta se não for verdade. Não infle seu salário atual. Não prometa coisas que não pode cumprir. Seja sempre verdadeiro em negociações.

4. **Tenha uma série de cartas na manga.** Assim como em uma entrevista de emprego, você vai querer ter uma lista de coisas na cabeça que pode usar para fortalecer sua negociação. Pense sobre seus pontos fortes e em jeitos de destacá-los. Por exemplo, muitas vezes pergunto: "Que qualidades fazem alguém ser excelente para este cargo?" Se a resposta for "A pessoa deve ser bem focada em estatísticas", digo "Que bom que você falou isso, estamos de acordo. Na verdade, no meu último trabalho lancei um produto que usava um pacote analítico para...".

    Tática de negociação: Tenha na ponta da língua um repertório de suas conquistas e aptidões, para poder citá-las quando lhe fizerem aquelas perguntas comuns. Esse repertório deve incluir o seguinte:
    - Histórias de conquistas em empregos anteriores que ilustrem seus pontos fortes
    - Perguntas a fazer ao recrutador se a conversa sair dos trilhos ("O que você mais gosta nesse trabalho? Ah, sério? Que interessante, porque quando eu estava no meu último emprego descobri...")

5. **Negocie mais que dinheiro.** Não se esqueça de discutir se a empresa oferece bônus, horários flexíveis, incentivo a estudos e qual o valor dos benefícios. Você também pode negociar férias e até o título do seu cargo. Observação: startups não costumam gostar muito de pessoas que negociam férias, porque é como se transmitissem a ideia de falta de disposição, mas adoram considerar ações das empresas como bônus, porque isso estimula o engajamento.

Tática de negociação: Sua frase deve ser "Vamos falar do pacote de benefícios", pois inclui tudo, não só o salário. Trate cada componente como uma alavanca: se acionar uma, você pode desativar outra. Assim, use-as estrategicamente (por exemplo, cedendo em algum ponto que não seja muito importante para você) para chegar a um acordo satisfatório.

6. **Seja cooperativo, não antagônico.** Se você chegou à etapa de negociar salário, a empresa quer você e você quer a empresa. Agora você só precisa descobrir como fazer isso funcionar. A questão não é exigir mais ou tentar ceder menos. A essência da negociação é encontrar uma solução cooperativa para criar um pacote justo que funcione para os dois lados. Então preste atenção na sua postura: você deve ser confiante, mas não arrogante, e ávido por chegar a um acordo que beneficie ambas as partes.

    Tática de negociação: Use a frase "Estamos quase lá... Agora só falta vermos como podemos fazer isso funcionar".

7. **Sorria.** Não estou brincando. O sorriso é um dos elementos mais eficazes em negociações. Desarma o outro, quebra a tensão e mostra que você é de carne e osso. Quando eu estava sendo entrevistado para bolsas de estudos para a faculdade, fui rejeitado várias vezes até começar a sorrir – e a partir de então ganhei várias.

    Tática de negociação: Sorria. Sério.

8. **Treine a negociação com amigos diferentes.** Pode parecer bobo, mas funciona melhor do que você imagina. É impressionante como você pode melhorar rápido se treinar em voz alta. Mas ninguém faz isso, porque é "esquisito". Acho que também é "esquisito" ter uns mil reais a mais no bolso, né, bobão? Um amigo meu achou que era constrangedor demais treinar a negociação e, quando chegou a hora de encarar um gerente de recrutamento, não soube o que fazer. Depois veio me procurar todo sem graça, reclamando que não conseguia negociar. O que eu podia dizer? Não treinar pode lhe custar centenas, até milhares de reais.

Tática de negociação: Chame sua amiga ou amigo mais durão e peça para ela ou ele acabar com a sua raça. Não ria durante o ensaio – trate como se fosse uma negociação real. Melhor ainda, grave em vídeo. Você não imagina quanto pode aprender com isso. Se parecer muito ridículo, lembre-se dos benefícios não só financeiros mas também do respeito que você ganhará da sua chefe pela negociação educada e profissional.

ESTUDO DE CASO
Como minha amiga conseguiu um aumento de 28% só por ter feito o dever de casa

Ajudei minha amiga Rachel, de 25 anos, a negociar uma oferta de emprego. A meu pedido, ela escreveu sobre o processo. Veja o que ela disse:

Em resumo, consegui um aumento de 28% em meu salário-base – além de ações da empresa, o que me permite ao menos o luxo de sonhar um dia ser multimilionária.

Me candidatei a muitas e muitas vagas e fui ignorada por todas as empresas – mais do que gostaria de admitir. Mesmo assim, decidi voltar ao mercado de trabalho alguns meses depois de atuar no marketing de um hotel de grande porte em São Francisco. Encontrei uma vaga de gerente de marketing em um site e enviei o meu currículo, o que me rendeu uma entrevista por telefone, depois uma entrevista realizada presencialmente e, por fim, uma oferta de contratação.

Parece moleza, certo? Na verdade, a diretora de marketing me disse que eu tinha menos experiência que todos os outros candidatos que ela vinha entrevistando... mas me contratou mesmo assim. Não posso afirmar com certeza o que fez com que dessa vez fosse diferente, mas consigo pensar em algumas coisas que provavelmente ajudaram. Não foi nenhuma estratégia mirabolante nem nada, mas tudo envolveu tempo e esforço, duas coisas que com certeza nos destacam dos demais.

1. ANALISEI O ANÚNCIO DA VAGA linha por linha e, de acordo com a descrição, anotei os projetos em que tinha trabalhado que seriam relevantes para a empresa e minhas competências que provavelmente interessariam ao entrevistador.

2. VASCULHEI O SITE DA EMPRESA, li matérias de negócios que a citavam e me informei sobre a equipe de gestão para poder falar de modo embasado sobre a companhia e argumentar por que eu seria uma boa contratação.

3. PREPAREI UMA NARRATIVA SOBRE MEU CURRÍCULO UM TANTO QUANTO ECLÉTICO, pois poderia parecer falta de foco se não fosse contextualizado de forma adequada.

4. CONVERSEI COM ESPECIALISTAS EM STARTUPS, finanças, negociação e meia dúzia de outros assuntos. Ramit me deu algumas boas dicas, como "Diga que você quer botar a mão na massa" e "Sugira três ações que você faria para ampliar o alcance do marketing deles".

5. SEGUI À RISCA OS CONSELHOS DE RAMIT, que foi onde concentrei meus maiores esforços. Criei três propostas para gerar mais interesse em feiras de negócios, melhorar os retornos dos esforços de marketing direto e aumentar o reconhecimento da marca pela população em geral.

Uau! Então ela deve ter se saído muito bem, não é? Não exatamente... E, segundo o relato de Rachel, o que ela fez na entrevista é um caso clássico de como transformar uma oportunidade perdida em uma chance de vencer.

Acabei não encontrando uma brecha para expor minhas ideias (apesar de a entrevista ter durado quatro horas), então mandei um e-mail com minhas propostas para a chefe do setor. Mandei também um e-mail para cada pessoa com quem falei naquele dia, agradecendo pela atenção. Talvez tenha sido excessivo, ou talvez tenha sido essa enxurrada de e-mails o detalhe que garantiu minha contratação.

Mais tarde, soube que a chefe tinha ficado impressionada com minha energia e minha inteligência e que decidiu treinar alguém com mais potencial em vez de contratar uma pessoa mais experiente, que talvez fosse menos flexível. Três semanas de pesquisa e planejamento me recompensaram com uma nova carreira – um excelente retorno para o tempo que investi.

Perceba como essa é a exata concretização de tudo que este livro defende. Rachel pesou suas opções com cuidado, tomou uma atitude, entrou em contato com pessoas com mais experiência para pedir conselhos e chegou com uma apresentação muito melhor que a de todos os outros candidatos (tanto que nem precisou negociar muito). E, como não teve oportunidade de apresentar tudo que havia preparado, enviou o restante por e-mail – embora algumas pessoas possam achar que foi um movimento "estranho".

Ficar rico não depende de uma bala de prata ou uma estratégia secreta, e sim de ações normais, desinteressantes e disciplinadas. A maioria das pessoas só vê os resultados de toda essa ação – um momento de vitória ou uma matéria na imprensa. Mas é o esforço nos bastidores que tornará você rico de verdade.

9. **Se não funcionar, mantenha as aparências.** Pode ser que a pessoa recrutadora não ceda de jeito algum. Nesse caso, você deve estar preparado para encerrar a conversa ou aceitar o salário menor do que

gostaria. Caso aceite, não descarte a ideia de tentar renegociar mais tarde – e deixe isso registrado.

Tática de negociação: Use a frase "Entendo que vocês não possam atender meu pedido no momento, mas vamos supor que eu faça um ótimo trabalho nos próximos seis meses. Se eu tiver um desempenho excelente, gostaria de renegociar esse valor. Acho que seria justo, e você?" (Faça a pessoa concordar.) "Ótimo. Vamos deixar isso registrado e estaremos prontos para começar."

Quando li o livro pela primeira vez (lá por 2012), eu ganhava 10,25 dólares por hora como recepcionista de um hotel. Depois de ler seus conselhos sobre negociação, corri atrás e consegui meu primeiro aumento. Não foi nenhuma fortuna nem nada, mas eu não teria conseguido sem o livro. Dinheiro ganho: 500 dólares. Venho usando os seus conselhos para negociar aumentos desde então. Dessa vez fui de 2.900 para 3.400 e, numa outra ocasião, fui de 3.300 (eu tinha mudado de emprego e começado em um novo ramo) para 4 mil. Então, apenas com aumentos, acho que ganhei mais de 8 mil dólares só por ter comprado o seu livro.

— Elizabeth Sullivan-Burton, 30

Se quiser aprender mais sobre negociação, fiz um pacote de vídeos e dicas aprofundadas sobre o assunto. Confira iwillteachyoutoberich.com/earnable-bonus (em inglês) para saber mais.

COMO ECONOMIZAR MILHARES DE REAIS EM ITENS CAROS

Para poupar dinheiro, compras grandes são a sua chance de brilhar – e mostrar como se faz aos seus amigos ingênuos que tanto se orgulham de não pedir uma Coca-Cola no almoço mas desperdiçam milhares de reais na hora de adquirir mobília, carro ou um imóvel. Em compras maiores como essas, você pode economizar quantias enormes (2 mil em um carro ou 40 mil em uma casa) que vão fazer suas outras tentativas de poupar parecerem bobas. Mas é em itens caros como esses que as pessoas mais cometem erros. Não comparam as opções, pagam demais porque caem no papo do vendedor e, pior de tudo, ainda acham que fizeram um bom negócio. Não seja uma dessas pessoas!

UM NOVO OLHAR SOBRE A COMPRA DE UM CARRO

É estranho quantas pessoas fazem esforço para economizar em coisas como roupas e restaurante mas, quando se trata de compras grandes como carros, tomam decisões ruins e esgotam o pouco que conseguiram poupar até então.

Primeiro, saiba que a decisão mais importante associada à compra de um carro não é a fabricante nem a quilometragem. Talvez seja surpreendente, mas, do ponto de vista financeiro, o fator mais importante é por quanto tempo você ficará com o carro antes de vendê-lo. Você pode conseguir o melhor preço de compra do mundo, mas, se vendê-lo depois de quatro anos, então você perdeu dinheiro. Entenda quanto você pode gastar, escolha um modelo confiável, faça uma boa manutenção periódica e fique com ele pelo tempo que puder. Sim, isso quer dizer que você precisa usá-lo por mais de 10 anos, porque é só depois que você termina de pagar que começa a compensar. E, se cuidar bem do seu carro, você pode poupar ainda mais dinheiro no longo prazo – e ainda ter um ótimo veículo para dirigir.

Siga estes passos na hora de comprar um carro:

1. Fazer levantamento de preços
2. Escolher o modelo
3. Negociar como um indiano
4. Cuidar bem do seu veículo

Antes de tudo, pergunte-se como a aquisição de um carro se encaixa nas suas prioridades de despesas e poupanças (ver Capítulo 4). Se estiver satisfeito com um automóvel usado para sobrar algum dinheiro para investir, ótimo. Ou então, se você é louco por carros e pode comprar um zero quilômetro, faça isso. É assim que se coloca em prática os gastos conscientes.

Após decidir onde o carro se encaixa nas suas prioridades, olhe seu Plano Consciente de Gastos e decida quanto quer alocar para o veículo todo mês. Esse é o número que você vai ter em mente para saber até quanto pode gastar nessa compra. O ideal é gastar menos. (Observação: ignore ofertas de consórcios ou de financiamentos com valor baixo demais. Se está muito mais barato que todo o mercado, ou é golpe ou tem alguma pegadinha em letras miúdas.)

Em seguida, sabendo que um carro exigirá outros gastos além do valor de compra, decida quanto gastar no carro em si. Por exemplo, se puder destinar um total de 1 mil reais por mês às despesas com o carro, sua parcela deve ser de no máximo 700. (Quando eu morava em São Francisco, por exemplo, minha parcela mensal de 350,75 dólares acabava chegando a 1 mil incluindo seguro, combustível, manutenção e estacionamento.)

Não compre um carro em mau estado

Por favor, escolha um carro em boas condições (se for usado) ou um modelo bem avaliado. Alguns modelos são opções objetivamente ruins que ninguém deveria comprar. É triste, mas muita gente que conheço é seduzida pelos carros novos na concessionária. No entanto, é importante lembrar que você não está comprando um veículo só para hoje – mas para os próximos 10 anos e além. Tenho amigos que já compraram carros caros. Alguns amam automóveis e gostam de dirigir todos os dias. Para outros, a "novidade" acabou e agora é só um meio de transporte para ir trabalhar – um transporte caro e, portanto, um arrependimento.

Em primeiro lugar, qualquer carro que você avaliar deve caber no seu orçamento. Isso já elimina a maioria dos modelos logo de cara. Nem olhe para aqueles que não pode comprar.

Em segundo lugar, o carro deve ser bom. "Mas, Ramit, quem pode julgar o que é um bom carro? O lixo de um é o tesouro de outro", você talvez diga. Olha, tem uma pessoa que pode dizer o que é um bom carro: eu. Isto é o que torna um carro bom:

- **Confiança.** Quando comprei o meu carro, eu queria, acima de tudo, um que não quebrasse. Já tenho muitas coisas para resolver na vida e quero evitar problemas que me tomem tempo e dinheiro. Como isso era uma prioridade, eu estava disposto a pagar um pouquinho a mais por um veículo confiável.

- **Um carro que você ama.** Escrevi várias e várias vezes sobre gastar com consciência com aquilo que você ama. Para mim, como eu ficaria com o automóvel por um bom tempo, queria escolher um que adorasse dirigir. E, como um zeloso filho indiano, amo não ter que me preocupar se o carro vai enguiçar.

- **Valor de revenda.** Uma amiga minha comprou um Acura por 20 mil dólares, que vendeu após sete anos, pela metade do preço. Foi um ótimo negócio, considerando o tempo de uso. Para conferir quanto o carro valerá daqui a um tempo, procure on-line por "calculadora de depreciação de veículos" e você terá uma boa ideia do preço de revenda daqui a 5, 7 e 10 anos. Você ficará surpreso com a rapidez com que a maioria dos veículos se deprecia e como outros (Toyotas e Hondas em especial) retêm o valor. De modo geral, seu carro se desvaloriza no mínimo 8% a cada ano, mas há métodos de análise que apontam uma taxa anual de depreciação de 20%.

- **Seguro.** O preço do seguro para um carro novo ou usado pode ser bem diferente. Mesmo que seja pouca coisa (digamos, 100 reais por mês), isso pode ir se acumulando ao longo dos anos.

- **Eficiência no consumo de combustível.** Faz muito sentido levar isso em consideração, em especial se você dirige bastante. Pode ser um fator importante para determinar o valor de um carro no longo prazo.

- **Valor da entrada.** Isso é importante. Se você não tiver muito dinheiro, um carro usado é mais atraente porque o valor da entrada (isto é, o que você tem que pagar de uma vez na hora da compra) costuma ser mais baixo. E, se você não der uma entrada, os juros do carro novo serão muito mais altos. No meu caso, eu tinha dinheiro disponível.

- **Taxa de juros.** A taxa do financiamento vai depender do seu crédito, daí a importância de ter uma boa pontuação. Se você tiver diversas boas fontes de crédito, a sua taxa de juros será mais baixa. Quanto maior o prazo do empréstimo, mais importante isso se torna. Cada concessionária negocia de forma diferente. Você pode simular o financiamento on-line e, na hora de fechar o negócio, melhorar suas condições incluindo, por exemplo, a instalação de algum acessório.

O que fazer e não fazer ao comprar um carro

FAZER

- **Calcular o custo total de propriedade (TCO, sigla em inglês para *total cost of ownership*).** Isso quer dizer que você vai descobrir quanto vai gastar ao longo da vida do carro – essas despesas podem causar grande impacto em suas finanças. Além do custo do automóvel e dos juros do empréstimo, o TCO pode incluir manutenção, combustível, seguro, o IPVA e valor de revenda. Se entender até mesmo uma estimativa bruta desses custos "invisíveis", você poderá poupar um valor mais preciso – e evitar surpresas quando receber um orçamento de 800 reais pelo conserto do para-choque.

- **Comprar um carro que vá durar ao menos 10 anos,** e não um que seja mais bonito ou requintado. Aparência é algo efêmero, mas dos pagamentos você não vai se livrar tão cedo. Otimize para o longo prazo.

NÃO FAZER

- **Alugar.** Alugar quase sempre beneficia a locadora, e não você. As duas exceções são pessoas que querem o carro mais novo e estão dispostas a pagar caro por isso e o ocasional dono de um negócio que aluga um carro para obter benefícios fiscais. Para a maioria dos leitores deste livro, alugar é uma decisão ruim. Compre um carro e segure-o a longo prazo. Anos atrás, a *Consumer Reports* descobriu que comprar um sedã médio, o Honda Accord, custaria "4.597 dólares a menos em cinco anos do que alugar o mesmo modelo". Fiz esse cálculo com um modelo novo do Toyota Camry e descobri a mesma coisa: comprar representaria uma economia de 6 mil dólares em seis anos, em comparação com alugar – e esse valor só aumentaria com o tempo.

- **Vender o seu carro em menos de sete anos.** A compra só vale realmente a pena em termos financeiros quando você termina de pagar o carro e já o dirigiu pelo maior tempo possível. A maioria das pessoas vende o carro cedo demais. Sai muito mais em conta cuidar bem do seu carro e dirigi-lo até não poder mais.

- **Pressupor que você terá que comprar um carro usado.** Faça os cálculos. A longo prazo, um carro novo pode ser uma boa opção se você escolher o modelo certo, pagar o preço correto e dirigi-lo por um bom tempo.

- **Esticar seu orçamento para comprar um carro.** Estipule um orçamento realista e não o ultrapasse. Seja honesto consigo mesmo. Outras despesas vão aparecer (talvez relacionadas ao veículo, talvez não) e você não quer acabar em uma situação ruim porque não pôde pagar as parcelas do financiamento.

Como negociar melhor que vendedores

Já presenciei muitas negociações – incluindo assistir a meu pai negociar com vendedores de carros por vários dias. Acho que uma vez até tomamos o café da manhã em uma concessionária.

Negocie impiedosamente com vendedores. Nunca vi lugar em que as pessoas tomam tantas más decisões de compra quanto concessionárias. Se você não for firme, vá com alguém que seja. Se possível, compre um carro no fim do ano, quando os vendedores estão doidos para bater as metas e mais dispostos a negociar. A loucura deles é a sua salvação!

Nos Estados Unidos, existe o Fighting Chance (fightingchance.com), um serviço de informação para compradores de veículos, para você se armar antes de negociar. Você pode pedir um relatório personalizado sobre o carro exato que quer, que dirá exatamente quanto as concessionárias estão pagando pelo seu modelo. Passei um mês no site pesquisando e planejando e então comprei o meu carro por 2 mil dólares a menos que o preço sugerido.

Quando decidi comprar – no fim de dezembro, quando os vendedores estão doidos para bater as metas –, entrei em contato com 17 concessionárias dizendo o carro exato que queria. Falei que pretendia comprá-lo dali a duas semanas e, como sabia o lucro exato que eles teriam sobre a venda, informei que aceitaria o menor preço que me oferecessem. No mesmo dia, quando me acomodei na minha poltrona com uma xícara de chá e três tacos bem recheados, as respostas começaram a chegar. Com todas as ofertas em mãos, liguei para as concessionárias, falei qual tinha sido o menor preço e dei a cada uma a oportunidade de superá-lo. Isso resultou em uma guerra de ofertas que levou a uma espiral descendente de negócios quase orgásticos.

No fim, escolhi uma concessionária em Palo Alto que abaixou o preço em 2 mil dólares – um desconto extraordinário, considerando os valores dos carros nos Estados Unidos. Não tive que gastar meu tempo indo a várias lojas nem lidar com vendedores insistentes. Entrei em uma única concessionária: a vencedora.

Tedioso, mas lucrativo: cuidar bem do seu carro

Sei que falar sobre manter seu carro em boas condições não é a coisa mais divertida, mas isso vai ajudar muito a tornar você rico quando decidir vendê-lo. Então leve a manutenção com a mesma seriedade com que leva as aplicações financeiras para sua aposentadoria. Assim que comprá-lo, já anote na agenda as datas para manutenção. Uma dica: em média, cada carro roda cerca de 12 mil quilômetros por ano. Você pode usar esse número como ponto de partida para calcular uma agenda de manutenções com base nas instruções do fabricante.

É claro, você também precisa trocar o óleo regularmente, ficar de olho na pressão dos pneus e cuidar da limpeza. Tenho um registro de cada manutenção que faço, assim como de quaisquer outros fatos relevantes. Quando vender o meu carro, vou mostrar a documentação ao comprador para provar como fui meticuloso (e cobrar de acordo com isso). As pessoas esquecem isso e só vão se lembrar na hora de vender o carro, apenas para ter que negociar (com alguém como eu) por não ter anotado as datas da manutenção. Não se deixe prejudicar por falta de papelada.

A MAIOR COMPRA DE TODAS: UM IMÓVEL

Se eu oferecesse 100 mil reais em um ano às pessoas, quem não aceitaria? E se eu acrescentasse que você precisaria gastar apenas 10 horas por semana, ao longo do ano, para ganhar esse dinheiro? Garanto que todos diriam sim. Então por que tanta gente não dedica esse tempo a pesquisar sobre a maior compra de sua vida? Se fizer a pesquisa que 99% das pessoas não fazem, você pode economizar dezenas de milhares de reais em seu financiamento imobiliário.

Comprar uma casa ou um apartamento é a aquisição mais complicada e significativa que você fará, então vale a pena entender tudo a respeito desse processo de antemão. Estou falando de tudo mesmo. Isso não é um par de sapatos. Ao comprar uma casa de centenas de milhares de reais, você deve ser um especialista nos erros mais comuns que as pessoas cometem. Deve conhecer a terminologia do mercado imobiliário, assim como a forma de negociar para conseguir o melhor acordo. E deve entender que as casas foram feitas para morar, não para obter grandes ganhos financeiros.

Olha, se você comprar uma casa sem antes abrir uma planilha e digitar uns números, você é um idiota. Lembre-se: uma economia que pode ultrapassar os 100 mil reais ao longo de 30 anos de financiamento graças a um pouquinho de pesquisa com certeza vale o seu tempo. Vou ajudar você a descobrir se comprar uma casa ou um apartamento é a decisão certa e lhe darei uma visão geral das coisas que você precisa fazer nos próximos meses (no mínimo 3 meses, porém mais provavelmente 12) para se preparar. Não tenho como abordar todos os detalhes aqui, mas vou ajudar com o básico.

Quem deve comprar uma casa?

Desde pequenos, aprendemos que o sonho de todo cidadão é comprar uma casa, ter filhos e se aposentar. De fato, tenho amigos que, após se formarem na faculdade, queriam que sua primeira grande compra fosse uma casa. Como assim? Você não tem um plano de gastos, não tem uma reserva, mas quer comprar uma casa? Quando pergunto a meus amigos mais jovens por que querem um imóvel, eles me lançam olhares vazios. "É um bom investimento", respondem, como autômatos sem cérebro correndo o risco de levar uma bofetada minha.

Na verdade, o imóvel em que você mora não é um investimento. Mas vou falar sobre isso daqui a pouco. De volta a quem deve comprar:

Primeiro de tudo, você deve comprar uma casa apenas se fizer sentido do ponto de vista financeiro. Antigamente isso queria dizer que sua casa não deveria custar mais do que 2,5 vezes a sua renda anual, que você podia dar pelo menos 20% de entrada e que o total dos pagamentos mensais (incluindo financiamento, manutenção, seguro e impostos) representava cerca de 30% da sua renda bruta. Assim, se você ganhasse 4 mil, sua casa custaria 125 mil, você daria 25 mil de entrada e o pagamento mensal total seria de 1.250 reais. Ah, tá bom. Em que mundo essa gente vive?

As coisas são um pouco diferentes agora, mas isso não justifica a estupidez das pessoas que compram imóveis que custam 10 vezes sua renda anual. É claro que essas orientações têm alguma flexibilidade, mas, se você comprar algo que simplesmente não pode bancar, vai acabar se dando mal mais à frente.

Que fique bem claro: você pode dar uma entrada de pelo menos 20%? Se não pode, coloque esse valor como meta de poupança e nem pense sobre o assunto enquanto não alcançá-la. E, mesmo que possa dar a entrada, você ainda precisa ter certeza de que ganha o suficiente para pagar a parcela mensal e os custos do imóvel em si (condomínio, IPTU, etc.). Você pode se sentir tentado a pensar: "Ah, se estou pagando mil reais de aluguel, posso pagar mil em um financiamento!" Errado. Primeiro, é bem provável que você queira comprar um imóvel melhor do que aquele em que está morando agora. Segundo, quando comprar o imóvel, você terá que arcar também com custos que como inquilino não paga – toda a manutenção estrutural, fundo de reserva do condomínio, etc., e reparos domésticos são caros para caramba. Então, mesmo que as parcelas do financiamento sejam iguais ao valor do aluguel, você terá um custo real no mínimo 20% maior – neste caso do exemplo, cerca de 1.200 por mês.

Conclusão: se não tiver dinheiro suficiente para dar uma entrada e cobrir os custos mensais totais, você precisa criar uma meta de poupança e deixar para comprar quando tiver absoluta certeza de que pode pagar o valor mês após mês.

Próxima coisa a se pensar: as casas que você quer estão na sua faixa de preço? É engraçado quantas pessoas eu conheço que só querem morar no maior imóvel possível. Claro, seus pais podem morar em um lugar enorme hoje, mas devem ter levado uns 40 ou 50 anos para chegar lá. A não ser que já seja rico, você deve ajustar suas expectativas e começar com um imóvel simples, que necessita que você faça algumas concessões, mas permite que dê o pontapé inicial. A sua primeira casa provavelmente não terá tantos quartos quanto você quer. Não será no local mais incrível de todos. Mas vai deixar você começar a fazer pagamentos mensais consistentes e construir patrimônio.

Por fim, você vai poder ficar na casa por pelo menos 10 anos? Comprar um imóvel significa permanecer naquele lugar por um bom tempo. Algumas pessoas dizem que cinco anos seria o tempo razoável. No entanto, quanto mais tempo ficar, mais você economiza. Há algumas razões para isso: existem altos custos de documentação e imposto – normalmente 6% do preço de venda. Dividido por um período curto, esse percentual acaba sendo bem mais pesado que se você diluir o valor por 10 ou 20 anos. Há também os custos da mudança. E, dependendo de como estruturar a venda, você pode pagar uma quantia significativa em impostos. A lição aqui é: compre apenas se você planejar morar ali por 10 anos ou mais.

Devo enfatizar que comprar um imóvel não é um passo natural que todos precisem dar em algum momento. Muita gente pressupõe isso e acaba dando um passo maior que a perna. Comprar um imóvel muda o seu estilo de vida para sempre. Não importa o que aconteça, você precisa fazer o pagamento todo mês – ou perderá seu lar e verá seu crédito afundar. Isso afeta os tipos de trabalho que você pode aceitar e o seu nível de tolerância ao risco. Quer dizer que você precisa economizar para um plano de emergência de seis meses caso perca o emprego e não possa pagar o financiamento. Resumindo, você precisa ter certeza de que está pronto para a responsabilidade de ter um imóvel.

É claro que há vários benefícios na aquisição de um imóvel e muitas famílias farão isso em algum momento. Se seu orçamento permitir e você não tiver dúvidas de que vai morar ali por um bom tempo, adquirir um imóvel pode ser um ótimo jeito de fazer uma compra significativa, construir patrimônio e ter um lugar estável para sua família.

A verdade: imóveis são um investimento ruim para a maioria dos investidores individuais

Os maiores "investimentos" das famílias são sua casa, mas é aí que elas também perdem mais dinheiro. Corretores (e a maioria dos proprietários) não vão gostar de mim depois desta seção, mas, na verdade, imóveis são o investimento mais superestimado que existe. É mais uma compra – bem cara – que um investimento.

Se você está pensando na sua residência primária como investimento, o mercado imobiliário proporciona resultados medíocres na melhor das hipóteses. Primeiro, há o problema do risco. Se a sua casa é o seu maior investimento, então quão diversificada é sua carteira? Se você paga 2 mil reais por mês no financiamento, está investindo 6 mil em outro lugar para equilibrar o risco? Claro que não. Além disso, os dados mostram que os imóveis oferecem um retorno muito ruim para investidores individuais. O economista Robert Shiller, de Yale, descobriu que, de 1915 a 2015, os preços das casas aumentaram, em média, apenas 0,6% a cada ano.

Sei que isso parece loucura, mas é verdade. Nós nos enganamos achando que estamos fazendo dinheiro quando não estamos. Por exemplo, se uma pessoa compra uma casa por 250 mil e vende por 400 mil 20 anos depois, ela pensa: "Ótimo! Lucrei 150 mil!" Mas, na verdade, ela esqueceu de levar em consideração custos importantes como impostos imobiliários, manutenção e o custo de oportunidade de não ter aplicado aquele dinheiro no mercado financeiro. A verdade é que, a depender do horizonte de tempo analisado, investir em ações pode superar o mercado imobiliário – e é por isso que alugar pode ser uma ótima decisão. Eu alugo por escolha!

Não estou dizendo que comprar um imóvel é sempre uma decisão ruim. (Na verdade, tenho uma conta de investimentos chamada "Entrada de uma Futura Casa", sabendo que um dia vou comprar.) É só que você deve pensar nisso como uma compra, e não um investimento. E, assim como qualquer outra compra, deve manter pelo maior tempo possível. Faça o seu dever de casa e, no momento certo, negocie. Enquanto isso, conheça as alternativas (como alugar ou entrar num consórcio, o que, no fim das contas, acaba sendo uma compra).

Comprar ou alugar: os números surpreendem

Quero mostrar por que alugar é uma decisão inteligente para muitas pessoas, em especial se você mora em cidades caras como Nova York ou São Paulo. Mas primeiro vamos nos livrar dessa ideia de que quem aluga está "jogando dinheiro fora" porque não está construindo patrimônio. Sempre que ouvir um clichê como esse, tome cuidado. Não é verdade, e vou mostrar os números para provar.

O custo total de comprar e manter um imóvel é bem maior que o preço do bem em si. Vamos ver alguns exemplos.

O CUSTO DE UM IMÓVEL DE 250 MIL REAIS EM 30 ANOS

Entrada (20% de 250 mil)	50.000
Valor restante, financiado em 180 meses (15 anos), pelo sistema SAC (sistema de amortização constante)	200.000
Custos de documentação	12.500
Juros de 5% ao ano	73.667
Impostos e seguro (3.400/ano)	102.000
Manutenção básica (2.200/ano)	66.000
Reparos e melhorias	70.000
Custo total	**574.167**

Observação: taxas de financiamento mudam com o tempo.

Nesse exemplo, um imóvel de 250 mil acaba custando mais de 500 mil. E olha que nem estou incluindo custos de mudança, mobília, reformas e as taxas do corretor quando você vende a casa.

Você pode concordar ou discordar de meus números; então calcule por conta própria. Quero que entenda todos os custos ocultos.

Ao alugar, você não paga todas essas outras taxas sortidas, o que libera muita grana que você teria gastado com o financiamento imobiliário. Invista esse dinheiro. Se você não fizer nada com ele (ou pior, gastar tudo), pode muito bem comprar uma casa ou um apartamento como maneira de se forçar a não desperdiçar esse dinheiro. Mas, se você chegou até aqui, é provável que pegue qualquer dinheiro que sobre no fim do mês e invista.

É claro que, assim como comprar, alugar não é a melhor opção para todo mundo. Depende da sua situação. O jeito mais fácil de ver qual é a melhor opção para você é usar algum dos vários simuladores que você encontra na internet.

Como se tornar proprietário: dicas para comprar sua casa

Assim como em qualquer aspecto das finanças pessoais, não há segredos para comprar uma casa. Mas é preciso pensar diferente da maioria das pessoas, que faz a maior compra de suas vidas sem entender direito os verdadeiros custos envolvidos. Apesar de ter um perfil agressivo com relação à alocação de ativos, sou conservador quanto a imóveis. Isso significa que recomendo seguir regras testadas e comprovadas, como entrada de 20%, um financiamento de 30 anos a juros fixos e um pagamento mensal total que não ultrapasse 30% da sua renda bruta. Se isso não for possível, espere até economizar mais. Não faz mal ter alguma flexibilidade, mas não o faça além do que você pode mesmo pagar. Se você tomar uma decisão financeira ruim dessa magnitude, vai acabar tendo dificuldade para pagar – e isso pode virar uma bola de neve com o tempo. Não deixe isso acontecer, porque seria jogar fora todo o esforço que você fez nas outras áreas da sua vida financeira.

Se tomar uma boa decisão financeira quando comprar, você estará em uma posição excelente. Saberá exatamente quanto gasta por mês com sua casa, terá suas despesas sob controle e dinheiro para pagar o financiamento, investir, tirar férias, comprar uma TV ou qualquer outra coisa que queira.

Aqui estão algumas das coisas que você deverá fazer para poder tomar uma decisão sensata.

1. **Confira a sua pontuação de crédito.** Quanto maior o seu crédito, melhores serão os juros do financiamento.* Se sua pontuação for baixa, pode ser uma decisão melhor esperar para comprar depois de aumentá-la. Bom crédito significa não só um custo total mais baixo como também pagamentos mensais menores.

2. **Economize o máximo possível para a entrada.** Tradicionalmente, ela deve ser de 20%. Se você não conseguiu poupar nem 20% para a entrada, pare de pensar em comprar uma casa. Se não consegue nem

---

* No Brasil, quanto melhor o seu score, maior o limite de financiamento que o banco pode liberar. Isso impactará, portanto, o valor do imóvel a ser adquirido.

isso, como vai bancar um empréstimo caro, além de manutenção, imposto, seguro, mobília, reformas, etc. (deu para entender)? Crie uma meta de poupança para dar a entrada e só comece a procurar uma casa ou apartamento depois que atingi-la.

Mitos sobre a casa própria

"OS PREÇOS DOS IMÓVEIS SEMPRE SOBEM" (OU "O VALOR DE UMA CASA DOBRA A CADA 10 ANOS"). Não é verdade. Os preços efetivos dos imóveis não sobem se considerarmos a inflação, os impostos e outras taxas.

"VOCÊ PODE USAR A ALAVANCAGEM PARA MULTIPLICAR SEU DINHEIRO." Proprietários de imóveis costumam apontar para a alavancagem como o principal benefício de ter um imóvel. Isso significa que, em tese, você pode dar uma entrada de 20 mil em uma casa de 100 mil e, se a casa se valorizar para 120 mil, ótimo para você. Infelizmente, a alavancagem também pode atrapalhá-lo se o preço cair. Se a sua casa se desvalorizar em 10%, você não perde só 10% do seu patrimônio – é mais para 20%, se levarmos em conta o imposto sobre a transmissão de bens imóveis, os custos com documentação, a compra de mobília e outras despesas.

3. **Calcule o custo total de comprar um imóvel.** Você já foi comprar um carro ou celular e acabou descobrindo que era muito mais caro do que o valor anunciado? Eu já, e na maioria das vezes acabei comprando mesmo assim porque já estava psicologicamente determinado a fazê-lo. Mas no caso de imóveis, cujos preços são bem maiores, até pequenas surpresas acabam custando uma fortuna. Por exemplo, se você topasse com um custo inesperado de 100 reais por mês, cancelaria mesmo a papelada da casa nova? Claro que não. Só que essa pequena cobrança geraria um acréscimo total de 36 mil reais con-

siderando os 30 anos de empréstimo – isso sem considerar o custo de oportunidade, já que você poderia ter aumentado essa quantia se a tivesse investido. Não se esqueça de que os custos com documentação – incluindo todas as taxas e despesas administrativas – costumam ficar entre 2% e 5% do preço do imóvel. Para uma casa de 200 mil, por exemplo, daria 10 mil. Lembrando que o preço total ideal de um imóvel não deve ser mais do que três vezes a sua renda anual bruta (não faz mal passar um pouquinho disso se você não tiver nenhuma dívida). E não se esqueça de incluir seguro, impostos, manutenção e reformas. Se tudo isso parece demais, é porque você não pesquisou o suficiente. Nesse caso, pergunte a pessoas que já tiveram essa experiência quais foram seus custos-surpresa e pesquise on-line especificamente por "custos extras de compra de imóvel para evitar surpresas".

4. **Obtenha o financiamento mais conservador e desinteressante possível.** Gosto de um financiamento com taxa fixa de 30 anos. Sim, você pagará mais em juros se comparado com um de 15 anos, mas o de 30 é mais flexível, porque você pode levar três décadas para pagar ou acrescentar um valor mensal extra e terminar mais cedo se quiser.*

---

* No Brasil, existem duas modalidades de amortização: pela tabela Price e pelo SAC (sistema de amortização constante). A amortização é especialmente vantajosa nos financiamentos feitos pela tabela SAC, nos quais as parcelas do contrato – compostas pelo valor principal do financiamento mais juros – vão diminuindo ao longo do tempo. Nesses casos, o devedor paga a parcela mensal atual e antecipa uma parcela futura de valor inferior – e, ao adiantar o pagamento, consegue diminuir o total da dívida principal, sobre o qual os juros são calculados. Essa amortização pode ser feita com recursos próprios ou com o saldo do Fundo de Garantia do Tempo de Serviço (FGTS), para os financiamentos feitos dentro das regras do SFH (Sistema Financeiro da Habitação). Com recursos próprios, a amortização pode ser feita a qualquer momento, desde que o valor antecipado corresponda a uma parcela. E costuma ser vantajosa, dado que os juros do financiamento estão, atualmente, em torno de 10% ao ano. Já no caso do FGTS, existe um intervalo mínimo de dois anos para poder utilizar novamente esses recursos e abater o saldo devedor. É sempre vantajoso destinar o FGTS para o abatimento do financiamento imobiliário.

5. **Não se esqueça de aproveitar incentivos oficiais.** O governo quer facilitar a compra da casa própria. Para tanto, existem alguns programas, como o Minha Casa, Minha Vida, da esfera federal, que financia a juros mais baixos até 95% de imóveis, dependendo da sua renda familiar, do estado em que mora e do valor do imóvel. Pesquise – vale a pena. Pode haver também outros incentivos promovidos pelo seu estado ou pela sua cidade. Por fim, não se esqueça de conferir com quaisquer associações a que você pertença, incluindo cooperativas de crédito locais, associações de classe, etc.

6. **Use serviços on-line para comparar preços.** Você pode ter ouvido falar da zillow.com, que é uma fonte rica de dados sobre preços de casas pelos Estados Unidos inteiros.* Confira também redfin.com e trulia.com, que dão mais informações sobre comprar uma casa, incluindo registros fiscais e avaliações de bairros. Para o seu seguro residencial, dê uma olhada em insure.com para comparar opções. E não se esqueça de ligar para o seguro do carro e pedir um desconto para fazer o seguro residencial com a mesma empresa.

COMO LIDAR COM FUTURAS GRANDES COMPRAS

Falamos sobre casamentos, carros e casas, mas existem muitos outros tipos de grandes despesas para as quais as pessoas não se planejam – inclusive ter filhos! O problema é que, como vimos, se você não pensar no futuro, os custos ficam muito maiores. Porém existe uma forma de prever e lidar com quase qualquer grande despesa que você venha a encontrar na vida.

1. **Reconheça que você quase com certeza não está sendo realista sobre quanto as coisas vão custar – e se force a ser.** Se você leu este livro todo (e seguiu metade dos meus conselhos), deve ser me-

---

* No Brasil, consulte www.fipe.org.br/pt-br/indices/fipezap para obter informações sobre imóveis locais.

lhor com suas finanças do que 95% das pessoas, mas você ainda é humano. Desculpe, mas sua festa de casamento será mais cara do que você imagina. Sua casa vai ter custos que você não previu. Ignorar, porém, é a pior coisa que você pode fazer. Tome coragem, sente-se e elabore um plano realista para quanto as suas grandes compras lhe custarão nos próximos 10 anos. Faça-o em um guardanapo, se quiser – não precisa ser perfeito! Mas tire uns 20 minutinhos para bolar algo.

2. **Elabore um plano de economias automático.** Como quase ninguém vai seguir minha recomendação de fazer um orçamento para prever grandes compras, sugiro tomar um atalho e configurar um plano automático de poupança. Pressuponha que você gastará 40 mil reais no casamento, 60 mil num carro, 30 mil nos primeiros dois anos de vida do seu primeiro filho e mais algumas dezenas de milhares para dar entrada em um imóvel na sua cidade. Então calcule quanto precisa economizar. Se você tem 25 anos e vai comprar um carro e se casar em três anos, isso dá 100.000/36 meses = 2.778 por mês. Eu sei, eu sei. É muito dinheiro. Você pode não conseguir poupar isso. Melhor saber agora que depois. Mas se pergunte o seguinte: você pode poupar 500? Já são 500 a mais do que você estava poupando até mês passado.

3. **Não se pode ter tudo, então use a palavra que começa com P.** Prioridades são essenciais. Como eu disse, é da natureza humana querer o melhor para nosso casamento ou nossa primeira casa, e nós devemos ser realistas em reconhecer isso. Mas também precisamos entender que não podemos ter tudo. Você quer o filé-mignon ou um open bar no seu casamento? Quer uma casa com quintal ou uma vizinhança com escolas melhores? Se tiver os custos no papel, saberá exatamente do que abrir mão para se manter no orçamento. Se não anotar, vai ter a sensação de que o céu é o limite. E é assim que as pessoas se metem em dívidas exorbitantes.

Para as coisas que você decidir que não são importantes, se vire para economizar: se você for se casar e resolver que o local é importante, gaste com isso – mas escolha as opções mais baratas para as cadeiras, os talheres e as flores. Se for comprar um carro, desista de algum item extra para poder comprar o modelo que quer. E, faça o que fizer, negocie. É aqui que, se você se planejar direito, o tempo pode tomar o lugar do dinheiro.

COMO RETRIBUIR À SOCIEDADE: ELEVANDO SUAS METAS PARA ALÉM DO DIA A DIA

A maioria das pessoas passa a vida inteira lidando com os problemas financeiros do dia a dia. Ah, cara, por que eu fui comprar aquele casaco de 300 reais? Droga, achei que tivesse cancelado essa assinatura. Se você seguiu os passos deste livro, já passou dessas questões básicas. Suas contas funcionam em harmonia automaticamente. Você sabe quanto pode gastar comendo fora e quanto deve poupar por mês. Se algo dá errado, seu sistema permite que veja com facilidade se precisa cortar gastos, ganhar mais ou ajustar seu estilo de vida. Está tudo lá.

Isso quer dizer que está na hora de pensar em elevar suas metas para além do dia a dia. Enquanto a maioria das pessoas está tão consumida pelas minúcias do dinheiro que nunca pensa em enriquecer ("Só quero pagar essas dívidas"), você pode estabelecer objetivos maiores de usar seu dinheiro para fazer o que ama.

Acredito que parte de ficar rico é contribuir para a comunidade que o ajudou a prosperar. Existem muitas formas de fazer isso, como fazer trabalho voluntário ou doar itens a instituições sociais. Você não precisa ser rico para contribuir. Cinquenta reais já ajudam. (Eu me orgulhei muito quando a comunidade de leitores do *Como ficar rico* levantou mais de 300 mil dólares para a Pencils of Promise, o que resultou na construção de 13 escolas para crianças empobrecidas em diversos países.) Ou você pode doar para escolas e bibliotecas locais, grupos de ação ambiental – o que tiver mais significado para você. E, se não tiver muita grana, doe seu tempo, que muitas vezes é mais valioso que dinheiro.

Se você parar para pensar, a filantropia reflete os mesmos princípios de *Como ficar rico* que você leu neste livro: o passo mais simples é o suficiente para começar. Você não precisa ser rico para ser um filantropo, assim como não precisa ser rico para investir.

Agora você tem um sistema de finanças que poucos têm. Isso permite que eleve suas metas para além das tarefas diárias. Ao refletir sobre o ano passado, qual foi a grande ação que fez pelos outros? Qual será este ano?

Se eu tivesse que escolher uma única coisa para você aprender com este livro, escolheria que se tornasse um mestre dos gastos conscientes – e usasse essas habilidades para ajudar as pessoas ao seu redor. Talvez isso signifique bancar a escola de uma criança ou ajudar seus amigos a administrar seu dinheiro. O que quer que seja, você agora está no alto escalão do conhecimento sobre investimentos. Você foi além de administrar o seu dinheiro para metas de curto prazo e está pensando de forma estratégica sobre como ele pode ajudá-lo a ser rico – e como compartilhar isso.

Se isto fosse um filme, haveria chuva, o som de violinos aumentando e um jovem soldado erguendo a mão para saudar um general em cujo rosto escorre uma lágrima.

UMA VIDA RICA PARA VOCÊ – E PARA OS OUTROS

Se eu tiver sido bem-sucedido, o fim deste livro será o começo de um futuro rico para você. Sabemos que ser rico não é só uma questão de dinheiro. Sabemos que a maioria das pessoas ao nosso redor tem opiniões fortes a respeito desse tema, mas é ingênua em relação às próprias finanças. E também sabemos que os gastos conscientes podem ser divertidos (em especial quando são automatizados). Mas, agora que você sabe como o dinheiro funciona de verdade, tem mais uma coisa: muito pouca gente sabe como ser rico. Não é uma coisa mítica que acontece apenas com quem se formou numa universidade de elite ou ganhou na loteria. Qualquer um pode ser rico – é só uma questão do que ser rico significa para você. Você aprendeu: sabe que o dinheiro é uma parte pequena mas importante de uma Vida Rica. Sabe que a vida deve ser vivida fora da planilha. E sabe usar o dinheiro para desenhar sua Vida Rica.

Pode me fazer um favor e passar esse conhecimento adiante para seus amigos, para ajudá-los a se concentrarem nos objetivos deles também? Uma

Vida Rica é mais do que dinheiro. Ela começa com a administração das suas finanças. E continua quando você ajuda os outros a também ficarem ricos.

Compartilhei alguns recursos bônus com você para ajudá-lo a ganhar mais dinheiro. Acesse-os em iwillteachyoutoberich.com/earnable-bonus (em inglês).

E mais uma coisa: me escreva (ramit.sethi@iwillteachyoutoberich.com, assunto: My Rich Life) para me contar algo que você tenha aprendido com este livro. Vou adorar ler suas histórias.

AGRADECIMENTOS

Ninguém escreve um livro sozinho. No meu caso, este livro ganhou vida com a ajuda de pesquisadores que encontraram dados difíceis de achar, colegas que dirigiram a operação enquanto eu me sentava para escrever, leitores que compartilharam abertamente as suas histórias com o dinheiro, o apoio da minha família e uma equipe inteira de editores e designers que ajudaram o livro a ganhar vida.

Por fim, posso agradecer a todas as pessoas que ajudaram a dar a este livro sua forma final.

Obrigado a Chris Neal, que encontrou informações sobre cada assunto em que eu poderia pensar – sempre com um sorriso no rosto. Eric Meermann e Paul Jacobs, ambos planejadores financeiros certificados do Palisades Hudson Financial Group, fizeram as checagens de dados finais. E um agradecimento especial a Jeff Kuo, pesquisador da primeira edição.

Obrigado a meus amigos na Workman Publishing: Anna Cooperberg, Orlando Adiao, Moira Kerrigan, Rebecca Carlisle e Lathea Mondesir. E, é claro, obrigado a minha editora de longa data, Margot Herrera, que dominou a arte da gentil chamada telefônica para perguntar quando o manuscrito ficará pronto.

A minha família: Prab e Neelam Sethi, Roy e Tricia, Nagina, Ibrahim,

Rachi, Haj, Ibrahim, Nikki, Carlos e todas as crianças. Obrigado por serem incríveis exemplos para mim.

Sou imensamente grato a meus mentores e professores, que me ensinaram sobre disciplina, ética e o bom e velho trabalho.

E a meus amigos, que têm uma infinidade de histórias insanas sobre dinheiro.

A minha agente, Lisa DiMona. Lá vamos nós de novo!

A minha esposa, Cass, que é infinitamente paciente e me apoiou a cada passo do caminho.

E, por fim, a meus novos leitores. Espero que este livro ajude vocês a projetar sua Vida Rica.

CONHEÇA ALGUNS DESTAQUES DE NOSSO CATÁLOGO

- Augusto Cury: Você é insubstituível (2,8 milhões de livros vendidos), Nunca desista de seus sonhos (2,7 milhões de livros vendidos) e O médico da emoção
- Dale Carnegie: Como fazer amigos e influenciar pessoas (16 milhões de livros vendidos) e Como evitar preocupações e começar a viver
- Brené Brown: A coragem de ser imperfeito – Como aceitar a própria vulnerabilidade e vencer a vergonha (600 mil livros vendidos)
- T. Harv Eker: Os segredos da mente milionária (2 milhões de livros vendidos)
- Gustavo Cerbasi: Casais inteligentes enriquecem juntos (1,2 milhão de livros vendidos) e Como organizar sua vida financeira
- Greg McKeown: Essencialismo – A disciplinada busca por menos (400 mil livros vendidos) e Sem esforço – Torne mais fácil o que é mais importante
- Haemin Sunim: As coisas que você só vê quando desacelera (450 mil livros vendidos) e Amor pelas coisas imperfeitas
- Ana Claudia Quintana Arantes: A morte é um dia que vale a pena viver (400 mil livros vendidos) e Pra vida toda valer a pena viver
- Ichiro Kishimi e Fumitake Koga: A coragem de não agradar – Como se libertar da opinião dos outros (200 mil livros vendidos)
- Simon Sinek: Comece pelo porquê (200 mil livros vendidos) e O jogo infinito
- Robert B. Cialdini: As armas da persuasão (350 mil livros vendidos)
- Eckhart Tolle: O poder do agora (1,2 milhão de livros vendidos)
- Edith Eva Eger: A bailarina de Auschwitz (600 mil livros vendidos)
- Cristina Núñez Pereira e Rafael R. Valcárcel: Emocionário – Um guia lúdico para lidar com as emoções (800 mil livros vendidos)
- Nizan Guanaes e Arthur Guerra: Você aguenta ser feliz? – Como cuidar da saúde mental e física para ter qualidade de vida
- Suhas Kshirsagar: Mude seus horários, mude sua vida – Como usar o relógio biológico para perder peso, reduzir o estresse e ter mais saúde e energia

Para saber mais sobre os títulos e autores da Editora Sextante,
visite o nosso site e siga as nossas redes sociais.
Além de informações sobre os próximos lançamentos,
você terá acesso a conteúdos exclusivos
e poderá participar de promoções e sorteios.

sextante.com.br